Smith · Der Kampf um Monte Cassino

E. D. SMITH

Der Kampf um Monte Cassino

1944

MOTORBUCH VERLAG STUTTGART

Einbandgestaltung: Siegfried Horn,
unter Verwendung eines Bildes aus dem Inhalt.

Bildquellen: Bundesarchiv Koblenz (26), Bibliothek für Zeitgeschichte Stuttgart (6), Rest englische Ausgabe.

Die englische Ausgabe ist dort erschienen unter dem Titel:
»The Battles for Cassino«.

Die deutsche Übersetzung besorgte:
Rainer Buschmann

ISBN 3-613-01095-X

6. Auflage 1996

Ein Unternehmen der Paul Pietsch Verlage GmbH + Co.

Druck: Dr. Cantz'sche Druckerei, 73760 Ostfildern.
Bindung: Karl Dieringer, 70839 Gerlingen.
Printed in Germany.

Inhalt

Vorwort

WEDER SIEG NOCH NIEDERLAGE

»Nicht auf den Kritiker kommt es an, auch nicht auf jenen, der nur auf das Fallen eines starken Mannes aufmerksam macht oder da glaubt, er hätte es besser machen können.
Das Verdienst gebührt vielmehr dem Mann, der sich tatsächlich in der Arena aufhält; dessen Gesicht von Staub und Schweiß und Blut gezeichnet ist; der die große Begeisterung kennt, die große Hingabe, und der sich für eine gute Sache einsetzt; der am Ende bestenfalls den Triumph auskostet, etwas vollbracht zu haben und der im schlimmsten Fall – wenn der Erfolg sich ihm versagt – dennoch erst nach großem Einsatz gescheitert ist, so daß sein Platz nie an der Seite jener kalten und zaudernden Naturen sein wird, die weder Sieg noch Niederlage kennen.« *Theodore Roosevelt*

In zwei der Cassino-Schlachten spielte ich als junger Mann eine untergeordnete und unbedeutende Rolle. Ich hatte keine wirkliche Verantwortung zu tragen, so daß ein Fehlverhalten von mir die Ereignisse kaum, wenn überhaupt, beeinflußt hätte. Zwei Dinge waren mir wichtig: einmal wollte ich meine Gurkhas nie in einer Krise im Stich lassen, und zum anderen, wenn irgend möglich, mit heiler Haut davonkommen. Mit aller gebotenen Zurückhaltung möchte ich behaupten, daß mir das gelungen ist.
Eines Abends kritzelte ich die folgenden Worte in mein Tagebuch: »Wenn ich je hier herauskomme, werde ich eines Tages über all das

ein Buch schreiben. Sicher ist es sinnlos, gegen diese Klosterbefestigungen immer wieder von neuem anzurennen«. Das Tagebuch befindet sich noch in meinem Besitz. Das Datum der Eintragung ist der 19. März 1944 und der Ort Castle Hill. Fünfundzwanzig Jahre später fand ich es wieder, und mit ihm erwachte erneut der Wunsch in mir, über die Cassinoschlacht aus meiner Sicht zu berichten. Auf die schwindende Erinnerung konnte man sich zu diesem Zeitpunkt aber nicht mehr stützen, um eine »Ich-war-dabei-Geschichte« zu schreiben. Die Versuchung war zwar da, aber ich bin ganz sicher, daß derartige Schilderungen in einer Gefechtspause entstehen müssen oder höchstens vierundzwanzig Stunden später.

Nur ein derartiger Bericht vermag den wahren Hauch der Schlacht wiederzugeben und die brutale Erniedrigung des Menschen im Krieg zu zeigen; ob der historischen Wahrheit damit allerdings gedient ist, erscheint zumindest fraglich.

Wie dem auch sei, ich entschloß mich jedenfalls, die Tatsachen über Cassino zu Papier zu bringen, wohl wissend, daß ich hiermit einen ausgetretenen Pfad betrat. Ich habe sämtliche hinten angegebenen Quellen konsultiert, ehemalige Mitstreiter gesprochen sowie Regiments- und andere Geschichten gelesen – offizielle, wie inoffizielle –, zu denen mir viele helfende Hände den Weg ebneten.

Der wichtigste Lohn beim Schreiben dieses Buchs war schließlich auch die große Anzahl von Freundschaften, die ich in England, Europa und in den Vereinigten Staaten schließen konnte. Ich habe die Unterstützung so vieler Menschen gefunden, daß es schwierig wäre, sie alle hier aufzuzählen. Diese freundschaftliche Hilfe, welche ich ungeachtet des Dienstgrads, der Nationalität oder des Herkommens überall so bereitwillig gefunden habe, legt zugleich auch Zeugnis ab für die Faszination, welche von dem Thema ausgeht. Die Kämpfer von Cassino sind es daher auch, denen ich dieses Buch widme.

»Das Leben ist ewig, die Liebe unsterblich und der Tod nur ein Horizont. Der Horizont aber stellt lediglich die Begrenzung unserer Sicht dar.«

1.

Einleitung

Soldaten vieler Nationen kamen nach Cassino, auf dem Luft- oder Seeweg oder sonst irgendwie. Zehntausende kämpften im Schatten des hoch über der zerstörten kleinen Stadt liegenden Klosters. Tausende sollten hier sterben. Die langen Grabsteinreihen auf den Soldatenfriedhöfen legen Zeugnis von den bitteren Kämpfen ab und von den Opfern, die hier in den ersten Monaten des Jahres 1944 gebracht wurden.

Heute kommen die Touristen von überallher, sehen sich die neu aufgebaute Stadt Cassino an und fahren die Gebirgsstraße zu dem schönen Kloster hoch, welches nach Beendigung der Kämpfe mit so viel Liebe aus den Ruinen wiedererstanden ist. Besucher aus vielen Ländern betreten die Abtei, über der weithin sichtbar das Wort »PAX« steht, und starren hinunter auf die sich zu ihren Füßen ausbreitende Landschaft, in der es zwischen dem Januar und Mai 1944 anstatt Frieden nur Tod und Zerstörung gab. Für die jüngere Generation ist dies alles bereits Geschichte und vermodert wie die Soldaten in den Gräberfeldern da unten. Für die Alten und für die Angehörigen der Kriegsgeneration sind die damaligen Ereignisse ebenfalls weitgehend aus der Erinnerung verschwunden. Sie fragen sich nur noch, wie es geschehen konnte, daß so viele Männer aus so vielen Ländern hierher kamen, um auf italienischem Boden zu kämpfen und wohl auch zu sterben: aus Großbritannien, Deutschland und Österreich, aus Amerika und Kanada, Polen und Indien, Frankreich und Nepal und, weiß Gott, woher sie sonst noch stammten.

Welche Ereignisse zu einer Begegnung der beiderseitigen Armeen bei Cassino führten, wird in den beiden ersten Kapiteln beschrieben, wobei es sich um eine logische und leicht verständliche Entwicklung handelt. Weitaus vielschichtiger sind hingegen die Gründe und Umstände, welche die Alliierten nach Italien brachten, um hier einen Feldzug zu führen, den niemand wollte und den General Fuller als den »taktisch absurdesten und strategisch sinnlosesten des ganzen Krieges« bezeichnet hat.
Mehrere amerikanische Schriftsteller haben ähnliche Kommentare von sich gegeben, und deutsche Historiker stimmen dem überwiegend zu.
Churchill hingegen vertrat eine andere Meinung und war entschlossen, die Fackel des Krieges auf das italienische Festland zu tragen. Erst wollte er den »faschistischen Schakal« Mussolini vernichten, dann die deutschen Streitkräfte auf sich ziehen und diese schließlich in Italien binden.
Natürlich ist es leicht, Churchill als dem alliierten Führer die Verantwortung und die Schuld zuzuschieben – sofern es eine gibt –, aber der Lauf der Ereignisse, welche die Eighth Army* nach Calabrien hineinstoßen und fünf Tage später, am 8. September 1943, die Fifth Army in Salerno landen ließen, hatte eine lange Vorgeschichte und war kompliziert.
Cassino stellte im Rahmen des Gesamtfeldzuges nur einen Teilaspekt dar. Es genügt daher festzuhalten, daß im September 1943 auf alliierter Seite niemand glaubte, daß man sich in mühseligem Ringen von der Stiefelspitze Italiens bis zur Po-Ebene würde hochboxen müssen, und nur wenige rechneten damit, daß Hitler um jeden Geländezipfel kämpfen würde. Die Briten und Amerikaner hatten über die Kriegführung in Italien eine unterschiedliche Vorstellung und die Deutschen profitierten davon.
Ein Blick auf den Atlas offenbart nur zu rasch, warum ein Krieg in Italien als »taktisch absurd« bezeichnet werden kann. Inmitten des 1600 km langen schmalen Stiefels zieht sich eine Gebirgskette mit 2000 m hohen Gipfeln wie die Mittelgräte eines Fisches entlang, von der immer wieder rasch fließende und in tiefen Felsenbetten eingeschnittene Flüsse sich nach beiden Seiten ihren Weg ins Meer

* Anm. d. Übers.: Um Verwechslungen zu vermeiden, wurden die alliierten Dienstgrade, Truppen- und Geländebezeichnungen im deutschen Text übernommen.

bahnen: leicht zu stauen und schwierig zu überwinden. Mithin bieten sich überall gute Verteidigungsstellungen an, und eine angreifende Armee vermag nur bei beträchtlicher Luft- und Artillerieüberlegenheit voranzukommen oder aber mittels totaler See- und Luftherrschaft, welche amphibische Landungen im Rücken des Gegners ermöglicht. Die taktischen Probleme können nur dann gelöst werden, wenn eine Strategie angewandt wird, welche ein absolutes Übergewicht an Kanonen, Schiffen und Flugzeugen zum Tragen bringt. Hingegen gilt es eine Strategie zu vermeiden, welche ein mühevolles Sichhindurchquälen auf dem Landweg vorsieht.

Die Alliierten besaßen 1944 auf dem Mittelmeerkriegsschauplatz sowohl Schiffe und Material als auch Menschen genug, um mit einer angemessenen Strategie den Feldzug hier unten in relativ kurzer Zeit zu ihren Gunsten zu entscheiden.

Daß dies nicht geschah, lag an der großen Meinungsverschiedenheit zwischen Briten und Amerikanern hinsichtlich der Kriegführung in Italien. Die Briten sahen hier die ideale Chance, um sich den deutschen Grenzen von Süden her zu nähern und im Zuge eines »großen Fesselungsangriffs« (General Alexander) eine *Dritte Front* zu bilden, um so viele Deutsche wie möglich aus Rußland und dem besetzten Frankreich abzuziehen.

Bevor im Juni 1944 die Landung in Frankreich begann, sahen die Amerikaner in Italien mehr oder minder einen Nebenkriegsschauplatz und verfolgten die dortigen Kämpfe mit Argwohn: sie schienen ihnen durchaus geeignet, das Unternehmen »Overlord« zu stören und hinauszuzögern, da sie Menschen und Material schluckten, welche in England für die Invasion Frankreichs bereitgestellt wurden. Außerdem hielten die Amerikaner eine Landung in Südfrankreich für wichtiger und dies auch noch, nachdem im Mai 1944 die deutsche Abwehr in Mittelitalien zusammenzubrechen begann. Die widersprüchliche Politik der Briten und Amerikaner war der Felsen, an dem der Feldzug scheitern sollte, und der Grund für General Fullers kritische Bemerkung.

Außerdem wurde die Gesamtstrategie mehrmals geändert. Die Truppen General Alexanders waren bei ihren Kämpfen ständig eingeengt durch das Mißtrauen der amerikanischen Stabschefs, die eifersüchtig darüber wachten, daß keinerlei anderwärtige Engagements die Pläne für »Overlord« gefährdeten. Alexander erhielt weder genügend Soldaten noch Landungsboote, um amphibische Operationen im Rücken des Feindes durchführen zu können, was weniger kostspielig gewesen wäre als das mühsame Vordringen zweier Armeen auf dem Landwege von Salerno bis nach Norditalien. Einmal, als er Kesselring bereits ausmanöveriert hatte und kurz vor einem entscheidenden Siege stand, wurden ihm die Flügel beschnitten, indem man ihm kostbare Infanteriedivisionen wegnahm und die noch unentbehrlicheren Landungsboote auf einen anderen Kriegsschauplatz umdirigierte.

Und so mußten sich denn die alliierten Armeen langsam und mühselig ihren Weg nach Norden erkämpfen und jeden Geländegewinn mit Blut bezahlen. Der Feldzug wurde zu einem verbissenen Ringen zwischen einem erfahrenen Verteidiger, der die Geländevorteile voll auszunutzen verstand, und einem angreifenden Gegner mit seiner Überlegenheit an Waffen und Gerät.

Anfangs Oktober 1943 verkündete Adolf Hitler seinen festen Entschluß, südlich von Rom keinerlei Gelände kampflos preiszugeben. Daraufhin entwickelte sich der eigentlich so nicht vorgesehene Feldzug in Italien zu einer erbitterten Auseinandersetzung, welche die Alliierten schließlich über 300000 Mann kosten sollte. Viele dieser Opfer starben bei Cassino in einem der dort geführten vier Großangriffe, bei Frontalangriffen also, welche selbst heute noch, nach dreißig Jahren, bei Historikern und alten Soldaten die heftigsten Streitgespräche auslösen.

2.

Die Deutschen kommen nach Cassino

Im September 1943 begrüßte das italienische Volk die Nachricht von der Kapitulation Italiens mit großer Begeisterung und Freudenkundgebungen. Die ganze Nation benahm sich während einiger Stunden, als wäre ein großer Sieg errungen worden. Inmitten dieses südländischen Überschwangs verloren die Deutschen jedoch keineswegs ihre Nerven. Blitzschnell und mit durchschlagender Wirkung besetzten sie Rom und andere Schlüsselstellungen, wo sie ihre vormaligen Kameraden entwaffneten und deren Verbände auflösten. Daß es dabei nur zu wenigen Zwischenfällen kam, ist zwei Umständen zuzuschreiben: einmal der sorgfältigen Planung und deren hervorragender Durchführung seitens der Deutschen und zum anderen der totalen Kriegsmüdigkeit der italienischen Soldaten, die nur noch so unauffällig wie möglich nach Hause wollten.

Rom befand sich schon nach kurzer Zeit fest in deutscher Hand, obwohl man dort jeden Tag eine alliierte Landung aus der Luft oder von See her bzw. beides kombiniert, erwartete. Ein derartiges Unternehmen war für die Alliierten verlockend, aber Eisenhower und sein Stab hielten die Risiken für zu groß. Weder Jagdschutz noch Luftunterstützung hätten dafür zur Verfügung gestanden, während Rommels Divisionen aus Norditalien rasch verfügbar gewesen wären und bereits in der ersten entscheidenden Phase eingreifen konnten. Trotzdem rechnete das deutsche Oberkommando auch noch nach der Landung der Fifth Army in Salerno, in der Nacht vom 8. auf den 9. September, mit einem zweiten Schlag

gegen Rom, so daß dem Oberbefehlshaber Süd, Generalfeldmarschall Kesselring, zur Bekämpfung der Salerno-Landung lediglich seine eigenen Divisionen zur Verfügung standen. Während also im Süden die 10. Armee verzweifelt bemüht war, Mark Clarks Armee ins Meer zurückzuwerfen, entwaffnete im Norden Rommels Heeresgruppe noch immer italienische Verbände.
Was Mark Clark und seine Fifth Army bei Salerno vor der Vernichtung bewahrte, waren außer der eigenen kämpferischen Leistung die Geschütze der alliierten Flotten und Hitlers unbegreifliche Entscheidung, General von Vietinghoffs schwache 10. Armee allein gegen den Landekopf und die vorrückende Eighth Army kämpfen zu lassen.
Nach neuntägigem heftigem Ringen war die Krise schließlich überwunden, und Kesselring hatte seine große Chance verpaßt. Für ihn blieb jetzt nur noch übrig, dafür zu sorgen, daß nicht auch Rom zur raschen Beute der Invasoren wurde.
Rom stand den alliierten Generalen als lockendes Ziel vor den Augen, und auch Churchill schickte Alexander einen Funkspruch, wonach man Ende Oktober »durchaus in Rom sein könne«. Ein derartiges Ziel wurde zwar weder Eisenhower noch Alexander von den Vereinigten Stabschefs gesetzt, aber Chruchills Worte machten bei den in der Fifth und Eighth Army in Süditalien kämpfenden Soldaten zahlreicher Nationen schnell die Runde, und überall hieß es: »Weihnachten sind wir in Rom.«
Die nüchternen Tatsachen und die allgemeine Lage Anfang Oktober 1943 ließen ganz gewiß nicht ahnen, daß bis zum Fall von Rom noch weitere neun Monate vergehen sollten und zunächst einmal blutige Kämpfe bevorstünden, die die Namen von Cassino und in gewissem Sinn auch von Anzio auf Jahre hinaus dem Gedächtnis einprägen würden. Aber das zögernde Vorgehen der Alliierten von Calabrien aus sowie der erfolgreiche Kampf der deutschen 10. Armee ließen einen Mann anderen Sinnes werden: Adolf Hitler.
Hitler hatte zwischen den Ratschlägen seiner bewährten Feldmarschälle geschwankt, zwischen Rommel im Norden und Kesselring als Oberbefehlshaber Süd. Rommel sah im Aufhalten des Gegners in Süd- oder Mittelitalien nicht viel Sinn und auch Rom war für ihn keine Prestigefrage, vielmehr fürchtete er die lange und verletzliche Küstenlinie. Das deutsche Reich sollte nach seiner Meinung aus vorbereiteten Alpenstellungen verteidigt werden. Kessel-

ring vertrat hingegen die Auffassung, daß der Feind so weit wie möglich von Deutschland entfernt gehalten und dann später von immer neuen Verteidigungslinien gestoppt werden müsse. Als Flieger war ihm der Gedanke zuwider, einen Flugplatz nach dem anderen aufzugeben und die gegnerische Luftwaffe immer näher rücken zu lassen; als Stratege sah er in einem feindbesetzten Italien ein gefährliches Sprungbrett für weitere Angriffe gegen sein Land.
Nachdem er ursprünglich Kesselring bei Salerno seinem Schicksal überlassen und durch seine Unentschlossenheit bezüglich der Empfehlungen seiner beiden Feldmarschälle viel Zeit verloren hatte, ernannte Hitler schließlich Kesselring zum Oberbefehlshaber Italiens und schickte Rommel nach Frankreich. Verspätet wurden Kesselrings ursprüngliche Pläne gutgeheißen und voll unterstützt: Rom sollte so lange wie möglich gehalten werden, und die zu diesem Zweck südlich der Stadt zu errichtende »Winterlinie« war um jeden Preis zu verteidigen.
Die Art, wie Feldmarschall Kesselring den darauffolgenden Krieg in Italien leitete, sollte das Vertrauen seines Führers voll und ganz rechtfertigen. Die von ihm meisterhaft gewählten Verteidigungsstellungen bremsten das Vorgehen der Alliierten immer wieder ab und hielten die Bomber so weit wie möglich von der Po-Ebene und Süddeutschland entfernt. Kesselrings kühner Optimismus verbunden mit seinen soldatischen Fähigkeiten blieb nicht ohne Wirkung auf Hitler, und schon bald widerrief er seine früheren Befehle und schickte weitere Verstärkungen. Die Gustavlinie, mit ihrem Angelpunkt bei Monte Cassino, sollte »nachhaltig verteidigt« werden. Die Deutschen kamen nach Cassino, um dort zu bleiben und zu kämpfen.
Eine der von Kesselring festgelegten Verteidigungsstellungen, die Gustavlinie, lag an der engsten Stelle der italienischen Halbinsel. Im Lauf des Herbst hatten Heerespioniere, die Organisation Todt und Baubataillone damit begonnen, dieses für die Abwehr günstige Gebiet mit einem Netz von starken vorgeschobenen Stellungen zu überziehen. Die Dörfer und Berge erdröhnten von Explosionen und dem Hämmern der Preßluftbohrer. Minenfelder wurden verlegt und Flüsse wie der Rapido und Garigliano gestaut, um ihre Täler zu überschwemmen. Die Gustavlinie war nur eine der drei ausgesuchten und befestigten Stellungen, aber mit Abstand die stärkste, an der sich bis zum Mai 1944 die besten alliierten Divisionen blutige Köpfe holen sollten.

Der planmäßige Ausbau von Verteidigungsstellungen benötigt jedoch Zeit. Kesselring gewann sie, indem er entlang der gesamten Front zähen Widerstand leistete.
An der Ostküste, im Abschnitt der Eighth Army entlang dem Sangro und bei der Fifth Army, unweit des Hochwasser führenden Volturno, begannen die hochmechanisierten britischen und amerikanischen Armeen in dem steckenzubleiben, was Napoleon das fünfte Element nannte: im Morast. Tagelang goß es in Strömen. Aus den Bächen wurden Flüsse und aus diesen wiederum Fluten, welche die umgebenden Felder in ein Meer von Schlamm verwandelten. Kampfhandlungen waren zwar nicht ausgeschlossen, aber die starken alliierten Luftstreitkräfte konnten nur begrenzt und die Panzerverbände überhaupt nicht eingesetzt werden, weshalb der Ausgang des Kampfes immer wieder nur von der Infanterie und deren enger Zusammenarbeit mit Artillerie und Granatwerfern abhing. Die Deutschen fochten daher unter günstigeren Voraussetzungen, als sie hätten erwarten dürfen, während sich die Hoffnungen ihrer Gegner bereits in Regen und Schlamm aufzulösen begannen. So stand denn Mitte November mit Sicherheit auch nur fest, daß Rom zumindest bis zum Beginn des Jahres 1944 in deutscher Hand bleiben würde.
Aus den vorgeschobenen Stellungen der »Winterlinie« wurde den an den beiderseitigen Küsten vorrückenden Armeen ein schrecklicher Blutzoll abverlangt. Kleine deutsche Einheiten, geschickt angesetzt und in der Hand tüchtiger Führer, hielten immer wieder überlegene Feindverbände durch eine Taktik auf, welche den Soldaten der Fifth und Eighth Army nur zu schnell vertraut werden sollte. Erst eine nachhaltige Verteidigung, dann ein heftiger Gegenangriff, just in dem Augenblick, wo der britische oder amerikanische Erfolg gesichert erschien, und dann wieder ein rasches Absetzen auf das nächste natürliche Hindernis, oft hinter einen Bach- oder Flußlauf. Und dort wiederholte sich dann das gleiche Verfahren wieder von neuem. Es vergingen Tage und Wochen, und obwohl sich die Deutschen auf dem Rückzug befanden, wurde dennoch klar, daß Kesselring die Initiative in der Hand hatte. Seine Einheiten entschieden, wo und wann sie kämpfen wollten, und ganz allmählich und fast unmerklich begann sich der von den Amerikanern so gefürchtete Landkrieg zu entwickeln.
Als Weihnachten 1943 sich näherte, konnte Kesselring mit der

Entwicklung der Dinge eigentlich recht zufrieden sein. Natürlich war auch für ihn nicht alles gut gelaufen. So zum Beispiel dieser unselige Dualismus in der Befehlsführung, welcher ihm bei Salerno die Hände gebunden und dem Gegner den frühzeitigen Besitz des wichtigen Flugplatzes Foggia beschert hatte. Es lag jedoch nicht in seiner Natur, über vergangene Dinge zu brüten, und der Kampf um die vorgeschobenen Stellungen der »Winterlinie« hielt seine Verbände ohnedies ganz in Atem.

Es ist dies zwar nicht eine Geschichte des gesamten Feldzuges, aber um die Hintergründe von Cassino und ebenfalls von Anzio zu verstehen, muß man sich vor Augen halten, wie heiß umkämpft diese Außenstellungen waren. Die Deutschen wollten sie zwar nicht bis zur letzten Patrone verteidigen, waren andererseits aber entschlossen, den Gegner für jeden Geländegewinn teuer bezahlen zu lassen. Weiter rückwärts machte der Ausbau der Gustavlinie gute Fortschritte, und besonders an ihrem Angelpunkt Cassino ging es rasch voran. Der geschickt geführte hinhaltende Kampf in Schlamm und Eisregen hatte für die späteren, noch härteren Auseinandersetzungen bereits einen wichtigen Beitrag geleistet.

Für die Männer der Fifth Army, welche kämpften und das Ende von 1943 erlebten, wurde das Vorrücken zu einer einzigen Serie von blutigen Gefechten. Der Übergang über den Volturno, der Kampf um die Enge von Mignano, um den Monte Lungo und den heiß umstrittenen Monte Camino – diese und andere Namen verlangsamten die Offensive von General Clarks Armee immer mehr und führten zu unablässig steigenden Verlusten: im Einsatz, durch Krankheit und durch Erschöpfung. Auch die Fortschritte von Montgomerys Eighth Army waren nicht überwältigend. Termoli fiel zwar Anfang Oktober, aber die Kämpfe am Sangro im November und vor allem die Weihnachten 1943 bei Ortona stattfindenden verbissenen Auseinandersetzungen brachten zum Jahreswechsel ihren Vormarsch zum Stillstand.

Als die Alliierten schließlich dennoch an die Außenpforte der Gustavlinie klopften, hielt es Hitler für geboten, seine Soldaten aufzumuntern und zu ermahnen: »Der Führer erwartet, daß um jeden Fußbreit Boden erbittert gerungen wird«. Zur Ausführung dieses Befehls erwarteten sie jetzt im Rahmen eines sorgfältig festgelegten Verteidigungsplans und unter ihrem sehr fähigen Korpskommandeur, General von Senger und Etterlin, mit ruhigem Selbstvertrauen das Herannahen der erschöpften Fifth Army. Falls es nicht gelang, frische amerikanische oder britische Truppen nach Italien zu entsenden oder aber durch eine erneute Landung den Rücken der deutschen Verteidiger zu bedrohen, würden sich Alexanders Armeen ausbluten, bevor sie Rom je zu Gesicht bekämen.

Der sich versteifende deutsche Widerstand in den letzten Wochen des Jahres 1943 machte mithin eine zweite Landung unerläßlich, sofern man nicht mit ansehen wollte, daß der gesamte bisherige Feldzug total im Sande verlief. Jetzt aber die Einnahme von Rom fallen zu lassen, wäre nach Churchills Worten »allseits als schwere Schlappe empfunden worden«, und »nur über meine Leiche«, dürfte der alte Politiker und Krieger insgeheim noch hinzugefügt haben. Die Probleme, welche bei einem derartigen Landeunternehmen gelöst werden mußten, waren vor allem politischer und strategischer Natur. Es bedurfte Churchills ganzer Beredsamkeit, Entschlossenheit und seines Verhandlungsgeschicks, bevor Anzio endlich geboren werden konnte. Anzio wurde unternommen, um Cassino zu retten, oder genauer, um die Straße nach Rom zu öffnen. Doch wie wir noch sehen werden, mußte bald der Druck auf Cassino vergrößert werden, um die gefährliche Lage in dem kleinen Landekopf von Anzio zu stabilisieren.

Für die Deutschen war die Aufgabe bei Cassino und entlang der Gustavlinie klar und einfach zu definieren: Halten um jeden Preis. Die Kämpfe in Süditalien waren weiterhin Sache der 10. Armee unter General von Vietinghoff, während weiter rückwärts Kesselring mit seiner Reserve bereitstand, um einer Landung weiter im Norden zu begegnen, mit der er nach wie vor rechnete.

Für einen Generalfeldmarschall der Luftwaffe war es völlig undenkbar, daß die Alliierten sich weiterhin auf dem Landweg Meter um Meter vorarbeiten würden, wo sie doch die absolute See- und Luftherrschaft besaßen. Auch kam hinzu, daß das deutsche Oberkommando die komplexen Probleme einer Invasion von See her durchweg unterschätzte und sich deshalb nicht nur in Italien, sondern auch an anderen Stellen Europas auf weitere amphibische Operationen gefaßt machte. Man hatte wohl zwei Landkriege gegen den größten Teil Europas geführt, aber Erfahrungen über Landeunternehmungen besaß man nicht.

Die Anglo-Amerikaner hingegen konnten sich mit der amphibischen Kriegführung hinreichend vertraut machen: erst in Nordafrika, dann in Sizilien und jetzt kürzlich bei Salerno. Die seefahrenden Nationen Großbritannien und die Vereinigten Staaten hatten die Vor- und Nachteile dieser Kampfesart also hinreichend studiert. Vor allem Salerno hatte ihnen gezeigt, daß man die Probleme und Risiken niemals unterschätzen durfte. Kesselring und sein Stab kamen richtigerweise zu dem Schluß, daß die festgefahrene alliierte Offensive nur durch eine weitere Landung wieder in Gang gebracht werden könnte. Was sie jedoch nicht übersahen, war, daß hierzu zunächst einmal endlose Verhandlungen erforderlich waren sowie eine Fülle von Konferenzen mit widersprechenden Meinungen. Im Hintergrund all dieser Beratungen stand aber der unerschütterliche Wille und die Entschlossenheit eines Mannes: Winston Churchill. Zu guter Letzt setzte er sich auch durch, doch mußte er dem Tyrannen »Overlord« den Vorrang lassen, in dessen Schatten der Entschluß nur halbherzig zustande kam.

Bevor wir uns den alliierten Überlegungen zuwenden, welche anfangs 1944 so weitreichende Folgen haben sollten, wollen wir uns doch noch vor Augen halten, warum die Deutschen gerade Cassino als Schwerpunkt der Gustavlinie auswählten. Der wichtigste Grund war nicht die Stärke des Naturhindernisses, sondern der Umstand, daß es das Lirital sperrte und damit zugleich die Straße nach Rom. Hätte es auf der italienischen Halbinsel Ausweichstraßen gegeben, die man im Winter benutzen konnte, würden die Anglo-amerikanischen Verbände zweifellos auf sie ausgewichen sein, anstatt mit gesenkten Hörnern gegen eine Stellung anzurennen, die gemeinhin als unüberwindlich galt.

Was also trieb beide Seiten, sich so auf Cassino festzulegen?

Hierfür gibt es keine bessere und einleuchtendere Begründung, als die, welche Feldmarschall Alexander 1950 der *London Gazette* gegenüber abgab: »Ich habe bereits erwähnt, daß das Tal des Liri den Zugangsweg nach Rom darstellt und auf die Stärke seiner Einfallspforte hingewiesen. Eine Beschreibung des uns vorgelagerten Geländes wird die Gründe aufzeigen, warum gerade dieser Sektor die einzige Stelle für ein massiertes Vorgehen war, und weshalb ich ständig weitere Kräfte nachschieben mußte, bis schließlich im Mai die Masse meiner Armeen an der Tyrrhenischen Front im Einsatz stand. Der flache Küstenstreifen entlang der Adria, auf welchem die Eighth Army operierte, führt eigentlich nirgendwo hin, d. h. man kommt schließlich bis nach Ancona.

Eingebettet zwischen diesen beiden Meeren zieht sich inmitten der Halbinsel das Apennin-Gebirge entlang, welches hier auch seine größten Höhen erreicht. Sie lagen jetzt unter Schnee und sind für große Truppenbewegungen selbst im Sommer ein ernst zu nehmendes Hindernis. Die Westküste reckt sich steil zu den weglosen Aurunci- und Lepini-Bergen empor, und die Küstenstraße läuft dicht am Meer entlang, ausgenommen ein kurzes Stück, wo sie durch die Ebene von Fondi führt, von wo aus sie sich dann aber bald wieder nach Westen wendet und die Pontinischen Sümpfe passiert, welche die Deutschen überflutet hatten. Zwischen den Aurunci- und den Lepini-Bergen besteht jedoch kein Zusammenhang, sondern zwischen ihnen windet sich das Tal des Liri entlang. Diesem Tal, dessen Breite zwischen sechs und zehn Kilometern schwankt, folgt die Straße Nr. 6, die Via Casilina.«

Die einzige Straße nach Rom, welche in den Wintermonaten überhaupt in Frage kam, und auf welcher die Alliierten bei trockenem Wetter erstmals in Italien ihre Panzerüberlegenheit hatten ausspielen können, war also die Via Casilina, die nach Überwindung einer Enge in das Lirital einmündet. Allein auf sie war man angewiesen, wollte man die Gustavlinie noch vor dem Frühjahr angreifen.

Wenn man die damaligen politischen und strategischen Erwägungen außer Acht läßt, wäre es vom heutigen Standpunkt aus gesehen taktisch am vernünftigsten gewesen, man hätte die festgefahrene Front bis zum April 1944 sich selbst überlassen. Eine derartige Lösung trat tatsächlich auch im Abschnitt der Eighth Army ein, wo sich beide Seiten, angelehnt an die Adria, in Stützpunkten gegenüberlagen und wo außer Minen, Artilleriefeuer und gelegentlicher Spähtrupptätigkeit nicht viel los war. Aber um die Geschichte von Cassino, von Anzio und überhaupt des gesamten italienischen Feldzugs zu begreifen, muß man sich vor Augen halten, daß die taktischen Erwägungen auf dem Schlachtfeld sich stets den größeren Problemen unterordnen mußten, denen sich die Alliierten in bezug auf Deutschland und Japan gegenübersahen.

Der Kommandierende General des deutschen XIV. Panzerkorps, General von Senger und Etterlin, war sich ebenfalls der Bedeutung des Liritals bewußt. Er rechnete mit dem alliierten Hauptstoß gegen das Tor zu diesem Tal, und ihm war klar, daß der Schlüssel dazu in Cassino lag. Diese Einfallspforte nach Rom hatten die Heere vergangener Jahrhunderte schon oftmals als ideale Verteidigungsstellung gewählt, und auch an den italienischen Kriegsschulen galt sie als Musterbeispiel eines natürlichen Geländehindernisses. Sollte es dennoch hier und da noch etwas zu verstärken geben, so hatte von Senger bis zum Ausbruch der eigentlichen Kämpfe dazu noch reichlich Zeit.

Monte Cassino – der Klosterberg –, unter welchem Namen ihn die Männer vieler Nationen kennenlernten, die lange Wochen unter seinem Schatten kämpften, kontrollierte sowohl das vorgelagerte Tal als auch den in nordwestlicher Richtung verlaufenden Fluß. Die Straße Nr. 6 führt bis hierher, läuft dann um die Südflanke des Klosterbergs und durch die kleine Stadt Cassino hindurch, welche sich eng an die Hüfte des 530 m hohen Berges anschmiegt, und wendet sich darauf nach Westen. Vom Gipfel des Monte Cassino konnte ein Beobachter die Bewegungen in beiden Tälern überwachen und mittels Artillerie- und Granatwerferfeuer die Hauptschlagader nach Rom unterbinden – die Straße Nr. 6.

Die Natur bot den Verteidigern von Monte Cassino noch eine weitere Hilfe in Gestalt des nach Norden sich anschließenden Bergrückens, dessen höchste Erhebung der Gipfel des Monte Cairo ist, ein riesiger Bergkegel, welcher sich rund 1700 m über dem Tal des Rapido erhebt. Kennzeichnet man Monte Cassino als eine mittelalterliche Festung, dann stellt der Rapido den dazugehörigen, vorgelagerten Wassergraben dar, der erst überwunden werden muß, bevor man gegen die Wälle vorgehen kann. Der Rapido – wie schon der Name besagt – ist ein Fluß mit reißender Strömung. Gleich wichtig aber ist der Umstand, daß er sich durch ein flaches Tal ergießt, wo er sich leicht anstauen läßt. Die Deutschen taten dies nicht nur, sondern sie hatten obendrein auch noch die Zeit, alle übrigen Geländehindernisse für ihre Zwecke auszunutzen.

Im Norden der Stadt Cassino errichteten deutsche Pioniere Dämme, so daß weite Teile des Tals in eine überschwemmte Landschaft verwandelt wurden. Flußabwärts wurden beide Ufer stark vermint – an den möglichen Übergangsstellen sogar in Verbindung mit Stolperdrähten – und die vorhandenen Bauernhäuser sowie Außengebäude verstärkt bzw. zur Verteidigung eingerichtet.

Auch sämtliche Zivilisten mußten die Stadt verlassen, welche ihrerseits stark ausgebaut wurde. Häuser erhielten Betonverstärkungen, so daß sie als Stützpunkte dienen und selbst Bomben und

Granaten widerstehen konnten. Verschiedentlich gingen in größeren Gebäuden auch Panzer so in Stellung, daß sie aus ihrer Dekkung alle Anfahrten beherrschten, solange ihre Besatzungen noch am Leben waren und über Munition verfügten. Schließlich wurden auch Unterstände und Bunker an allen Straßen angelegt, welche in die Stadt führten.

Oberhalb Cassino, an der Flanke des Berges selbst, blieb man ebenfalls nicht untätig. Höhlen wurden geschaffen oder so erweitert, daß Geschütze mitsamt ihren Bedienungen darin Platz fanden; MG-Stellungen wurden angelegt, verstärkt und getarnt, und in den tiefen Tälern und Schluchten wählte man Granatwerferstellungen aus und fertigte genaue Ziel- und Entfernungsskizzen an. Und wo immer am Abhang Stechginsterdickichte wucherten, wurden diese mit Panzerminen, Schützenminen und Stacheldraht so raffiniert gespickt, wie es eben nur ein erfahrener Verteidiger tun kann.

Tag für Tag wurde an der Stellung gearbeitet, welche unter den wachsamen Augen des Generals von Senger und Etterlin immer mehr Gestalt annahm. Hätte es außer den aufrüttelnden Appellen Adolf Hitlers noch eines weiteren Antriebs bedurft, so wäre der näherkommende Kanonendonner dazu angetan gewesen. Alles war fieberhaft beschäftigt, den Alliierten den Weg mit einer Barriere zu verbauen, an die sie noch lange denken sollten.

Im Januar 1944 ging die deutsche 10. Armee auf die Gustavlinie zurück. Dazu war es auch höchste Zeit, wollte man nicht, daß die Fifth Army noch vor ihr dort eintraf, denn am 15. Januar war die vorgeschobene Stellung, der Monte Trocchio, von den Amerikanern genommen worden, nur 2½ km von Cassino entfernt. Er sollte von nun an als vorgeschobener Beobachtungsposten dienen, zunächst für die Fifth Army und später im Frühjahr für die Eighth Army, nachdem auch deren Verbände um den Besitz des Monte Cassino stritten.

Feldmarschall Kesselring sprach seinen Soldaten, die jetzt in Cassino eintrafen, eine wohlverdiente Anerkennung aus. Sie hatten sich bei den Kämpfen um Salerno und im Süden gut geschlagen und sich nur schrittweise auf die neue Stellung zurückgekämpft. Unter anderem führte er aus: »Eisenhowers und Montgomerys Hoffnungen sind vereitelt worden, denn wir haben nicht nur die Härte des Gebirgskriegs bestanden, sondern uns auch physisch und moralisch dem schwersten Artilleriefeuer und den heftigsten Luftangriffen gewachsen gezeigt.« Da Eisenhower und Montgomery zu diesem Zeitpunkt gerade dabei waren, Italien den Rücken zu kehren, um im Zusammenhang mit der Bildung der Zweiten Front neue Verantwortungsbereiche zu übernehmen, berührten sie Kesselrings Worte persönlich wenig. Aber für Alexander, Mark Clark und den Kommandierenden der Eighth Army, Oliver Leese, endete der Tagesbefehl an die deutschen Truppen mit einer prophetischen Verkündung: »Eure soldatische Haltung im Kampf, die Unerschütterlichkeit eurer Moral und die Wendigkeit eurer Führer werden auch in Zukunft jeden gegnerischen Versuch vereiteln, uns zu vernichten.«

Cassino und Anzio legen Zeugnis für diese Behauptung ab. Auch ist es an dieser Stelle angemessen, den deutschen Divisionen die gebührende Hochachtung zu bezeigen, die Träger dieser langen Nachhutgefechte südlich der Gustavlinie waren: 9. Division, 29. Panzergrenadier-Division, 15. Panzergrenadier-Division, Division Hermann Göring und 5. Gebirgsdivision. Zwar kam ihnen der Umstand zu Hilfe, daß die amerikanische Fifth Army zu ihrem ersten Angriff auf Cassino in geschwächtem Zustand antrat, hatte ihnen der wochenlange Kampf gegen die Deutschen und die Elemente doch beträchtlich zugesetzt; aber auch die deutschen Soldaten, welche Cassino und die umliegenden Höhen verteidigten, waren weder frisch noch ausgeruht.

Obendrein war der Kampf für sie auch noch insofern härter, als sie zu keinem Zeitpunkt über die Hilfsquellen des Feindes verfügten und die Alliierten die totale Luftherrschaft besaßen. Jede Bewegung bei Tage zog unverzüglich die Aufmerksamkeit der britischen und amerikanischen Piloten auf sich, und selbst während der Nacht wurden die Nachschubstraßen heftig angegriffen. Die deutsche 10. Armee mußte ständig Löcher in der Front stopfen, indem sie Verbände von einer Krisenstelle zur anderen hetzte. Als die Kämpfe um Cassino begannen, war nur eine deutsche Division ausgeruht und voll aufgefrischt: die 94. Infanteriedivision. Alle übrigen hatten geringe Frontstärken und waren erschöpft, doch ihre Moral hatte trotz der unaufhörlichen Rückzüge in keiner Weise gelitten. Die Deutschen schlugen sich tagtäglich mit der gleichen Tapferkeit. Jetzt aber, nachdem man in der wohlgeplanten und vorbereiteten Aufnahmestellung von Cassino angelangt

war, gab es keinen weiteren Rückzug mehr. Jetzt mußte gemäß Führerbefehl um jeden Quadratmeter auf das äußerste gerungen werden.
Die Soldaten des Deutschen Reichs gehorchten dieser Weisung im wahrsten Sinn des Wortes.

3.

Die Alliierten kommen nach Cassino – und Anzio

Die Hoffnungen der alliierten Planer auf den Herbst begannen zu schwinden. Als der Winter anbrach, verschwor auch er sich gegen sie und machte das Gelände nicht weniger feindlich als die deutschen Verteidiger. Selbst die Nachrichtenoffiziere redeten nicht mehr optimistisch über geschwächte deutsche Verbände, war doch das Vorhandensein frischer deutscher Truppen in Oberitalien nur zu offenkundig, genau wie auch die nunmehr nachhaltige Verteidigung der Gustavlinie.

Zum erstenmal mußten daher jetzt die langfristigen Konsequenzen des Feldzugs realistisch gewertet werden. Am unangenehmsten war der Umstand, daß dem Gegner ungefähr zwanzig Divisionen zur Verfügung standen – »ungefähr« insofern, als die Zahl schwankte. Obwohl von diesen lediglich acht südlich Rom lagen, konnten doch weitere jederzeit von Norditalien herbeieilen: sei es, um abgekämpfte Einheiten abzulösen, oder um ein besonderes Unternehmen durchzuführen.

Die alliierten Befehlshaber in Italien waren sich darüber klar, daß es zunächst einmal im wesentlichen darauf ankam, so viele deutsche Divisionen wie möglich von Nordwest-Europa und Rußland auf sich zu ziehen. Das setzte aber voraus, daß man den ganzen Winter über offensiv blieb. In den ihnen gegebenen Richtlinien war keine Alternative vorgesehen, weshalb sie – um mit Alexander zu sprechen – »den Deutschen ständig auf die Hacken treten mußten«. Eine derartige Strategie des unablässigen Drucks – auch das lag auf der Hand – mußte mitten im Winter angewandt werden, unter Verhältnissen also, in denen die alliierte Überlegenheit zu Lande und in der Luft durch das Wetter, den Schlamm, unpassierbare Straßen und angeschwollene Flüsse neutralisiert wurde.

Der Vorstoß auf Rom sowie weitere Maßnahmen zur Vernichtung der deutschen Landstreitkräfte konnten nur mit frischen Truppen erfolgen – insbesondere Infanterie –, wobei es nicht nur galt, den Druck an den bestehenden Fronten aufrechtzuerhalten, sondern auch neue Landungen im Rücken der starken deutschen Stellungen durchzuführen.

Wollte man die Offensive fortsetzen, bedurfte es also neuer Divisionen, verstärkten Nachschubs und einer ausreichenden Zahl von Schiffen und Landungsfahrzeugen – und dies nicht nur für die Unterhaltung des bestehenden Landekopfs, sondern auch für weitere amphibische Operationen. Allein, die alliierten Planer in Italien waren durch Entscheidungen gebunden, welche im Mai 1943 bei der Trident-Konferenz in Washington gefällt worden waren, d. h. noch vor der Invasion und Besetzung Siziliens. So war zum Beispiel festgelegt, daß bis zum November 1943 sieben Divisionen – vier amerikanische und drei britische – für die Verschiffung nach England bereitstehen mußten. Darüber hinaus war ein Großteil der Flottenverbände und Landungsboote entweder für »Overlord« oder – zu Churchills Entsetzen – für Kampfhandlungen in Fernost vorgesehen. Als die Trident-Entscheidungen zustande kamen – von den Briten nur zögernd bejaht –, legte man sich allerdings in bezug auf den Abzug von Truppen, Schiffen und Versorgungsgütern aus Italien noch nicht fest. Erst nach Beendigung der Kämpfe um Sizilien traten die Stabschefs der USA mit dieser Forderung immer hartnäckiger hervor, welche von da an von Churchill und seinen militärischen Beratern in steigendem Maße angegriffen wurde.

Gegen Ende Oktober 1943 begann ein amerikanischer Befehlshaber voll und ganz zu erkennen, in welchem Grad die seinem Oberkommando unterstellten Truppen in Ketten gelegt worden waren. General Eisenhower, dem bis zur Übergabe seines Mittelmeerkommandos noch drei Monate Zeit verblieben, fand sich in steigendem Maße durch die Politik seines Präsidenten gehemmt und seine Aktionsfreiheit durch die Art beschnitten, in der ihm wichtige Verbände von Italien abberufen wurden. Als dann der Vormarsch an den beiden italienischen Küsten ins Stocken geriet, er-

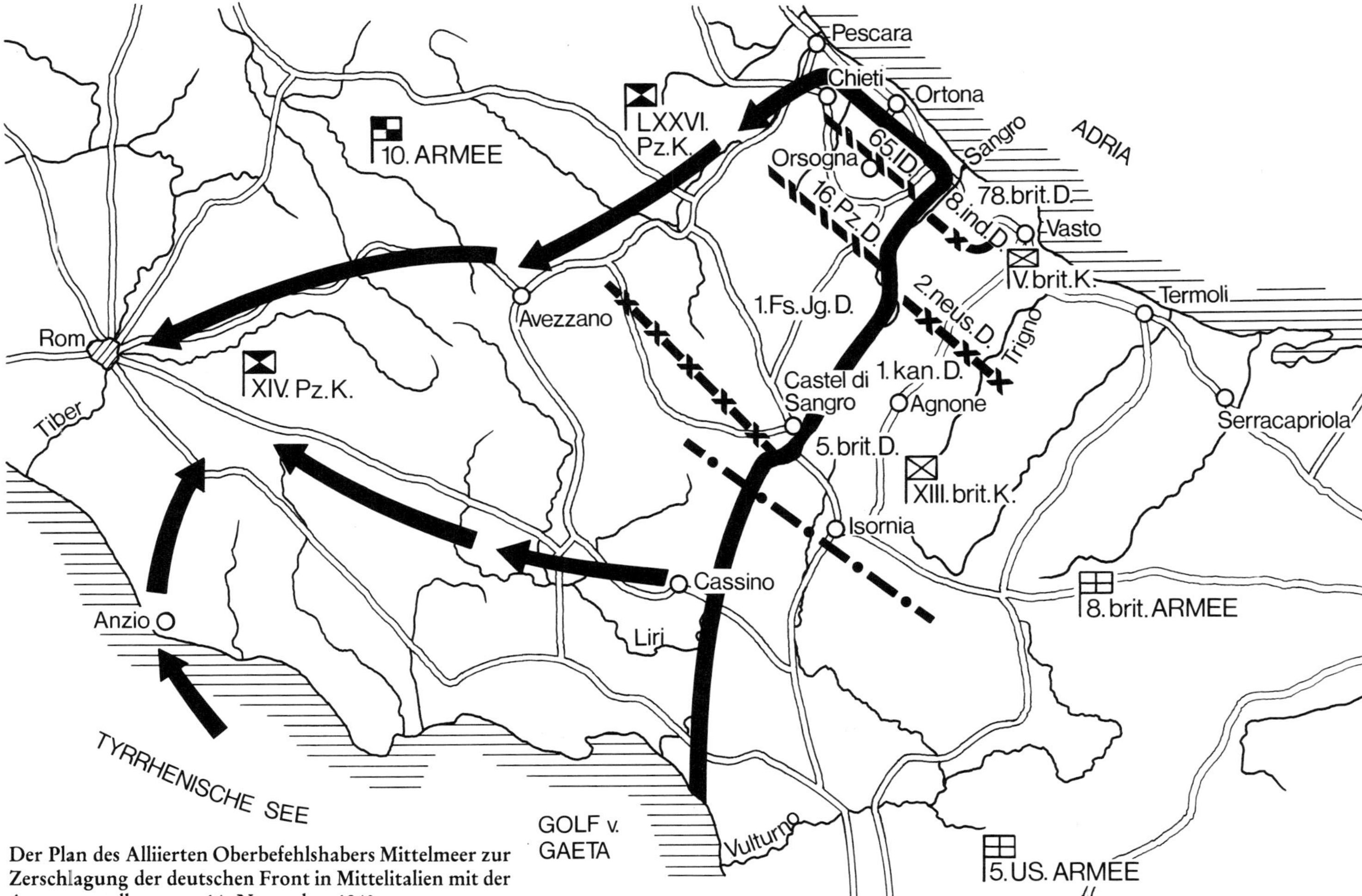

Der Plan des Alliierten Oberbefehlshabers Mittelmeer zur Zerschlagung der deutschen Front in Mittelitalien mit der Ausgangsstellung am 14. November 1943.

gab sich die Notwendigkeit für eine neue Beurteilung der Lage. Churchill schickte eine ganze Reihe von Kabeln an Roosevelt, Eisenhower und Alexander, in denen er weiteres Handeln forderte, doch kam es vor den alliierten Konferenzen in Kairo und Teheran, welche zwischen dem 22. November und dem 7. Dezember 1943 stattfanden, zu keinem radikalen Kurswechsel.

In Kairo war es auch, wo Churchill den britischen Standpunkt in einem Satz zum Ausdruck brachte: »Overlord bleibt unser wichtigstes Ziel auf dem Mittelmeer-Kriegsschauplatz«. Ihm ging es keineswegs um eine Ablenkung oder Vernachlässigung der zweiten Front, vielmehr war er fest entschlossen, das deutsche Problem vom Mittelmeer aus aufzurollen –, in Churchills Augen ein Raum mit verführerischen Möglichkeiten. Die Ägäischen Inseln, die Partisanen in Jugoslawien und Südfrankreich –, dies alles waren Ansätze, aus denen sich etwas entwickeln ließ. Aber abgesehen von den notwendigen Truppen würde jede weitere amphibische Operation mehr und mehr Landungsfahrzeuge erfordern; dabei war vorgesehen, daß 68 dieser kostbaren Boote nach England fahren sollten, um dort repariert oder umgebaut zu werden: für Overlord bzw. eine mögliche amphibische Unternehmung in Südostasien.

Obwohl die stärkste Opposition gegen die britischen Pläne ursprünglich von den US-Stabschefs kam, war es vor allem doch Stalin, welcher sich entschlossen zeigte, die Alliierten vom Balkan und dem östlichen Mittelmeer fernzuhalten. In Verfolg seiner eigenen Politik drängte er darauf, daß man aus militärischen Gründen den Italienfeldzug nicht forcieren sollte. Vielmehr hätte die Halbinsel nur als Sprungbrett nach Südfrankreich zu dienen, um dann von dort aus die Zweite Front zu unterstützen. Stalins Auffassungen wurden von den Amerikanern geteilt, wodurch die Briten sich auf einen Kompromiß einlassen und eine andere Lösung suchen mußten.

Das Tauziehen zwischen den Alliierten bei den Konferenzen von Kairo und Teheran brachte schließlich Entscheidungen zustande, bei denen die Briten sich zwar ein wenig durchsetzten, aber zu wenig, um den Erfolg des Feldzugs in Italien sicherzustellen. Overlord wurde zwar richtigerweise nicht in Frage gestellt, doch an zweite Stelle rückte »Anvil«, die Landung in Südfrankreich. Erstmalig wurde aber auch die Einnahme von Rom zum offiziellen Angriffsziel erklärt, sowie ein weiteres Vorrücken bis zur Linie

Pisa-Rimini erlaubt. Der Druck auf die deutsche Armee sollte nur insoweit erfolgen, als er nach dem Abzug der für Anvil vorgesehenen Verbände aufrecht erhalten werden konnte.
Schließlich wurde die komplexe Frage wegen der Landungsboote zumindest zeitweilig gelöst: 68 LSTs*, welche Italien am 5. Dezember verlassen sollten, durften bis Mitte Januar zurückgehalten werden. Damit schien eine weitere Landung gesichert, auch wenn sie gezwungenerweise nur von begrenztem Umfang sein konnte. Klar war fernerhin, daß sie im Januar stattfinden mußte, ungeachtet der Situation bei der Fifth Army südlich der Gustavlinie. Churchill hatte diese Konzessionen mit viel Geschick und großer Geduld ausgehandelt; danach erwartete er von Alexanders Heeresgruppe detaillierte Pläne, aus denen hervorgehen sollte, wie sein Erfolg am Verhandlungstisch in militärische Operationen umgesetzt und Rom mit einer wieder in Gang gekommenen Offensive nun doch genommen werden konnte.
Zu Churchills Bestürzung fand er in diesen Plänen aber wenig Ermutigendes, vornehmlich deshalb, weil sich sowohl die Fifth, als auch die Eighth Army inzwischen nur noch mühsam und unter großen Verlusten Meter um Meter vorkämpften. Falls eine Landung südlich Rom durchgeführt werden sollte, dann nur unter der Voraussetzung, daß die Fifth Army mit der amphibischen Gruppe schleunigst die Verbindung herstellen konnte, und diese wiederum mußte so stark sein, daß sie sowohl sich selbst behaupten, als auch die Deutschen im Rücken zu packen vermochte. Um die Mitte des Dezember 1943 war es für den Oberbefehlshaber der Fifth Army, General Mark Clark, offenkundig, daß keinerlei Chance für einen unverzüglichen Durchbruch bestand, um sich mit einem derartigen Landekopf zu vereinigen, es sei denn, daß dieser eine derartig starke Bedrohung darstellte, daß die deutsche 10. Armee gezwungen wäre, die Gustavlinie aufzugeben. Nur wenn den Landungskräften eine völlige Überraschung gelang und nichts sie aufhielt, bestand eine gewisse Möglichkeit, daß sich die Deutschen von Panik ergriffen nach Norden auf Rom absetzen würden.
Die kostbaren Landungsboote mußten noch vor ihrer festgesetzten Abfahrt nach England eingesetzt werden, was bedeutete, daß zunächst zwei Divisionen versammelt, dann gelandet, laufend ver-

* LST = Landing Ship Tank (Panzer-Landungsboote)

stärkt und ständig versorgt werden mußten.
Das also waren die Voraussetzungen, um die seit September 1943 völlig ins Stocken geratene Offensive wieder in Gang zu bringen. Noch einmal entfaltete Mr. Winston Churchill seine ungeheure Aktivität. Funksprüche gingen in alle Richtungen, Stabsoffiziere in London und auf dem Mittelmeer-Kriegsschauplatz wurden angewiesen, erneut die Schiffslage zu überprüfen, und der amerikanische Präsident um die Einwilligung gebeten, daß die begehrten Landungsboote bis zum Februar 1944 zurückbehalten werden durften, was den Gewinn weiterer Wochen bedeutete.
Die Beredsamkeit, Energie und Entschlossenheit des britischen Premierministers überwanden alle Hindernisse, rissen seine zweifelnden Kollegen mit und brachten auch die Skeptiker vorübergehend zum Schweigen. Anzio war in Wahrheit Churchills Unternehmung, und sein Entzücken über des Präsidenten Zustimmung zur Landung veranlaßte ihn zu dem Funkspruch: »Ich danke Gott für diese Zustimmung, durch die uns eine großartige Unternehmung erneut von ganzem Herzen vereint findet«.
Die Zeit für die Planung eines derartig komplizierten Einsatzes war kurz; schrecklich kurz vor allem deshalb, weil der Präsident seine Entscheidung bezüglich der Landungsboote erst am 28. Dezember getroffen hatte. Das Landeunternehmen mit dem Decknamen »Shingle« sollte so weit wie möglich an den 20. Januar 1944 herangerückt werden, da zu diesem Zeitpunkt die besten Voraussetzungen für eine Landung bestanden und die Schiffe obendrein anfangs Februar freigegeben werden konnten. Der Planungsstab der Fifth Army für »Shingle« arbeitete also unter Hochdruck. Für die Landung wählte er einen Küstenstreifen unweit des kleinen Hafens Anzio aus und legte fest, daß der auszuschiffende Verband aus vier Divisionen, einigen Kommandos, einem Ranger-Bataillon und einem US-Fallschirmjägerregiment unter dem Oberkommando des amerikanischen General Lucas bestehen sollte.
Die Einzelheiten des Anzio-Plans sowie auch die Geschichte der Landung selbst gehen über das Thema dieses Buchs hinaus und werden daher nur insofern behandelt, als sie Einfluß auf die Kämpfe um Cassino hatten, die nun ebenfalls bald begannen. Eine derartige Einwirkung machte sich aber von Anfang an spürbar, da Alexander seine strategischen Bemühungen jetzt auf die Hauptfront konzentrieren konnte.

Eröffnet werden sollte das Ganze durch einen Angriff der Masse der Fifth Army auf die Gustavlinie, um auf diese Weise Kesselrings Reserven nach Süden in Richtung auf das Lirital zu locken. Dann war die Landung der »Shingle«-Verbände unter General Lucas vorgesehen, um die Deutschen zu einer erneuten Schwerpunktverlagerung zu zwingen. Eine derartige Situation, zumal mit starken und aggressiven Kräften im Rücken, so hoffte Churchill, würde die Deutschen ins Wanken bringen und sie veranlassen, sich in den Raum nördlich Rom zurückzuziehen. Auf dem Papier schien der Erfolg gesichert. Das Ziel war klar und die Hoffnung allgemein, daß dies die »Schlacht um Rom« würde, wie sie auch in den operativen Weisungen der 15th Army Group optimistisch genannt wurde.

Es besteht kaum ein Zweifel, daß das vom alliierten Nachrichtendienst zusammengestellte Feindbild dazu beigetragen hat, diesen vorhandenen Optimismus aufzubauen. Das deutsche Heer, hieß es, sei erschöpft, die Moral stünde kurz vor dem Zusammenbruch und Reserven seien nicht mehr vorhanden. Eine solche Einstellung kommt auch in der abschließenden Feindlagebeurteilung der Fifth Army vom 16. Januar zum Ausdruck, in welcher es zum Schluß heißt: »Es erscheint zweifelhaft, ob der Feind bei einem koordinierten Angriff der Armee seine Verteidigungsstellung beiderseits Cassino zu halten vermag. Da dieser noch vor ›Shingle‹ beginnt, kann als wahrscheinlich angenommen werden, daß die zusätzliche Bedrohung ihn zur Aufgabe seiner Abwehrlinie zwingt, sobald er erst einmal ihre Stärke erkannt hat.«

Nach Fred Majdalany handelt es sich bei dieser obigen Feindeinschätzung um einen der herausragenden Fälle von Wunschdenken im Lager der Alliierten. Es genügte jedoch nicht, etwas nur zu wollen, vor allem, wenn man den Deutschen gegenüberstand. Die alliierten Generale konnten sich bald davon überzeugen, daß auch zu Beginn des Jahres 1944 die Tatsachen ernüchternd wirkten. Ein nach wie vor entschlossener Gegner, ein harter Winter und ein unwegsames Gelände erwiesen sich als weitaus schwierigere Hindernisse, als es bisher die Kette von vorgeschobenen Stellungen gewesen war, welche die Fifth Army zwischen Salerno und Cassino hatte überwinden können.

Während die minutiöse Planung für »Shingle« im Wettlauf mit der Uhr relativ reibungslos vonstatten ging, war die Fifth Army damit beschäftigt, bis zu der Eingangspforte zum Lirital aufzuschließen, welche vom Rapido gedeckt wird. Monte Trocchino wurde am 15. Januar von den Soldaten des gleichen II. (US-)Corps genommen, welches nur fünf Tage später im Rahmen der Winteroffensive erneut anzutreten hatte. Der Zeitfaktor war hier eigentlich noch ausschlaggebender und drängender als die dreiwöchige Galgenfrist für den Planungsstab von »Shingle«, da der Gesamtkonzeption zufolge die Front beiderseits Cassino bereits voll in Flammen zu stehen hatte, bevor noch der erste Soldat am 22. Januar in Anzio seinen Fuß an Land setzte.

Alexanders Operationsanweisung an Mark Clark befahl diesem »die Führung eines möglichst starken Stoßes auf Cassino und Frosinone unmittelbar vor der Landung, um gegnerische Reserven vom Landekopf weg und auf sich zu ziehen, sowie im Anschluß daran das Aufreißen der Front, um unter Ausnutzung jeder sich bietenden Möglichkeit diese zu durchstoßen und sich schnellstmöglich mit den Landungstruppen zu vereinigen«.

Zweifellos stützte sich General Clarks Plan zur Befolgung obiger Weisung auf die in Anzio ausgespielte Trumpfkarte. General Truscott, der bei Anzio später eine entscheidende Rolle spielen sollte, erwähnt in seinen Erinnerungen (»Command Mission«), daß Clark die Auffassung vertreten habe, daß ein stabilisierter Landekopf die Deutschen zur Aufgabe ihrer Südfront zwingen würde. Diese Lageeinschätzung Clarks beeinflußte sowohl die Errichtung des Landekopfes als auch die ersten Anläufe der Fifth Army gegen die Gustavlinie.

Was Churchill betrifft, so stellte er sich Anzio nicht als einen Landekopf vor, den man bloß errichtete, damit ihn die Deutschen dann abriegeln konnten. Eine solche Taktik hätte bei Salerno fast zu einer Katastrophe geführt. Churchill sah in der Anzio-Landung vielmehr das kalkulierte Risiko, als dessen Preis Rom winkte, und welches zugleich die Bedeutung rechtfertigen sollte, welche die britische Regierung dem ganzen italienischen Feldzug beigemessen hatte.

Auch Alexander hoffte, daß es unter Voraussetzung eines geglückten Überraschungsmoments gelingen müsse, die Albaner Berge in Besitz zu bringen und auf diese Weise die im Süden stehende deutsche 10. Armee abzuschneiden. Wie dem nun auch sei, Mark Clarks Befehle an General Lucas spiegelten die aggressiven Wün-

Oben: Das Schlachtfeld am Monte Cassino.

Unten: Das Benediktinerkloster Montecassino vor dem Luftangriff vom 15. Februar 1944.

Im Kloster Montecassino vor Beginn der Kämpfe. Die Freitreppe vom Zentralhof zum Hof der Wohltäter. Vorn links die Statue des heiligen Benedict.

Nachdem die Klosterleitung am 18. 10. 1943 die Genehmigung zur Bergung der Kulturschätze durch die deutsche Wehrmacht erteilt hatte, wurden unter Aufsicht von Soldaten der Fallschirm-Panzerdivision »Hermann Göring« in der Klostertischlerei Kisten zur Verpackung der Schätze gebaut.

Es wurden schließlich 700 Kisten angefertigt, in denen die rund 100 000 Bände der Klosterbibliothek, ca. 10 000 alte Schriftrollen, ca. 1200 Urkunden und die Gemälde verpackt wurden.

Vor dem Abtransport der Kulturschätze aus dem Kloster Montecassino. Ganz links der deutsche Pater Emmanuel Munding, dann der Prior des Klosters, Don Gaetano Fornari. In der Mitte Erzabt Don Gregorio Diamare im Gespräch mit Oberstleutnant Schlegel, Kommandeur der Instandsetzung-Abteilung der Fallschirm-Panzerdivision »Hermann Göring«, auf dessen Initiative hin die Bergung der Kulturschätze erfolgte. Vor dem Oberstleutnant der Koffer mit den Reliquien des heiligen Benedict.

Luftwaffensoldaten bei der Entladung der Kisten mit den Kulturgegenständen des Klosters im Hofe des Klosters von San Paolo in Rom.

Luftaufnahme der Stadt Cassino mit dem Klosterberg. Das Kloster in der linken unteren Hälfte am Steilhang, der tiefe Schatten wirft.

Luftaufnahme des Klosters vor seiner Bombardierung am 15. Februar 1944.

sche des Premierministers auf alle Fälle nicht wider: Lucas sollte »einen Landekopf in der Nähe von Anzio gewinnen und sichern ... und von da aus in Richtung auf die Albaner Berge weiter vorrücken«. Aber von Beeilung oder rascher Ausnutzung des Erfolges kein Wort! Zweifellos basierten General Clarks Befehle auf dem optimistischen Feindbild, wonach der Gegner schon durch das bloße Errichten eines zweiten Landekopfes in Panik geraten und sich zurückziehen würde. Außerdem stand Clark der Anzio-Landung etwas zurückhaltend und skeptisch gegenüber, hatte er doch mit Salerno und dem anschließenden zähen Ringen seine Erfahrungen gemacht.

Für den frühzeitig gealterten und kampfmüden General Lucas bedeuteten Clarks Instruktionen auf alle Fälle, daß er nur einen starken Landekopf bilden und diesen so sichern sollte, daß er bereits stand, bevor der Feind auch nur an die ersten Gegenmaßnahmen denken konnte. Im Grunde hielt er sowieso nicht allzuviel von dem ganzen Unternehmen. Während Churchill schrieb: »In angespannter, doch, wie ich hoffe, unterdrückter Erregung, erwartete ich den Ausgang dieses doch immerhin beträchtlichen Schlages«, notierte der Befehlshaber, in den er soviel Hoffnung setzte: »Der Anzio-Einsatz roch beträchtlich nach Gallipoli, und offenbar war der gleiche Amateur sein Vater.« Sowohl Anzio als auch Gallipoli wären vermutlich anders ausgegangen, wenn der »Amateur« sich selber an Ort und Stelle und nicht »in angespannter Erregung« als Staatsmann in London befunden hätte. Vorausgesetzt, daß die Deutschen auf die neue und überraschende Bedrohung von Rom in der von Clark gehofften Weise reagierten, durfte man in bezug auf den zweiten Teil von Alexanders Direktive annehmen, daß es dann nicht allzu schwer sein würde, ein Loch in der Hauptfront zu schaffen, um ohne übermäßig schwere Kämpfe die alliierten Panzer in dem nunmehr offenen Lirital anrollen zu lassen.

General Clark konzentrierte sich nicht eigens auf die Schaffung einer solchen Bresche, sondern bereitete vielmehr einen Angriff auf breiter Front vor. Dieser, so hoffte er, sollte die deutschen Reserven aus dem Raum von Rom abziehen und an der Hauptfront festnageln, noch ehe das erste Landungsboot die Küste vor Anzio erreicht hatte.

Die einleitenden Angriffe ermöglichten jedoch keinen Durchbruch durch die Gustavlinie, da das Vorfühlen dreier Korps auf breiter

Front die Ausnutzung eines örtlichen Einbruchs zwecks Ausweitung zu einem echten Durchbruch ausschloß. Hinter lokalen Erfolgen standen keine Stoßreserven.

Am äußersten linken Flügel begann das X. Britische Corps sich am 17. Januar einen Übergang über den Garigliano in der Nähe der Küste zu erzwingen. Eine keineswegs einfache Aufgabe angesichts eines großen, reißenden winterlichen Flusses und dies obendrein unter den wachsamen Augen der Deutschen. Dieser gut geplante Uferwechsel war zunächst erfolgreich. Brückenköpfe wurden gebildet, die Stadt Castelforte genommen und die deutsche 94. I.D. in beträchtliche Schwierigkeiten gebracht. Tatsächlich war es gelungen, die linke Flanke der Gustavlinie einzudrücken. Der Korpskommandeur, General von Senger, war auf alle Fälle so alarmiert, daß er Feldmarschall Kesselring um Verstärkungen bat.

Wenngleich General Mark Clark diesen Anfangserfolg auch nicht als durchschlagenden Hebelansatz beurteilte, sein Gegenüber, Feldmarschall Kesselring, tat es. Obwohl er sicher war, daß eine alliierte Landung südlich Rom unmittelbar bevorstand und schon längst überfällig war, reagierte er bei der Bereinigung der Krise von Castelforte mit großer Energie und Entschlossenheit. Die 29. und die 90. Panzergrenadierdivision wurden aus dem Raum Rom herbeibeordert und setzten am 21. Januar zu einem Gegenangriff auf das X. Corps an. Die erste und beste Chance, die Gustavlinie zu umfassen, endete in einem Sieg für die Deutschen – aber nur beinahe. Dem allein auf sich gestellten X. Corps fehlten die Reserven, um den Anfangserfolg auszunutzen, aber es machte Anzio möglich, da es die beiden deutschen Reservedivisionen auf sich zog.

Diese wichtige Tatsache muß man sich stets vor Augen halten, wenn über die erste Schlacht um Cassino diskutiert und die Frage aufgeworfen wird, ob die schweren Verluste der amerikanischen 36. Division gerechtfertigt und von irgendeiner strategischen oder taktischen Bedeutung gewesen seien.

Bevor wir den Angriff des X. Corps verlassen, müssen noch verschiedene Fragen gestellt und beantwortet werden: Hätten die von dem britischen Corps gewonnenen Anfangserfolge erweitert und ausgebaut werden können? Von wo konnten Truppen herangezogen werden, um die Brückenköpfe über den Garigliano zu verstärken? Wäre noch vor dem Eintreffen der aus Rom herbeieilenden

deutschen Divisionen der Einsatz weiterer Verbände möglich gewesen?
Die Antworten darauf müssen gewiß heißen, daß trotz des ursprünglich breit angelegten Angriffsplans der Fifth Army der vorgesehene Angriff des II. Corps auf und über den Rapido jederzeit hätte abgeblasen oder geändert werden können, um eine oder die beiden amerikanischen Divisionen nach Westen zu werfen, um den britischen Stoß über den Garigliano auszunutzen. Die Zeit war zwar knapp, aber starke amerikanische Verbände hätten mindestens drei Tage vor dem Fühlbarwerden des feindlichen Gegenangriffs an Ort und Stelle sein können. Der Eingang zum Lirital wäre zu umgehen gewesen, hätte man die Gelegenheit rechtzeitig erkannt und ausgenutzt.
So aber erkannten nur die Deutschen das drohende Desaster am Südende der Gustavlinie und zögerten nicht, das Loch mit zwei Reservedivisionen zu stopfen. Die drei britischen Divisionen des X. Corps hatten bewiesen, daß es möglich war, den Garigliano zu überwinden und die Ausente aufwärts entlang der Achse der Straße Nr. 7 vorzustoßen. Zwar führt die letztere später an den Aurunci-Bergen vorbei – auf welchen mißlichen Umstand schon Alexander hinwies –, doch gelang es im Mai 1944 dem Stoß von rund sieben Divisionen, auch in diesem schwierigen Berggelände die Gustavlinie aufzureißen. Zugegeben, diese sieben Divisionen waren im Januar nicht vorhanden, aber auch weniger hätten gewiß ausgereicht, befand sich doch zu diesem Zeitpunkt die vom Angriff des X. Corps völlig überraschte deutsche 94. Division in einer äußerst prekären Lage.
Im weiteren Verlauf nahmen die kleckerweisen Angriffe der Fifth Army dann ihren Fortgang. Am äußersten rechten Flügel unternahm das Französische Corps unter General Juin ebenfalls den Versuch, die Bastion von Cassino zu umgehen. Er begann am 12. Januar und zeitigte – genau wie beim X. Corps – ermutigende Anfangserfolge. Die marokkanischen und algerischen Kolonialtruppen besaßen Erfahrungen im Gebirgskrieg, wurden von den besten französischen Offizieren geführt und verfügten in Juin über einen äußerst fähigen Befehlshaber. Juin war überzeugt, daß sein Plan eines Stoßes in das Lirital über das Atina-Becken möglich sei, vorausgesetzt, daß der Nachschub über das Gebirge sichergestellt und eine zusätzliche Division zur Aufrechterhaltung des Drucks

zur Verfügung gestellt wurde. Leider erwies sich Juins großer persönlicher Charme sowie seine loyale Haltung und Bereitschaft zur Zusammenarbeit als nicht sehr einflußreich im anglo-amerikanischen Kriegsrat in Italien, so daß seine Anregungen bei seinen Vorgesetzten auf taube Ohren stießen.

Eine weitere Division für Juin hätte von der Eighth Army herangeführt werden müssen. Es waren ohnehin schon Überlegungen angestellt worden, zwei erfahrene Divisionen von der Adriatischen Küste herüberzuholen. Die eine von ihnen – die 4. indische – besaß beträchtliche Erfahrungen im Gebirgskrieg, nachdem die unlängst zu ihr gestoßene II. Brigade gerade erst eine diesbezügliche Ausbildung im Libanon hinter sich hatte. General Tucker, der Kommandeur der Fourth Indian Division, dessen Anteil an der Cassino-Schlacht leider vorzeitig durch Krankheit beendet wurde, vertrat später die Auffassung, daß dem Korps Juin, verstärkt durch seine Division, die Öffnung des Liritals von Norden her gelungen wäre.

Der besondere Reiz der Cassino-Schlachten sowie auch der anfänglichen Sondierungsversuche gegen die Gustavlinie selber liegt in der immer wiederkehrenden Frage: »Hätte man dies getan, wären die Dinge dann anders gelaufen?« Historiker mögen das vermuten und dann die Chancen einschätzen; aber selbst rückblikkend ist es unmöglich, einen solchen Ausgang auch nur annähernd im nachhinein festlegen zu wollen. Schlachten werden von Männern geschlagen, und schon der Ausgang eines einzigen Kampftages kann von dem geringfügigen Fehler eines untergeordneten Offiziers abhängen.

Pläne, die sich auf dem Papier vorzüglich ausmachen, können immer erst später am eigentlichen Erfolg gewertet werden. Im Einsatz selber wird man aber immer wieder feststellen, daß die schönsten Pläne mitunter wie Seifenblasen zerplatzen, weil der Mensch letzten Endes eben doch unberechenbar ist und der Gegner selten wunschgemäß reagiert.

Juin hätte mit der Unterstützung von Tuckers Fourth Indian Division die Nordflanke möglicherweise geöffnet. Genauso denkbar ist jedoch auch, daß die schwierigen Winterverhältnisse im Februar und März 1944 den Nachschub vor unlösbare Aufgaben gestellt hätten. Es läßt sich also kein Urteil fällen, sondern nur die Feststellung teffen, daß General von Senger bis zum Ende Februar voll

Sorge auf seinen linken Flügel blickte. Zu diesem Zeitpunkt hatte das Französische Corps seine dortige Aufgabe indessen schon erfüllt und beteiligte sich an der ersten Schlacht um Cassino, wovon wir in einem späteren Kapitel noch hören werden.

Die beiden Versuche, die Gustavlinie an ihren Außenflanken zu umgehen, hatten die Alliierten mit Zuversicht erfüllt und den Deutschen viele Schwierigkeiten bereitet. Wenn sie dennoch fehlschlugen, so allein deshalb, weil man die Anfangserfolge nicht auszunutzen vermochte. Der deutsche Korpskommandeur General von Senger und Etterlin, unterstützt durch die aus dem Raum Rom herbeigeeilten beiden Divisionen, war in der Lage, seine Reserven im richtigen Augenblick an den entscheidenden Stellen einzusetzen. Hierbei brauchte er auch zu keinem Zeitpunkt die Schlüsselstellung bei Cassino zu schwächen, da die Angriffe gegen seine Flügel nicht stark genug und obendrein auf einer überdehnten Front vorgetragen wurden. Auch war ihm klar, daß es sich bei diesen Bewegungen nur um die Ouvertüre zum eigentlichen Hauptstoß gegen das Lirital handelte, und daß dieser über den Rapido und rittlings der Straße 6 direkt gegen die Stadt Cassino und deren Wächter, den Monte Cassino, geführt werden würde.

Der nächste Schritt der Fifth Army, der Angriff im Mittelabschnitt und über den Rapido, war auf den 20. Januar festgelegt, zwei Tage vor General Lucas' Landung bei Anzio.

Die Widerstandskraft der nahezu unangreifbaren Verteidigungsanlagen von Cassino sollte jetzt also von einer modernen Armee geprüft werden, ausgerüstet mit den fortschrittlichsten Waffen, die ein bereits fünf Jahre währender Krieg entwickelt hatte.

Die Hauptkämpfe um Cassino standen direkt bevor. Für das American II Corps und insbesondere die 36th (Texas) Division sollten sich die Erfahrungen unauslöschlich in das Gedächtnis derer einprägen, die mit dem Leben davonkamen.

Nationale Differenzen in bezug auf die politische und strategische Kriegführung in Italien hatten die Alliierten in diese Lage gebracht. Cassino mußte ohne Verzug angegriffen werden, um die Landung bei Anzio zu unterstützen, die ihrerseits stattfinden mußte, so lange noch die Landungsboote verfügbar waren. Anzio, welches genommen wurde, um die schweren Kämpfe bei Cassino zu beenden, überlebte aber bald nur noch dadurch, daß der Druck

auf Cassino unablässig fortgesetzt wurde.
Am Vorabend der ersten direkten Kämpfe um Cassino trennte die beiden feindlichen Heere nur noch der kleine, aber heftig angeschwollene Rapido. Die Kommandeure beider Seiten standen vor einer Bewährungsprobe, und den Ausgang einer jeden der vier Schlachten beeinflußten in unterschiedlichem Maße die Persönlichkeiten der Oberbefehlshaber, welche die tragenden Rollen in der Tragödie von Cassino spielten: die Generale Alexander, Clark und Freyberg, Walker und Ryder, von Senger, Heidrich und Baade, sowie im Schlußstadium der polnische General Anders. Sie alle sollten die Bitterkeit der Niederlage und das Hochgefühl des Triumphs auskosten.

4.

Die Erste Schlacht – Die Führer und ihre Männer

Die Schlachten um Cassino wurden zwar niemals von den Oberkommandierenden der beiden Seiten – Alexander und Kesselring – direkt geleitet, doch war es ihre Strategie, welche die Konfrontation der feindlichen Heere am Rapido zustande brachte. Alexander mußte die Deutschen den ganzen Winter über unter Druck halten gemäß den Weisungen seiner politischen und militärischen Vorgesetzten, und sollte jetzt auch noch Rom so schnell wie möglich in Besitz nehmen. Auch Kesselring führte mit der zähen Verteidigung Süditaliens nur die Befehle des Führerhauptquartiers aus, welche ihm vorschrieben, keinen Meterbreit Boden kampflos preiszugeben.

Beiden Oberbefehlshabern wurden durch diese Weisungen Fesseln angelegt. Alexander sah sich zum Angriff und dessen ständiger Fortführung gezwungen und dies zu einer Zeit, in der die klimatischen Verhältnisse und das ungünstige Terrain mehr Zurückhaltung geboten hätten. Kesselring andererseits war zwar anfangs durchaus mit Hitler einer Meinung bezüglich einer entschlossenen Abwehr gewesen, sah sich aber später immer wieder vor Situationen gestellt, in denen nur eine kurzentschlossene Absetzbewegung die Lage retten konnte, zu der er aber vorher stets die Erlaubnis einholen mußte. In ein oder zwei Fälllen wurde er so zum Aushalten gezwungen, obwohl die Stellung inzwischen völlig unhaltbar geworden war.

Glücklicherweise waren beide Persönlichkeiten aber so veranlagt, daß sie dem Druck von oben Widerstand entgegenzusetzen wuß-

ten, ohne dabei jedoch das Vertrauen von Vorgesetzten oder Untergebenen zu verlieren. Alexander und Kesselring waren überragende Befehlshaber – ungleich der Erscheinung nach und mit unterschiedlicher Laufbahn und Erfahrung, aber ebenbürtige Gegner gemessen an ihren Leistungen. Während Alexander überlegene Hilfsquellen besaß, sowie über die See- und Luftherrschaft verfügte, hatte Kesselring den Vorteil des italienischen Geländes, welches seinen Soldaten ermöglichte, sich während der langen, hinhaltenden Rückzugskämpfe mit dem Gegner unter nahezu gleichen Bedingungen zu messen.
General Sir Harold Alexander, wie er sich im Januar 1944 nannte, war einer der erfahrensten Generale des letzten Krieges. Er hatte die anfänglichen Katastrophen in Frankreich und Burma ruhig und standhaft hingenommen, und auch die späteren Triumphe in Nordafrika und Sizilien ließen ihn in der gleichen stillen, würdigen und bescheidenen Weise reagieren. Alexander war ein charmanter Offizier und Gentleman und, was mehr besagt, ein vorzüglicher Soldat, welcher zur Selbstdarstellung keiner Public-Relations-Maschinerie bedurfte. Sein ganzes makelloses Erscheinungsbild, sein kühles Urteil sowie die völlige Mißachtung der Gefahr gewannen ihm die Hochachtung der Amerikaner und der Briten gleichermaßen.
Im Verlauf des italienischen Feldzugs wurden die Soldaten oftmals aufgemuntert, wenn ihr wie aus dem Ei gepellter Oberbefehlshaber ganz vorne bei ihnen erschien, um ohne großes Aufheben und Theater die Schlüsselstellungen zu inspizieren und nach seinen Landsern zu schauen. Er wurde von dem unter seinem Kommando kämpfenden Völkergemisch ohne Einschränkung anerkannt und bewundert: von den Briten, Amerikanern, Franzosen, Indern, Neuseeländern und Polen, und wer es sonst noch sein mochte. Vielleicht drückt nichts den Respekt und die Wertschätzung mehr aus, die man diesem bescheidenen Soldaten allseitig entgegenbrachte, als die Worte des amerikanischen Generals Truscott, welcher schrieb: »Er vereinte in sich die Persönlichkeit und den Schwung von Patton und Montgomery, allerdings, ohne deren selbstgefälliges Auftreten. Er besaß den Intellekt und die diplomatische Klugheit eines Eisenhower. Er war einer der herausragenden Führer im alliierten Lager.«
Es entspricht auch ganz dem Charakterbild eines solchen Mannes,

daß er – im Gegensatz zu seinen Kriegskameraden – volle zwanzig Jahre bis zur Veröffentlichung seiner Memoiren verstreichen ließ. Diese Erinnerungen aber enthalten weder Entschuldigungen noch Anklagen gegen Vorgesetzte oder Untergebene, sondern sind nur voll des Lobes für die Männer, die er zum Endsieg führen durfte.

Alexanders große Popularität war nicht das Ergebnis steter Bemühungen um die Gunst derer, die unter ihm in den alliierten Armeen in Italien dienten. Aber obwohl er durchaus in der Lage war, die unterschiedlichsten und oftmals starken Persönlichkeiten seines Befehlsbereichs zusammenzuschweißen, überspielte er mit seiner zur Schau getragenen Sicherheit doch nur zu oft eine verborgene eigene Schwäche, die ihre Ursache in einer gewissen Weltabgewandtheit hatte.

Klare und feste Anweisungen wurden nicht immer gegeben, wenn eine Krise danach verlangte, und mitunter war Alexander geneigt, seinen Untergebenen etwas zuviel Spielraum einzuräumen, obwohl schon deutlich war, daß ihre Kampfführung nicht richtig lief. Die Kriegsgeschichte wird zu entscheiden haben, ob und bis zu welchem Grad diese Haltung ihm als Koordinator einer vielrassigen Heeresgruppe aufgezwungen war, oder ob sie ihren Grund in seiner Abneigung hatte, sich mit unangenehmen Einzelheiten zu befassen. Wie immer das Urteil auch ausfallen mag, so besteht doch kein Zweifel daran, daß Alexanders Charakter bei den Kämpfen um Cassino eine wichtige Rolle spielte, bis er schließlich im Mai 1944 mit dem Durchbruch durch die Gustavlinie den Sieg errang.

Während des gesamten Verlaufs des italienischen Feldzugs versuchte Alexander ständig, seinen Gegner zu überlisten und erzielte bei wiederholten Gelegenheiten eine totale Überraschung durch die Wahl des Angriffszeitpunkts und der -richtung, aus der er den unerwarteten Stoß seiner Offensive ansetzte. Ein Mann von geringerem Format als Kesselring hätte sich schwer getan, die so geschaffenen Situationen immer wieder zu bereinigen. Aber wie ein geschickter Boxer war der deutsche Oberbefehlshaber immer wieder schnell auf den Beinen, blockte den Schlag ab und wich dem möglichen K.o. so elastisch aus, daß seine hart kämpfenden Soldaten sich stets von neuem stellen konnten.

Auch Kesselring hielt nichts von großen Auftritten und vermied jegliche Theatralik. Er war von Haus aus Flieger und vermochte sich nicht immer in der Gunst des Führers zu sonnen, obwohl er sich nie mit Politik abgegeben hatte. Hitler kannte Kesselrings Sympathien für das italienische Volk und hegte den Verdacht, daß der Feldmarschall 1943 von den italienischen Verschwörern hereingelegt worden war, welche Mussolini verhaftet hatten. Das war auch einer der Gründe, weshalb Hitler gezögert und geschwankt hatte, bevor er Kesselring die Verteidigung Italiens übertrug. Kesselring akzeptierte diese anfänglichen Vorbehalte gegen seine Person und erwies sich nach seiner Ernennung als ein Mann von absoluter Loyalität und vollendetem Gleichmut.

Auch in seinen Kriegserinnerungen läßt er rückblickend keinerlei bittere Gedanken oder Worte über diese Episode erkennen.

Kesselring überzeugte das Oberkommando der Wehrmacht nicht nur, daß es möglich sei, die Alliierten südlich von Rom zum Stehen zu bringen, sondern stellte auch die damit verbundenen Vorteile heraus. Wie bereits ausgeführt, war er gegen eine Strategie, welche den Alliierten und ihren Luftflotten die Annäherung an die deutschen Reichsgrenzen ermöglichte, ohne sie dafür ein Höchstmaß an Menschen, Maschinen und Zeit zahlen zu lassen. Nachdem Hitler sich ganz auf seine Seite gestellt hatte, zeigte Kesselring sich imstande, eine derartige hinhaltende Kampfführung mit nur geringen Hilfsmitteln, aber großem Geschick zu demonstrieren, wenngleich auch die äußerst wichtigen Flugplätze um Foggia bereits verlorengegangen waren, noch bevor der Führer seinem Vorhaben grünes Licht erteilt hatte.

Feldmarschall Kesselring, ein Mann von einfachem Wesen, war ein harter Arbeiter, der selbst dann noch Optimismus und Zuversicht ausstrahlte, wenn ihm schlimme Nachrichten und düstere Aussichten ständig Sorge machten. Die ihm unterstellten Befehlshaber respektierten sein Urteil, bewunderten sein Selbstvertrauen und erfreuten sich weitgehender Selbstständigkeit innerhalb ihrer eigenen Verantwortungsbereiche. Griff er einmal ein, so nur zur Bereinigung einer Krise und dann stets ohne Verzug und persönliche Vorwürfe. Es ist eine der Ironien dieses italienischen Feldzugs, daß dieser Flieger einen Landkrieg gegen einen menschen- und materialmäßig ständig überlegenen Gegner führen mußte, dem gegenüber die eigene Luftwaffe überhaupt nicht ins Gewicht fiel. Mit der Ausweitung der Kämpfe wuchs auch Hitlers Vertrauen, und

nach Kriegsende formulierte Kesselring seine Position Hitler gegenüber wie folgt: »Es ist mir stets gelungen, Hitlers Zustimmung zu meinen Vorschlägen zu gewinnen und meine Truppen aus den schwierigsten Situationen ohne Totalverluste herauszuziehen. Ich hatte Hitlers bedingungsloses Vertrauen gewonnen. Er wußte, daß ich keine persönlichen Interessen verfolgte.«
Alexander und Kesselring waren in der Tat einander ebenbürtig und des Vertrauens würdig, das ihre Armeen in sie setzten.
Die beiden Korps, welche sich während der ersten Schlacht um Cassino gegenüberstanden, waren das II. amerikanische bzw. das deutsche XIV. Panzerkorps. Das letztere war für die südliche Hälfte der Gustavlinie verantwortlich und bis zum Zerreißen überdehnt. Die fünf Divisionen in vorderster Linie, auf die die ersten alliierten Angriffe durch die Fifth Army erfolgten, verfügten über keinerlei Reserven im Rücken.
Das II. American Corps bestand lediglich aus zwei Divisionen – der 34th (Red Bull) und der 36th (Texas) –, doch war vorgesehen, daß ihr Vorstoß auf das Lirital von den Panzern der 1st Armoured Division weitergeführt werden sollte, sobald in der Anfangsphase die Überwindung des Rapido erfolgreich und wunschgemäß vonstatten gegangen war.
Die Gesamtverantwortung für die Verteidigung des Raums um Cassino lag auf den Schultern des Generals von Senger und Etterlin, dem Kommandierenden General des XIV. Panzerkorps. Der Titel des Buchs, welches er nach dem Kriege schrieb »Weder Furcht noch Hoffnung« läßt schon Rückschlüsse auf den Charakter dieses fähigen Offiziers zu. General von Senger war gläubiger Katholik, war sogar Laienbruder des Benediktinerordens, von dessen Mitgliedern sich anfangs Januar 1944 noch viele im alten Kloster Cassino aufhielten. Er war ein sensibler und gebildeter Mann, der von den Nazis wenig hielt und ihre Weltanschauung ablehnte. Der deutsche Korpskommandeur besaß obendrein eine anglophile Einstellung, welche auf seine Jugendjahre zurückging, die er als Rhodes-Stipendiat in Oxford verbracht hatte. Auch war er dem italienischen Volk echt zugetan, hatte viel Sinn für Musik und die Künste und liebte die einfache Schönheit des Landes, in dem er nunmehr für eine Sache kämpfen mußte, an die er nicht glaubte. Sengers Tüchtigkeit als Berufssoldat hatte ihm im deutschen Heer einen guten Namen gemacht. Obwohl er Adolf Hitler ablehnte,

was von diesem erwidert wurde, konnte das Vaterland in Zeiten der Not nicht auf Männer wie ihn verzichten, selbst wenn er als Regimegegner bekannt war. Seine Pflichtauffassung zeichnete ihm den Weg klar vor, auch wenn sein empfindliches Innere sich gegen das Dilemma auflehnte.

Er kämpfte letzten Endes für sein Land und nicht für ein System, das nicht das seine war. Er kämpfte »ohne Furcht und ohne Hoffnung«.

General von Sengers Gegner im Süden des Rapidotals war der Kommandierende des US II Corps, Major General Geoffrey Keyes. In Wahrheit aber deckten sich die Grenzen des deutschen XIV. Panzerkorps mit denen der anglo-amerikanischen Fifth Army, so daß es eigentlich richtiger ist, General Mark Clark als den verantwortlichen Offizier für den Cassino-Abschnitt zu bezeichnen.

Die Geschichte der ersten mißlungenen Rapido-Überquerung zeigt, daß Major General Geoffrey Keyes eigentlich mehr ein Verbindungsmann zwischen der unglücklichen 36th Division und Mark Clark selber war. So ist auch wenig über Keyes überliefert, es sei denn, daß er ein ruhiger und tüchtiger Mann war, von gefälligem Äußeren, stets gut angezogen und von angenehmer Art. Wie auch mehreren anderen amerikanischen Generalen fehlten ihm zu diesem Zeitpunkt des Krieges praktische Erfahrungen als Truppenführer. Ein ihm unterstellter Divisionskommandeur, Major General Fred L. Walker, meinte, daß Keyes' Gedanken meist mehr akademischer als praktischer Natur gewesen seien.

Als sich die Überlebenden des Rapido-Übergangs in ihrer Erbitterung entschlossen, den Congress um eine Untersuchung anzugehen, war der Name des von ihnen als unfähig und unerfahren bezeichneten Generals nicht Geoffrey Keyes, sondern General Mark Clark. Durch seinen starken Hang zur Publicity und den ständigen Rattenschwanz von Public-Relations-Leuten muß Mark Clark sowieso die umstrittenste Figur im gesamten italienischen Feldzug gewesen sein. Er hatte die Aura, Haltung und das Betragen eines Kommandierenden Generals, der sich bewußt ist, groß und gut auszusehen, nicht ganz unähnlich seinem Landsmann Gary Cooper, dem Filmstar.

Clarks bisherige Laufbahn als Stabsoffizier und Organisator der rückwärtigen Dienste war ausgezeichnet verlaufen und auch hinsichtlich seines persönlichen Muts bestand kein Zweifel, hatte er sich doch im November 1942 von einem U-Boot heimlich an der nordafrikanischen Küste absetzen lassen, um Verbindung mit den Freien Franzosen aufzunehmen.

Er besaß einen ausgesprochenen Charme und wurde ob der Unterstützung geachtet, die er seinen Untergebenen in Zeiten einer Krise stets zuteil werden ließ. Mit seinen 48 Jahren war er jünger als die meisten seines Ranges, und viele unter ihm dienende alliierte Generale – so insbesondere Juin und Freyberg – waren wesentlich dienstälter als er. Nichtsdestoweniger erzielte das von Clark durch den Erfolg von Salerno gewonnene Selbstvertrauen sowie seine aggressive, ungeduldige und ehrgeizige Art einige Ergebnisse. Er genoß auch, im Mittelpunkt der öffentlichen Aufmerksamkeit zu stehen, und die ihm eigene Sucht nach äußerer Anerkennung veranlaßte General Truscott zu der Bemerkung: »Seine größte Schwäche war, daß er stets auf Publicity Wert legte. Das mag auch dazu beigetragen haben, daß ihm das eigentliche Gefühl für die Kampfführung abging.«

Mark Clarks Rolle bei dem unglücklichen Ausgang des Rapido-Übergangs soll an anderer Stelle untersucht werden. Es kann jedoch schon hier festgehalten werden, daß sein Buch »Calculated Risk« seinem Ruf nichts hinzufügt und auch bezüglich der drei strittigen Unternehmen nichts zu seiner Verteidigung beiträgt: der Rapido-Überquerung, der Bombardierung des Klosters sowie schließlich seines dringenden Wunsches, im Juni 1944 nach dem Fall von Rom als erster in die Stadt einzurücken.

Im Februar 1944 unterstand ihm während der zweiten und dritten Cassino-Schlacht der erfahrenste Divisionär der britischen und Commonwealth-Armeen als Korpskommandeur, General Sir Bernard Freyberg, VC, aus Neuseeland. Diesen beiden Männern war es nicht möglich, den Weg zu einer Partnerschaft zu finden, vor allem, weil der jüngere Clark dem älteren Freyberg gegenüber einen Minderwertigkeitskomplex besaß. Ein besseres und auf gegenseitiger Achtung beruhendes Verständnis zwischen beiden hätte vermutlich zu besser angesetzten und koordinierten Angriffen geführt. Natürlich läßt sich nicht mit Bestimmtheit sagen, daß dann der Ausgang ein anderer gewesen wäre, aber gewiß wäre in der entscheidenden Anfangsphase der zweiten Schlacht die Führung besser gewesen.

Die Divisionskommandeure beider Seiten, das heißt die des deutschen XIV. Korps und des US II Corps, besaßen nicht viel Spielraum, um die taktische Situation bei den Kämpfen um Cassino wesentlich beeinflussen zu können. An den Flüssen Rapido und Gari lagen die erfahrenen Soldaten der 15. Panzergrenadierdivision in Stellung, alte Krieger, die schon mehr als ein Dutzend Schlachtfelder gesehen hatten. Sie wurden von General Rodt geführt, einem ruhigen und vertrauenerweckenden Mann. Seine Division wehrte bereits im Januar den Angriff einer amerikanischen Division ab, und es bedurfte schließlich des gesamten britischen XIII. Corps, um sie im Mai zurückzudrängen.
Die wichtigste Schlüsselstellung der Cassinofront wurde aber von der 44. Division gehalten, der Reichsgrenadierdivision Hoch- und Deutschmeister unter General Frank. Sie hatte schon vor Erreichen der Gustavlinie viel Blut lassen müssen, und es war kaum anzunehmen, daß sie ohne Zuführung von Ersatz lange würde aushalten können. Tag für Tag prüfte General von Senger die Verlustliste dieser geschwächten Division mit besonderer Sorge.
Oben auf den Hängen des gewaltigen Monte Caira lag den Soldaten des französischen Corps die 5. Gebirgsjägerdivision unter General Ringel gegenüber. Obwohl erfahrene Ostfrontkämpfer, sollten sie doch bald die Feststellung machen, daß der Winter des Jahres 1944 sich im italienischen Gebirge kaum von dem im Kaukasus unterschied.
Reserven für die erste Cassinoschlacht wurden General von Senger erst Ende Januar in Gestalt der 90. Panzergrenadierdivision unter General Baade zugeführt, welche man aus dem Garigliano-Sektor herausgelöst hatte. Sie kam gerade noch zur rechten Zeit, um die 44. Division zu entlasten, welche sich in den letzten Tagen des Monats dem anhaltenden Druck seitens der amerikanischen 34. Division ausgesetzt sah. General Baade war eine prachtvolle Persönlichkeit und pflegte seine Verbände von vorne zu führen. Er war auch ein anständiger Gegner, wurde von seinen Männern sehr bewundert und liebte die Musik, sofern eine kurze Verschnaufpause ihm dazu die Gelegenheit bot.
General von Senger sah in ihm den Sieger der ersten Cassinoschlacht. Er überlebte auch die folgenden Einsätze der Jahre 1944/45, nur um schließlich doch noch am letzten Kriegstag einem Luftangriff zum Opfer zu fallen.

Auf amerikanischer Seite gehörten zum II. Corps die 34th und die 36th Division unter den Major Generals Ryder bzw. Walker. Die »Red Bulls«, die 34th, wurde von ihren Angehörigen als »Die Pechvogel-Division« bezeichnet: immer im Einsatz und nie in den Nachrichten erwähnt. Die 34th setzte als erste US Division ihren Fuß in Europa an Land, focht mit wachsender Auszeichnung in Tunesien und bewies unerschütterlichen Mut beim Volturno-Übergang im Oktober 1943.
Ihre beiden Generale Ryder und Fred Walker wurden von General Truscott als »intelligente, gut ausgebildete und tüchtige Soldaten« bezeichnet, ... stattlich und von der Truppe bzw. all jenen gerne gemocht, mit denen sie zusammenkamen. Herausragende Truppenführer waren sie jedoch nicht. Wie dem auch sei, Ryders Division wuchs auf alle Fälle in den späten Januartagen über sich selbst hinaus, indem sie auf dem Bergrücken hinter dem Kloster eine Ausgangsstellung erkämpfte, wodurch der Sieg zum Greifen nahe kam. Walkers Division focht nicht minder tapfer, nachdem von der höheren Führung befohlen worden war, die Texaner über den Rapido und damit in ein Abenteuer zu jagen, welches man bestenfalls als gewagt und schlimmstenfalls als schlecht geplant und sogar verrückt bezeichnen kann.
Die kritischen Stunden in General Walkers Leben sollten aber noch kommen, Stunden, die ihm wie Tage erschienen sein müssen, während seine brave Division sich einer Herausforderung gegenübersah, in der Mut und Zähigkeit allein nicht mehr genügten. Ihr Ausgang war für General Walker genauso klar wie für seine Männer tragisch.
Am rechten Flügel der Fifth Army hatte schließlich das Französische Corps unter General Juin die Aufgabe, die deutsche 5. Gebirgsjägerdivision aus ihren Verteidigungsstellungen im Monte-Caira-Massiv zu werfen.
Seine marokkanischen und algerischen Einheiten waren kühn, angriffslustig und äußerst zäh und wurden unter dem Oberkommando des sehr fähigen Juin von guten französischen Offizieren hervorragend geführt. Die Deutschen waren über den Kampfgeist des französischen Expeditionskorps erstaunt, dessen Angehörige sich im Gebirgskrieg bestens auskannten sowie schnell und unermüdlich auch das schwierigste Gelände überwanden. Feldmarschall Kesselring zollte ihnen hohe Anerkennung, indem er zugab,

daß der Kampfesmut dieser französischen Kolonialtruppen ihm während des gesamten italienischen Feldzugs Sorgen bereitet hätte.
Dies also waren die Gegner während der ersten Schlacht um Cassino: Amerikaner und Franzosen gegen Deutsche. Die erhabene Szenerie aber stellte die grandiose Natur mit dem alles überragenden herrlichen alten Kloster Montecassino im Hintergrund.

5.

Die Erste Schlacht – Das Kloster

Auf dem Gipfel der Steilhänge des Monte Cassino lag und liegt geduckt wie ein Löwe das riesige Benediktinerkloster, ein gigantisches Bauwerk, das im Lauf seiner langen Geschichte manche Verheerungen erlebt und erlitten hat. Im Jahre des Herrn 529 wählte der Heilige Benedikt den Monte Cassino aus, um auf ihm ein Gotteshaus zu errichten, eine Zuflucht zum Beten, welche Krieg und Zerstörung standhalten sollte. Die erste Anlage wurde bereits nach fünfzig Jahren verwüstet. Die getreuen Jünger des Heiligen bauten ihr Refugium wieder auf, bis die Sarazenen sie 883 erneut bis auf die Grundmauern zerstörten. Noch einmal wurde das Kloster in liebevoller Arbeit wiederhergestellt, bis es im 14. Jahrhundert ein Erdbeben dahinraffte. Die Zerstörung war noch gründlicher als bis dahin von Menschenhand geschehen und wurde erst 1944 übertroffen, als alliierte Bomben und Granaten der turbulenten Geschichte der ehrwürdigen Benediktinerabtei ein weiteres Kapitel hinzufügten.

Die Geschichte von der Rettung der Kunstschätze des Klosters durch deutsche Truppen ist von Oberstleutnant Julius Schlegel erzählt worden, ihrem Initiator und verantwortlichen Leiter. 1943 war er ein Mann von mittleren Jahren und gehörte zum Stab der Hermann-Göring-Division. Schlegel, römisch-katholisch erzogen und in Wien beheimatet, besaß Geschmack, war ein Kunstkenner und hatte mitansehen müssen, wie der Krieg in Italien alte Gebäude und unersetzliche Kulturgüter vernichtete. Es war ihm klar, daß die große taktische Bedeutung des Monte Cassino das Kloster zum Brennpunkt aller Kämpfe machen würde, die auf die Öffnung des Liritals und den Stoß auf Rom zielten. Ihm war bewußt, daß es Gemälde, Bibliotheken und Kunstwerke enthielt, die der Menschheit gehörten.

Durch die von Julius Schlegel im Oktober 1943 an den Tag gelegte Zivilcourage, verbunden mit einer unermüdlichen Initiative sollten dem Orden des St. Benedikt viele wertvolle Kunstschätze erhalten werden. Als erstes mußte er zunächst einmal den Abt Gregario Dimare von Monte Cassino, einen Greis von achtzig Jahren, davon überzeugen, daß sein Kloster bald im Mittelpunkt der Kampfhandlungen stehen würde. Dies sei selbst dann unvermeidbar, wenn die Alliierten die Unverletzlichkeit des Klosters respektieren würden.

Schon eine verirrte Granate könne großen Schaden anrichten. Geduldig, taktvoll und mit innerer Aufrichtigkeit drängte Schlegel Gregario Dimare, sich helfen zu lassen, um die Schätze nach Rom zu transportieren, welches zu diesem Zeitpunkt zur »offenen Stadt« erklärt worden war. Oberstleutnant Schlegel hatte eine schwierige und schwere Verantwortung auf sich geladen. Anfangs hatte er seine militärischen Vorgesetzten über sein Rettungsvorhaben in Unkenntnis gelassen, obwohl er Soldaten und Truppenfahrzeuge dafür einzusetzen gedachte. Auch waren es bis Rom rund 150 Kilometer, so daß durchaus die Gefahr bestand, daß ein deutscher Militärtransport mit diesen kostbaren Bildern und unersetzlichen Kunstgegenständen von der anglo-amerikanischen Luftwaffe angegriffen werden würde. Seine Sorgen wurden auch noch durch den Umstand vergrößert, daß des Dutzender von Lkw bedurfte, um auch nur einen Bruchteil der Schätze und Reliquien zu transportieren, und das zu einem Zeitpunkt, als die Truppe infolge der angespannten Nachschublage auch nicht ein Fahrzeug entbehren konnte.

Nachdem Schlegels tiefe und leidenschaftliche Aufrichtigkeit das Mißtrauen der Mönche erst einmal überwunden hatte, machten sich diese mit Eifer an die Arbeit, verpackten alle Gegenstände und luden sie auf die vorfahrenden Lastkraftwagen. Bücher, Manuskripte, Bilder – alles wurde mit der erforderlichen Ordnung und Sorgfalt von ausgesuchten Fahrern auf der Straße Nr. 6 nach Rom befördert. Dies ging so lange gut, bis plötzlich der alliierte Rundfunk bekanntgab, daß Soldaten der Panzerdivision Hermann Göring das Kloster Monte Cassino plünderten. Diese Behauptung wurde in gutem Glauben verbreitet, da auf alliierter Seite ja niemand wußte, ob die Mönche dazu ihre Einwilligung gegeben hatten oder nicht. Die Division Hermann Göring genoß als Truppe zwar einen hervorragenden Ruf, doch galt Göring selber als notorischer Sammler von Kunstgegenständen, die anderen gehörten, weshalb die Verdächtigung sicher nicht ganz unglaubwürdig erschien.

Eine Untersuchung durch die deutsche Militärpolizei versetzte Schlegel in Besorgnis, weshalb er jetzt seinem Divisionskommandeur, General Conrath, die volle Wahrheit beichtete.

Seine Befürchtungen erwiesen sich aber als grundlos. General Conrath billigte nicht nur alle bisher erfolgten Maßnahmen, sondern veranlaßte überdies, daß die Aktion mit einem Maximum an Unterstützung auch rasch abgeschlossen werden konnte. In diesem Stadium trat auch der deutsche Propagandaapparat in Erscheinung, welcher die letzten Evakuierungsarbeiten filmte. »Unsere Soldaten sind die wahren Retter der Zivilisation«, verkündete Göbbels einer kriegsmüden Nation und bescherte der Welt Fotografien, auf denen man deutsche Soldaten und italienische Mönche Seite an Seite beim Bergen der Kunstschätze vor dem Zugriff der Anglo-Amerikaner sah.

Als der Kriegslärm sich im November 1943 dem Lirital näherte, war die Aufgabe beendet. Der alte Abt zelebrierte eine feierliche Messe zum Dank für Schlegel und seine Soldaten und pries ersteren als den Retter christlicher Kulturgüter.

Im Krieg ist die Verdrehung der Wahrheit und Entstellung von Tatsachen leider unvermeidlich, weshalb den Deutschen die Anerkennung für ihre Rettungstat auch versagt blieb – für eine Handlung, welche obendrein zu einem Zeitpunkt stattfand, als sie sich von Küste zu Küste dem stärksten Druck seitens des Feindes ausgesetzt sahen. 1953 wurde das aber wieder gutgemacht, als Schlegel als Ehrengast nach Monte Cassino kam und ihm durch die Oberen des Benediktinerordens ein überwältigender Empfang zuteil wurde.

Seiner kostbarsten Kunstschätze entkleidet erwartete also das Kloster im Dezember 1943 und anfangs Januar 1944 das Vorrücken der Alliierten. General von Senger nahm zum Jahreswechsel an der vom Abt gehaltenen Weihnachtsmesse teil. Zu diesem Zeitpunkt

hatte auch das Oberkommando der 10. Armee das Kloster in einem Umkreis von 300 m zur neutralen Zone erklärt – zu einem Gebiet also, welches weder ein deutscher Soldat noch ein Beobachter zu Kriegshandlungen betreten durfte.
Wurde dieser Befehl auch absolut befolgt? Später mit dem Beginn der ersten Schlacht, setzte sich der bestimmte und nicht auszurottende Verdacht in den Köpfen der amerikanischen Soldaten fest, daß sich in dem finsteren Klostergebäude doch der Feind eingenistet hätte.
So stumm und verlassen es auch daliegen mochte, es gab keinen Annäherungsweg tief unten in den Tälern, den man von dort aus nicht eingesehen hätte.
Das tödlich genaue Feuer auf die amerikanischen Stellungen verstärkte nur noch die Überzeugung, daß deutsche Soldaten da oben steckten, mit ihren Feldstechern jede Bewegung überwachten und das Artilleriefeuer leiteten. Während der ersten Schlacht wurde das Kloster von den Kämpfen verschont und bot einen edlen Anblick, wie seine Fenster die blasse Wintersonne reflektierten und die großen Türme und die Kuppel sich gegen den grauen Himmel abhoben. Aber den Männern, die an den Bergabhängen unterhalb des Klosters kämpften, an den Ufern des Rapido starben oder in den bereits halbzerstörten Randbezirken von Cassino stritten, wurde allmählich klar, daß das Kloster und der Monte Cassino, das Gebäude und der Berg ein und dasselbe waren, nämlich der Schlüsselpunkt der deutschen Verteidigung. Wollte man den Monte Cassino nehmen, mußte auch das Kloster fallen! Die Benediktinerbrüder konnten nicht als Zuschauer in ihrem schönen Gebäude bleiben, während ringsum um Tod und Leben gerungen wurde. Der gläubige Katholik General von Senger konnte das Kloster nicht durch Schaffung einer neutralen Zone von 300 m Radius schützen, hatten doch er und seine Vorgesetzten es bereits zur Vernichtung verurteilt, indem sie das Gebiet beiderseits Cassino zum Angelpunkt der Gustavlinie machten. Sie durften zwar während des Krieges gegen die Bomben und Granaten protestieren, welche die Gebäude in Staub verwandelten, aber konnten sie im Ernst etwas anderes erwarten?
Seit September 1943 hatten der Abt und seine Mönche Tausenden von flüchtigen Zivilisten Schutz und Zuflucht gewährt. Der Flaschenhals am Fuß des Berges, dort wo die Straße Nr. 6 durch

Cassino läuft, erwies sich zwangsläufig als bevorzugtes Bombenziel, so daß die Abtei hoch oben wie ein Magnet auf die unten zusammenströmenden Menschen wirkte. Selbst nach dem Abtransport der Kunstschätze und Wertsachen verblieben viele Vertriebene weiterhin in diesem Sanktuarium, obwohl sie sehen mußten, daß sich am anderen Ufer des Rapido das Unheil zusammenbraute.

Die endgültige Evakuierung der zurückgebliebenen Zivilisten und Mönche fand erst statt, nachdem die erste Schlacht verebbt war. Bis zu diesem Augenblick spähten die amerikanischen Kommandeure vom Monte Trocchino über den Rapido hinweg und prüften kritisch die grandiose Landschaft, welche sich die Deutschen zur Verteidigung des Liritals ausgesucht hatten. Diese vom Kloster beherrschte Szenerie sollte bald Kampfplatz werden, obwohl sich dort immer noch Menschen aufhielten, die im gläubigen Gottvertrauen dort überleben zu können hofften.

Im Januar wußte aber noch niemand, daß dieses Kloster das Symbol der künftigen Cassino-Schlachten werden würde, das von den Deutschen zäh verteidigte Ziel der Alliierten. Als es schließlich fiel, bestand es nur noch aus Ruinen, Steinen und Trümmern. Aber etwas überlebte, wie auch schon in den vorangegangenen stürmischen Jahrhunderten: das Grabmal des heiligen Benedict wurde später völlig unversehrt gefunden! Eine Steinplatte war wunderbarerweise in zwei Teile gebrochen und hatte sich im Sturz wie ein Dach schützend über den Sarkophag gelegt. Tausende von Soldaten sollten aber noch sterben, bevor der Kriegslärm weiterzog und wieder Ruhe im Tal von Cassino eintrat.

6.

Die Erste Schlacht – Das Fiasko am Rapido

Obwohl nur fünf Tage zwischen der Einnahme des Monte Trocchio und dem Scheitern des Rapido-Übergangs durch die 36. Texanerdivision lagen, hatte der Fluß den Generalen der Fifth Army doch schon seit geraumer Weile Kopfzerbrechen bereitet. General Clark hatte mit Keyes und Truscott am Weihnachtstag 1943 an seinem Ufer gestanden und von dort aus die gegnerischen Verteidigungsanlagen bei Cassino rekognosziert. Zu diesem Zeitpunkt sah es auch noch so aus, als ob Truscott mit seiner 3rd Division die zweifelhafte Ehre zuteil werden würde, die Angriffsspitze zu bilden.

General Truscott behagte es gar nicht, daß seine Division einen Brückenkopf bei der Ortschaft San Angelo errichten sollte, welche etwa zwölf Meter oberhalb des Flusses auf einem Felsvorsprung liegt. Von ihrem Beobachtungspunkt aus konnten die Generale auch das Ackerland weiter flußabwärts einsehen. Der von den Bergen jenseits Cassino herunterrauschende Rapido war schon fast über die Ufer getreten, schlängelte sich durch das Tal bis zu seiner Vereinigung mit dem Liri, von wo aus er dann der Garigliano wurde, über welchen das X. Corps in der dritten Januarwoche bereits einen Brückenkopf gebildet hatte. Auf der gegnerischen Uferseite war das Gelände viel welliger und häufiger eingeschnitten als auf der amerikanischen, wo man es mit einem flachen, morastigen und offenen Terrain zu tun hatte, welches von oben leicht zu kontrollieren war.

Es lag auf der Hand, daß der Feind Beobachtungsposten und

Stützpunkte unmittelbar bis an den Fluß vorgeschoben hatte, und daß weder Infanterie, Kanonen oder Panzer ohne Brücken oder Sturmboote hinübergelangen konnten. Truscott befürchtete vor allem, daß eine derartige Brücke von gegnerischen Artillerie sofort erfaßt und alle Übergangsstellen unter gezieltem Feuer liegen würden. Wurden die Brücken aber schneller zerstört als von den Amerikanern gebaut, stünden die Angreifer den Deutschen ohne Panzer- und Pakunterstützung gegenüber.

In Truscotts Worten: »Meine braven Infanterie-Bataillone würden im Feuer der deutschen Panzer, Artillerie und Infanterie dahinschmelzen, während die 1st Armoured Division noch immer am anderen Flußufer stünde.«

Seine Befürchtungen waren wohlbegründet, wurden aber leider weder von Keyes noch von Clark beachtet, so daß sie schließlich auch eintrafen – nur daß anstatt von Truscotts 3rd Division die 36th Division in das Abenteuer gehetzt wurde. Das lockende Rom, die Vorstellung, daß die 1st Armoured Division den Übergang schaffen und in das Lirital vorstoßen könnte, das alles machte den Stab der Fifth Army blind, obwohl alle Tatsachen dafür sprachen, daß man leichtfertig gegen die stärkste Stelle der Gustavlinie anrennen wollte.

Einmal schwankte General Clark wohl noch, und zwar drei Tage nach seinem Besuch am Monte Lungo in einem Gespräch mit Truscott, obwohl beide zu diesem Zeitpunkt schon wußten, daß Truscott mit seiner Division auf Anzio und nicht auf Cassino angesetzt werden würde. In seinem Buch »Command Missions« gibt Truscott den vollen Wortlaut wieder: Clark: »Würden Sie den Rapido-Übergang wagen, wenn die beidseitigen flankierenden Höhen gleichzeitig angegriffen würden – auch wenn wir sie noch nicht in Besitz haben?«

Truscott: (nach einer Überlegungspause) »Ja, aber nur unter der Voraussetzung, daß wir so stark wären, daß die Deutschen auch die letzte Kanone gegen uns einsetzen müssen; denn allein zwei oder drei versteckte 8-cm-Kanonen könnten unsere Brücken zusammenschießen. Ich bezweifle, daß wir für einen derartigen Angriff die erforderlichen Mittel haben.«

General Mark Clark war gleicher Ansicht, aber mit seinen über die gesamte Frontbreite der Fifth Army auseinandergezogenen drei Korps wäre ein derartig koordiniertes Angriffsvorhaben nur mög-

lich gewesen, wenn er seinen ursprünglichen Plan aufgegeben und nicht zu gleicher Zeit am Rapido und an den äußeren Flügeln umfassend angegriffen hätte.
So wurde Truscotts Warnung schließlich überhört, und so setzten die beiden flankierenden Korps – das X. britische und das französische – ihre Flankenstöße fort, ohne indes über Reserven zum Ausnutzen etwa errungener Erfolge zu verfügen.
Der übereilte Versuch einer Überwindung des Rapido wurde genauso unvermeidlich wie der letzte Akt in der griechischen Tragödie.
Unterdessen hatte sich auch General Walker, der Kommandeur der 36th Texan Division, mit dem Problem beschäftigt, dem er sich jetzt gegenübersah. Je mehr er darüber nachgrübelte, desto weniger gefiel ihm die Angelegenheit. Vor annähernd 26 Jahren, damals war Walker noch Bataillonskommandeur in Frankreich, hatte er mit 1200 Soldaten eine 10000 Mann starke deutsche Division am Marneübergang gehindert. Und nicht nur das: sie hatten die Deutschen völlig zusammengeschossen. Jetzt aber, im Januar 1944, sollte er eine erfahrene gegnerische Division über einen Fluß angreifen, den man nicht durchwaten konnte. Walkers Leute sahen sich einer weitaus schwierigeren Situation gegenüber als seinerzeit die Deutschen im Juli 1918.
General Walkers Befürchtungen, daß sich hier wiederholen könnte, was er schon einmal erlebt hatte, wurden auch seinen Vorgesetzten Keyes und Mark Clark zu Gehör gebracht. Diese konnten und wollten aber keine Schwierigkeiten erkennen. Wahrscheinlich glaubten sie auch, daß sie mit den gleichen kühnen Einzelaktionen, mit denen sie während der bisherigen Wintermonate die Nachhutverbände der Deutschen immer wieder geworfen hatten, auch der 15. Panzergrenadierdivision gegenüber Erfolg haben würden. Mitgespielt mag auch ferner haben, daß man dieses Rapido-Unternehmen schon vor dem Übergang des X. brititschen Korps über den Garigliano als Ablenkungsmanöver für Anzio geplant hatte. Der Plan an sich war gut, hätte aber nach dem britischen Erfolg abgeändert werden müssen. Daß man dies nicht tat, bedeutete das Todesurteil für die beiden Sturmregimenter der 36th Division.
Auf deutscher Seite telefonierte General von Senger mit Feldmarschall Kesselring und bat ihn um sofortige Zuführung der Armee-

Reserven, um die Bedrohung der Gustavlinie am Südauslauf des Garigliano zu bereinigen. Dies geschah, während die Fifth Army und die 36th Division unverdrossen damit fortfuhren, sich auf den Angriff über den Rapido vorzubereiten.

Wichtig ist auch und muß festgehalten werden, daß die Reserve der 10. Armee – die 29. und 90. Panzergrenadierdivision – dem britischen Korps bereits entgegengeworfen worden war, noch bevor die 36th Division mit ihrem Angriff begonnen hatte. Die Rechtfertigung dieses Unternehmens, schrieb Clark wenige Stunden vor dessen Beginn in sein Kriegstagebuch, besteht in der Notwendigkeit, »alle deutschen Verbände an meiner Front zu binden sowie noch weitere auf uns zu ziehen, um auf diese Weise den Weg für Shingle (Anzio) freizumachen«. Die ersten Stunden nach der Anzio-Landung vergingen praktisch ohne jeglichen Widerstand: was an Eingreifreserven sofort verfügbar war, hatte man nach Süden, der Fifth Army entgegengeschickt – nur nicht in den Cassino-Abschnitt bei San Angelo, sondern zum Gegenangriff gegen General McCreery's X. Korps.

Während der Stab und die Pioniere der 36th Division fieberhaft arbeiteten, um alle erforderlichen Vorbereitungen für den Flußübergang bei San Angelo zu treffen, befand sich der unglückliche General Walker in einer wenig beneidenswerten Lage. Genau wie Truscott hatte auch er keinerlei Vertrauen in die ganze Angelegenheit und schrieb darüber am 8. Januar: »Ich kann beim besten Willen an keinen Erfolg glauben, nachdem der Wasserlauf selber einen Teil der deutschen Hauptkampflinie bildet.« Wasserlauf war in diesem Falle eine ausgesprochene Verniedlichung, handelte es sich doch in Wirklichkeit um einen nicht durchschreitbaren Fluß von 2,40 bis 3,60 m Tiefe, 12 bis 15 m Breite, mit steilen Uferbänken, reißender Strömung, eisigem Wasser und keinerlei Brücken. Der General rang jedoch nur insgeheim mit sich und seinen Zweifeln, ohne seinen Untergebenen gegenüber darüber etwas verlauten zu lassen. Er erwog sogar, sich aus Protest ablösen zu lassen; doch wie bewerkstelligt man so etwas am Vorabend einer Schlacht? Walker hatte die Texasdivision aufgestellt, ausgebildet und während der vergangenen 2½ Jahre kommandiert. Viele seiner Männer kannte er persönlich und wurde von ihnen geachtet. Wenn er seine Division in diesem Augenblick im Stich ließ, würde ein neuer Kommandeur sie in einer so hoffnungslosen Lage dann besser führen?

So entschied sich Walker also zum Bleiben. Sollten seine Befürchtungen eintreffen, vermochte er auf diese Weise vielleicht noch weitere sinnlose Versuche und unnötiges Blutvergießen zu verhindern.

Damit tat er das einzig Richtige. Er mußte die Division in diesen Angriff führen, konnte ja auch keiner seiner Untergebenen nach Gutdünken vorher aussteigen. Für Soldaten – egal, ob General oder Landser – gibt es keine Alternative.

Wie von Majdalany festgestellt worden ist, macht diese Zeit intensiver Planung vom 15. bis 20. Januar in besonders auffälliger Weise die Unterschiede offenkundig, welche damals zwischen Amerikanern und Briten in bezug auf Führung und Befehlsüberwachung bestanden. Seinen Angaben zufolge besaßen die Amerikaner nichts, was den britischen Divisions-Besprechungen und -Diskussionen vergleichbar gewesen wäre. General Walker hat ein Tagebuch über jene Tage geführt, und seine Eintragungen widerlegen diese Behauptung: »General Wilbur, der Divisionsstab und die Kommandeure der Einsatzverbände haben die Dinge (Division Field Order No. 42) seit dem 16. besprochen.« Überlebende bestätigen das. Der Divisionsstab arbeitete genaue Pläne für die Regimenter aus, und auch sonst versuchte man mit bis ins einzelne gehenden Anweisungen allen möglichen Eventualitäten vorzubeugen. Vielleicht tat man hierbei zuviel des Guten und trug so zu der Verwirrung bei, welche eintrat, als die Dinge schon gleich zu beginn schief liefen.

Die offizielle Feststellung, daß »bis herab zur kleinsten Einheit alles genau geplant wurde«, trifft in vielerlei Hinsicht zu. Man gab sich viel Mühe, aber nicht immer in der erforderlichen Richtung. Als Howard Kippenberger, der Kommandeur der Neuseeländischen 5th Brigade später den Angriffsbefehl für das Regiment 141 zu Gesicht bekam, meinte er dazu: »Fast alles, was hätte geschehen müssen, ist unterblieben, dafür hat man sich um einige Sachen gekümmert, die nicht erforderlich waren.« Leider wird dem Historiker aus dieser Feststellung nicht klar, was er im einzelnen meint.

Abgesehen von der schwerfälligen Führung, möge sie nun vorhanden gewesen sein oder nicht, bestand das größte Problem für General Walker in dem offenen Gelände, welches zwischen seiner Stellung und dem Fluß lag.

Das bedeutete zweierlei: Einmal, daß man einen langen und kartenmäßig nicht genau festzulegenden Weg bis zum Fluß überwinden mußte, und zweitens, daß diese Annäherung im Schutz der Dunkelheit würde vonstatten gehen müssen. Dieses Problem wurde von der 36th Division weder im Ansatz noch in der Durchführung gelöst. Aber selbst wenn man aus heutiger Sicht und unter friedlichen Verhältnissen sich das Gelände beidseits des Flusses noch einmal ansieht, fällt es schwer, die richtige Entscheidung zu treffen. Höchstens, daß man mit General Walker zu der gleichen Auffassung kommt, daß schon ein Wunder hätte geschehen müssen, um die beiden einzelnen Infanterieregimenter an diesem deutschen Frontabschnitt zum Erfolg kommen zu lassen.
Mit größter Anstrengung versuchte man noch, die auf der amerikanischen Flußseite verlegten Minen zu räumen, wurde damit aber nicht ganz fertig. Dies zog ein weiteres Problem nach sich. Niemand konnte verhindern, daß deutsche Spähtrupps in ihr Vorfeld eindrangen, um die »geräumten« Gebiete bzw. Minengassen erneut zu verseuchen. Majdalany bestätigt, daß ein Sicherungsverband direkt am Fluß hätte belassen werden müssen, um einmal das geräumte Gebiet zu überwachen und zum anderen zu verhindern, daß vorgeschobene Feindkräfte die Amerikaner schon im Vorgehen jenseits des Flusses abfingen. Diese Aufgabe bei Tage durchzuführen erscheint höchst problematisch, und ob es bei Nacht hätte geschehen können, ist auch nicht sehr wahrscheinlich. Wäre es indessen möglich gewesen und in der Nacht vor dem Angriff geschehen, d. h. am 19. Januar, dann hätte für die nächste Phase, für den Übergang über den Rapido, auch die erforderliche Ausgangsbasis bestanden. Am besten geeignet wäre das dritte Regiment der Division dazu gewesen, das 142nd Infantry, aber unseligerweise und weil die Schwierigkeiten allerorts unterschätzt wurden, war es Korpsreserve und Walkers Kommando entzogen.
General Walker entschied sich, mit dem Uferwechsel drei Stunden nach Sonnenuntergang zu beginnen, also um 20.00 Uhr. Seinen sechs Angriffsbataillonen standen somit bis zum Hellwerden am 21. Januar rund elf Stunden zur Verfügung, in denen sie der Feindsicht entzogen waren.
Während dieser Zeit mußten sie den Fluß überwinden, das Gegenufer säubern und soviel Gelände gewinnen, daß die Pioniere ihre Brücken schlagen konnten – ohne Infanteriebeschuß und mög-

lichst auch außerhalb der Reichweite von Granatwerfern. Dann, und nur dann konnte der Brückenkopf eventuell gebildet werden, wenn es nämlich jetzt gelang, Panzer, Kanonen und weitere Truppen nachzuschieben, um zu verhindern, daß die Infanterie mit Sonnenaufgang aufgerieben wurde.

Das Regiment 141 sollte den Rapido nördlich San Angelo überschreiten, und dem Regiment 143 fiel die gleiche Rolle südlich davon zu. Die gesamte, für das Übersetzen erforderliche Ausrüstung mußte von den Infanteristen geschleppt werden. Alles in allem erforderte die Unternehmung eine vielstündige, sorgfältige und geschickte Vorbereitung, während sie in Wirklichkeit überhastet geschah, wodurch bereits vor 20.00 Uhr – der X-Zeit – elementare Fehler begangen wurden, die dann zu dem allgemeinen Chaos beitrugen. General Walker notierte am 20. Januar: »In erster Linie hat uns die Armee viel zu überstürzt in diesen Einsatz gejagt. Anstatt nur drei, hätten wir zehn Tage zur Vorbereitung benötigt.«

Am späten Nachmittag rief General Clark Walker an, um ihm Erfolg zu wünschen, wobei er hinzufügte, daß er sich Sorgen mache. Aus General Walkers Unterlagen geht hervor, daß sein Beitrag zu dieser Unterhaltung ebenfalls nicht ermutigend war. Seine Männer waren zwar entschlossen, ihr Bestes zu geben, mußten aber nichtsdestoweniger gegen die stärkste Verteidigungsstellung anrennen, welche die Deutschen in Italien besaßen.

Ein schwerer, kalter und dichter Nebel lagerte an diesem Abend über dem Fluß, so daß die Sicht gleich Null war. Als das erste Sturmbataillon aus dem Bereitstellungsraum vorrückte, räumte die Artillerie auf beiden Stellen schnell mit der Illusion auf, daß dies eine Überraschung für die Deutschen sei. Granaten schmetterten die Texaner zu Boden, während sie sich hinter ihren Führern an den Trassierbändern entlang durch die sorgfältig gekennzeichneten Minengassen zu arbeiten versuchten. Die Flüche der Männer vermischten sich mit den Schreien der Verwundeten. Man kam vom Wege ab, Minen gingen hoch, und das verheerend genaue deutsche Artilleriefeuer dezimierte die kleinen Gruppen, noch bevor sie überhaupt den Fluß erreichten.

Junge Kommandeure waren bemüht, so etwas Ähnliches wie Ordnung aufrecht zu erhalten. Mit Mut und Entschlossenheit stürzte man sich auf das Wasserhindernis, dessen reißende Strömung

Boote und Besatzungen stromabwärts mit sich nahm. Viele Sturmboote wurden aber noch vor dem Einsetzen beschädigt oder kenterten beim überhasteten Einsteigen der Infanteristen. An der Übergangsstelle des Regiments 141 waren um 21.00 Uhr einige Bootsladungen an das gegnerische Ufer gelangt. Unter schwerem Feuer und mit dem Mut der Verzweiflung gelang es den Pionieren, von vier beschädigten bzw. zerstörten Brücken wenigstens einen Steg bis ans andere Ufer zu bringen. Über diesen gelangten die Überreste zweier Kompanien bis 04.00 Uhr herüber. Dann aber wurde auch diese einzige Verbindung schwer beschädigt. Inzwischen versuchten rund 400 Mann sich in dem winzigen Brückenkopf etwas Luft zu verschaffen, indem sie sich gegen Stacheldraht, Minen und MG-Feuer weiter vorarbeiteten. Doch nur zu bald war der Schwung dahin, und sie wurden am Flußufer festgenagelt. Gezwungen, sich einzugraben, ohne Aussicht auf Verstärkung, ja selbst ohne Funksprechverbindung, mußten sie aushalten, wo sie waren und konnten eigentlich nur beten, daß irgend etwas geschähe, um sie vor Tod oder Gefangenschaft zu bewahren. Die übrigen Teile des Bataillons, außerstande überzusetzen und mit Tagesanbruch völlig ohne Deckung, wurden zu ihrem Glück von dem stellvertretenden Divisionskommandeur, Brigadier Wilbur, auf die Sturmausgangsstellung zurückgenommen. Der neue Tag sah das Regiment 141 mit einer kleinen Gruppe auf dem deutschen Ufer, welche sich zwar nicht rühren konnte, dafür aber einige hundert Ausfälle hatte einstecken müssen.

Auch für das südlich San Angelo angesetzte Regiment 143 brachte die Nacht Tod und Verderben. Seine Annäherung an den Fluß war in dem dicken Nebel genauso chaotisch, wozu ebenfalls die Feuerüberfälle der feindlichen Artillerie sowie das Jaulen der Nebelwerfer beitrugen.

Trotzdem schaffte an der nördlichsten Übergangsstelle eine Kompanie in Floßsäcken den Uferwechsel um 20.00 Uhr, der festgelegten X-Zeit.

Während sie sich die steilen verschlammten Ufer hocharbeiteten, wurde sie von dem gezielten Gewehrfeuer gut getarnter Vorposten empfangen, und zwar auf so kurze Entfernung, daß die eigenen schweren Waffen nicht eingesetzt werden konnten. Rasch stellten sich hohe Verluste ein, und – schlimmer noch – Granatwerfer zerstörten ihre Floßsäcke und nagelten die Kompanie direkt am

Flußufer fest. Hinter ihnen, auf der anderen Seite, warteten weitere Kompanien, während die Pioniere Brückengerät suchten, welches die Einweiser nicht ausfindig machen konnten, oder versuchten, Teile zu reparieren, die durch Beschuß beschädigt waren. Die wichtigsten Einweiser waren bereits gefallen oder verwundet, das heißt also jene wegekundigen Männer, von denen in dieser verhältnismäßig unerfahrenen Division in der Dunkelheit so vieles abhing. In der Erinnerung der Überlebenden ist eine Nacht zurückgeblieben, die schier nicht zu Ende gehen wollte. Enttäuschung über die Verzögerung und Hilflosigkeit gegenüber den Kameraden auf der anderen Seite des zwar schmalen, aber gefährlichen Flusses, Furcht, Schmerzen, Durcheinander – selbst die vielen Jahre haben die durchlebten Schrecken nicht ganz auszulöschen vermocht.
Als es schließlich schon so aussah, als würde man vor Hellwerden niemanden mehr herüberbringen, gelang schließlich doch noch die Zusammensetzung zweier Stege, so daß die restlichen Teile des Bataillons um 06.00 Uhr das feindliche Ufer gewannen, auch wenn in ihrem Rücken die Brücken gleich darauf zerstört wurden. So viel zu dem einen Bataillon des Regiments 143. Das andere, dessen Ansatz weiter südlich erfolgte, wurde schon beim Vorrücken zum Fluß vom Pech verfolgt. Eine Einheit geriet vom Wege ab und in ein Minenfeld hinein, wo sie durch die ausgelösten Explosionen und unerwarteten Verluste völlig die Nerven verlor. Eine andere fand weder ihre Boote noch die dazugehörigen Pioniere. Das einzige, was in diesem Durcheinander und in dieser grausamen Situation nicht fehlschlug, war die tödliche Präzision der deutschen Artillerie und Granatwerfer.
Als am 21. die Sonne aufging, hatte auch nicht ein Bataillonsangehöriger das jenseitige Ufer des Rapido erreicht.
Das Gesamtergebnis dieser schrecklichen und verlustreichen Nacht war der gelungene Flußübergang von zwei Kompanien des Regiments 141 im Norden sowie des einen Bataillons vom Regiment 143 im Süden von San Angelo. Das letztere versuchte verzweifelt, den deutschen Verteidigungsgürtel zurückzudrängen; doch im gleichen Maße, wie mit zunehmender Sicht seine Stellung den deutschen Artilleriebeobachtern auf dem Klosterberg und den umgebenden Höhen erkennbar wurde, verdichtete sich auch das auf ihm liegende Artilleriefeuer, dem es praktisch deckungslos ausgesetzt war. Sein Kommandeur, Major David Frazior, befahl sei-

nen Männern, sich einzugraben; aber kaum eine Stunde war vergangen, als auch schon ein deutscher Gegenangriff mit Panzern und Sturmgeschützen erfolgte. Die völlige Vernichtung seines Bataillons vor Augen bat Frazior um die Genehmigung, sich über den einzig noch vorhandenen, aber beschädigten Steg zurückziehen zu dürfen. Die Bitte wurde abgelehnt; doch bevor dieser Bescheid eintraf, hatten sich die Überlebenden bereits auf das andere Ufer abgesetzt: teils im eisigen, reißenden Wasser schwimmend, teils über die Reste der gesunkenen Brücke balancierend.
Am Morgen des 21. – gegen 10.00 Uhr – erschien auf dem Gefechtsstand der 36th Division ein tipptopp angezogener General Keyes, um sich von dem müden und sorgenvollen General Walker über den Verlauf der Nacht berichten zu lassen. Dieser plante für den Abend einen zweiten Versuch, allerdings mit der Hauptaufgabe, seine abgeschnittenen Leute auf dem anderen Flußufer herauszuhauen, egal ob noch einsatzbereit oder verwundet. Die beiden Kommandeure konnten sich über den Zeitpunkt nicht einigen. Keyes verlangte die sofortige Wiederholung eines Großangriffs – auf alle Fälle noch vor 12.00 Uhr – da, wie er argumentierte, die Sonne dann die Deutschen blenden und an der Beobachtung hindern würde. Walker wies darauf hin, daß ihm für die Vorbereitung dann nur noch zwei Stunden blieben, eine Unmöglichkeit bei den dermaßen durcheinander geratenen Einheiten. Der Kommandierende General bestand nichtsdestoweniger auf dem unverzüglichen Angriff und entschwand wieder, indem er alles übrige dem geplagten Kommandeur der 36th Division überließ.
Auch die schließliche Einigung auf 14.00 Uhr war noch immer unrealistisch, und trotz Keyes' fortgesetztem Drängen verzögerte sich der Angriff immer mehr. Dieser war überzeugt, daß die Deutschen mittlerweile San Angelo verstärken würden. Diese Befürchtungen mögen nicht unbegründet gewesen sein, ließen aber die totale Demoralisierung außer acht, welche der Rückschlag bei den beiden Regimentern hervorgerufen hatte. Diese benötigten Zeit zur Reorganisation; und um wieder zu sich selber zu finden. Außerdem hieß es den deutschen Verteidigern leichtes Spiel bereiten, wollte man den Angriff der vergangenen Nacht jetzt noch einmal an der gleichen Stelle und bei Tageslicht vortragen. Es überrascht daher nicht, daß General Rodt von der 15. Pz.Gren.Div. den ersten Angriff als »bewaffnete Aufklärung« weitermeldete. Er revi-

dierte seine Lagebeurteilung erst später, nachdem die Gefangenen zu Hunderten eingebracht und nach Einstellung der Kämpfe immer mehr Gefallene und Verwundete geborgen wurden.
Als erstes begann das Regiment 143 am späten Nachmittag mit dem zweiten Angriff. Die amerikanische Artillerie schoß Nebelgranaten, welche das Vorgehen verschleiern und vor allem die Pioniere mit ihrem Brückengerät der Sicht entziehen sollten. Das kalte und trockene Januarwetter mit der tief im Süden stehenden Sonne hielt an, als die Infanteristen des voraus eingesetzten 3rd Bataillon gegen 18.00 Uhr drei Kompanien im Fährbetrieb übersetzten. Zunächst und trotz des verbissenen Widerstands der Deutschen lief alles ganz gut. Eine kleine Brücke wurde geschlagen, und auf ihr gelangten zwei Bataillone des Regiments hinüber, welche gegen Mitternacht versuchten, den Gegner zurückzudrängen und den Brückenkopf zu erweitern. Das war aber auch das Äußerste, was erreicht wurde; nur führten diese Anfangserfolge zu nichts, da es wieder nicht gelang, schwere Waffen nachzuziehen. Entweder konnte man die Panzerbrücken nicht montieren, oder sie wurden zusammengeschossen. Als der neue Tag anbrach, sahen sich die Soldaten des Regiments 143 erneut überall von Deutschen umringt. Werfergranaten lichteten die Reihen der in den nassen Uferwiesen festliegenden Infanteristen, wo sie der feindlichen Beobachtung preisgegeben waren, ohne daß die eigenen Panzer ihnen hätten helfen können.
Der Ausgang war unvermeidlich. Zwischen 09.00 und 10.00 Uhr lag so schweres Raketenfeuer auf dem kleinen Brückenkopf, daß er unhaltbar wurde. Ein Bataillon hatte zu diesem Zeitpunkt auch bereits seine sämtlichen Chefs verloren, was ein weiteres Durcheinander zur Folge hatte. Die Brücken und Boote wurden versenkt und kurz nach Mittag erhielt das Bataillon den Befehl, sich wieder auf die andere Uferseite zurückzuziehen: zumeist schwimmend, wobei Tote, Verwundete und einige abgeschnittene Gruppen zurückgelassen werden mußten.
Die beiden Kompanien des Regiments 141 (First Bataillon) nördlich San Angelo hielten ohne Entsatz den ganzen 21. Januar über am feindlichen Ufer aus, wobei sie noch nicht einmal Funkverbindung nach rückwärts hatten. Ein vorgesehener Entlastungsangriff sollte ihnen gegen 22.00 Uhr Hilfe bringen. Da die 15. Panzergrenadierdivision mit einem solchen Vorstoß jedoch rechnete, erga-

Ende des Jahres 1943 versuchten die Alliierten nach Rom durchzustoßen. Ihre Offensive wurde von den deutschen Truppen am Rapidofluß zum Stehen gebracht. Blick vom Klosterberg Montecassino über die Stadt zum Rapidofluß. Das Bild stammt vom 20. Dezember 1943.

Oben: Nach dem alliierten Luftangriff vom 15. Februar 1944, der das Kloster Montecassino zerstörte, verließen die Mönche und die ins Kloster geflüchteten Zivilpersonen den Berg und wurden von der deutschen Wehrmacht in Sicherheit gebracht. Hier geleitet der Kommandierende General des XIV. Panzerkorps, General von Senger und Etterlin, den 83jährigen Erzabt Diamare in seinen Wagen.

Unten: Der Kommandierende General des XIV. Panzerkorps, General der Panzertruppen von Senger und Etterlin (vorn rechts), im Gespräch mit dem Erzabt des Klosters Montecassino Diamare in der Villa Castel Massimo. Neben dem Abt ein Rundfunksprecher der deutschen Propagandakompanie.

Der alliierte Luftangriff vom 15. Februar 1944 durch 229 amerikanische »Fliegende Festungen« legte das Kloster Montecassino, auf das allein 453 Tonnen Bomben fielen, in Trümmer. Hier der zerstörte Innenhof des Klosters. Vorn die Statue des heiligen Benedict, der der Kopf abgerissen wurde. Im Hintergrund die Statue des seligen Scholastikas, die ganz zerstört wurde.

Der Eingang zum Zentralhof des Klosters nach dem alliierten Bombenangriff. Hinter den Soldaten die Statue des heiligen Benedict.

Trümmer im Zentralhof des Klosters Montecassino.

Die durch den Bombenangriff vom 15. Februar 1944 zerstörte Krypta des Klosters. Nur wenige Mauern mit den kostbaren Wandgemälden waren stehengeblieben.

Die zerstörte Kirche des Klosters. Blick auf das Klostergestühl, das durch die Trümmer restlos zugeschüttet wurde.

ben sich die gleichen Schwierigkeiten, wie in der vorangegangenen Nacht. Die Gummiboote erwiesen sich in der reißenden Strömung als völlig unbrauchbar, und auch die vormontierten Schnellstege entsprachen keineswegs den Erwartungen, um so mehr, als sie von der deutschen Artillerie gnadenlos unter Feuer gehalten wurden. Trotzdem gelang es den Sturmeinheiten zweier Bataillone, mit Hilfe von improvisierten Fußbrücken bis zum Tagesanbruch des 22. Januar das gegnerische Ufer zu erreichen. Sollte dieser Anfangserfolg von Dauer sein und auch tagsüber erhalten werden – dies war General Walker klar –, mußte eine Bailey-Brücke gebaut werden, um die notwendige Panzerunterstützung hinüberzubringen. Er befahl den Pionieren, unverzüglich ans Werk zu gehen, ohne Rücksicht auf das mörderische Feuer und Verluste. Der Versuch wurde unternommen, scheiterte aber durch Volltreffer der deutschen Artillerie.

Trotz all dieser Rückschläge arbeiteten sich die Männer des 141st durch Drahthindernisse, Minenfelder und Verteidigungsanlagen rund 800 m vor, bis die zunehmende Heftigkeit des gegnerischen Abwehrfeuers sie zum Eingraben zwang. Die nun folgenden Stunden bedeuteten für die Texaner die Hölle. Die Deutschen, welche begriffen, daß der amerikanische Angriff ohne Panzer zum Erliegen kommen mußte, traten immer wieder zu neuen Gegenstößen an.

Die Zahl der Verwundeten wuchs, doch konnten sie nicht fortgeschafft werden; die Munitionsbestände schmolzen zusammen, aber an Nachschub war nicht zu denken; die Funkverbindung, welche anfangs noch gelegentlich klappte, hörte mit fortschreitender Zeit schließlich ganz auf; ein Offizier nach dem anderen fiel oder wurde verwundet, so daß den Überlebenden zuletzt nur noch die Wahl zwischen Kapitulation oder Rückzug blieb. Für jene Amerikaner, die am eigenen Ostufer warteten und beteten, verstummte das Feuer der vorgedrungenen Kameraden nach 10.00 Uhr. Das Regiment 141 der 36th Division hatte am 22. Januar praktisch zu bestehen aufgehört. Nur etwa 40 Mann entkamen, sei es schwimmend, sei es, daß sie sich vorderhand versteckten. Die an dem Flußübergang und bei dem Brückenbau beteiligten Einheiten hatten innerhalb von zwei Nächten rund tausend Ausfälle hinnehmen müssen.

In tiefster Verbitterung war die 36th Division bereit, den Erfolg den Deutschen zuzuschreiben, nicht so jedoch die Generale Clark und Keyes. Keyes verlangte einen erneuten Angriff durch das Regiment 142, welches bisher als Korpsreserve zurückgehalten worden war. Er behauptete, daß die Deutschen angeschlagen seien, ihre Moral nichts mehr tauge und sie sich möglicherweise schon zum Rückzug anschickten. General Walker sah richtigerweise in dieser Feindbeurteilung nichts anderes als bloßes Wunschdenken. Die Deutschen selber besaßen indessen auch nach dem zweiten Angriff noch keine rechte Vorstellung von den schrecklichen Verlusten, die sie den 6000 Mann der 36th Division tatsächlich zugefügt hatten, die gegen sie zum Einsatz gekommen waren. General Rodt mußte sich noch nicht einmal wegen Unterstützung oder Anforderung von Reserven an seine vorgesetzte Dienststelle wenden, und selbst die Divisionsreserve war gar nicht zum Einsatz gelangt. Die 36th Division sollte jedoch bald genauer erfahren, was der Gegner von ihrem Debakel hielt, und zwar dank einer amerikanischen Brieftaube. Die Deutschen hatten sie gefangen und mit folgender Botschaft wieder zurückgeschickt: »Anbei Ihre Brieftaube zurück. Wir haben genug zu essen und freuen uns auf Ihren nächsten Versuch.«

Am Morgen des 23. war General Walker entschlossen, nicht erneut über den Rapido hinweg anzugreifen, ohne zuvor seine schärfsten Bedenken General Clark gegenüber zum Ausdruck gebracht zu haben. Dennoch liefen die Vorbereitungen weiter, und ein Kommandeur rief sogar auf seinem Gefechtsstand die überlebenden Offiziere zusammen und verabschiedete sich von ihnen. Auf Clarks Befehl wurde der geplante Angriff jedoch abgeblasen, und zusammen mit Keyes erschien er gegen Mittag auf Walkers vorgeschobenem Gefechtsstand und sagte ruhig: »Berichten Sie, wie es hier aussieht.« Walker machte seine Ausführungen, ohne daß es zu irgendwelchen Anschuldigungen kommen konnte oder kam.

Keyes wies darauf hin, daß zu einem bestimmten Zeitpunkt am 22. die Karten und Meldungen auf dem Divisionsgefechtsstand sowie auch die an das Korps übermittelte Lageorientierung annähernd sechs Bataillone am jenseitigen Ufer aufgeführt hätten. (Tatsächlich gelangten zu keiner Zeit mehr als die Reste von vier Bataillonen hinüber.) Und anhand dieses Erfolges habe er auf der Fortführung des Angriffs bestanden. General Clark, unter dessen Kommando jetzt auch die bei Anzio gelandeten Truppen standen,

wandte sich an Keyes und erwiderte: »Es war genauso mein Fehler wie der Ihre!«
Später sollte er das jedoch nicht mehr wiederholen. Als sich nach dem Kriege wegen dieser ganzen Affäre ein politischer Sturm erhob, erklärte Mark Clark vielmehr stets erneut, daß den ersten Rapido-Angriffen eine wesentliche Bedeutung im Rahmen des gesamtstrategischen Plans zugekommen sei. Das War Department kam zu der Auffassung, daß Clark bei der Planung und im Ansatz eine vernünftige Lagebeurteilung habe walten lassen, und sprach ihn von jeglicher Verantwortung an dem Fiasko frei.
Die Welt mag diesen Spruch akzeptiert haben, nicht so jedoch die alten Soldaten der 36th (Texas) Division. Über 2100 ihrer Kameraden wurden getötet, verwundet oder vermißt, und dies bei einem zwar heroischen, aber völlig sinnlosen Abenteuer. In verschiedenen Berichten wird ungerechterweise sogar die Schuld auf die schlechte Planung des Divisionsstabs zurückgeführt und den unerfahrenen Infanteristen der Regimenter 141 und 143 zugeschoben.
Wie bereits erwähnt, war die Planung seitens der Division fehlerhaft und unbeweglich, was zu der Verwirrung beitrug. Was die Unerfahrenheit angelangt, so ist es möglich, daß die beklagenswert schweren Verluste zum Teil auf diesen Umstand zurückzuführen sind. Trotzdem darf nicht übersehen werden, daß bei derart ungünstigen Verhältnissen, wie sie am 20. Januar vorherrschten, keine andere Division mehr Erfolg gehabt hätte, egal wie kampferprobt und erfahren sie auch gewesen wäre. Später mußte anstelle dieser einzigen Division ein ganzes britisches Korps eingesetzt werden, um nach verbissenen Kämpfen und mit gewaltiger Übermacht die deutschen Verteidiger zu werfen.
Die Überlebenden glaubten nicht, daß ihr Opfer notwendig, geschweige denn gerechtfertigt war. Dieses ungute Gefühl breitete sich in Texas immer weiter aus, bis der Kongreß schließlich in einer Eingabe gebeten wurde, den Fehlschlag zu untersuchen.
1946 fand vor dem Ausschuß für Militärangelegenheiten ein Hearing statt. Die von der Thirty Sixth Association vorgelegte Entscheidung enthielt denn auch bittere Sätze wie: ... »Während der ganze Angriff und die erschreckenden Umstände, unter denen er befohlen wurde, bei den beteiligten Offizieren und Mannschaften eine tiefe Verbitterung ausgelöst haben... Während Generäle

dazu da sind, das Leben der ihnen anvertrauten Männer zu schonen ... Während General Clark hier offenbar die gegenteilige Meinung vertritt.«
Die Entschließung endete mit dem Antrag: »Das Rapido-Fiasko zu untersuchen und die erforderlichen Schritte zu unternehmen, um ein militärisches System zu korrigieren, welches einem unfähigen und unerfahrenen Offizier wie General Mark W. Clark in einer hohen Kommandofunktion gestattet, die jungen Männer dieses Landes zu verheizen, und um zu verhindern, daß in Zukunft Soldaten erneut verschwenderisch und sinnlos geopfert werden«.
Das Hearing fand zwar statt, nicht jedoch die beantragte Untersuchung. Im ersteren traten auch General Fred L. Walker und zwei weitere Zeugen auf, welche nach ihren Aussagen teils bohrend, teils oberflächlich zur Sache befragt wurden.
In zumindest zwei Fällen griff der Vorsitzende ein und bat, sich kurz zu fassen, da der Ausschuß vordringlichere Dinge zu erledigen hätte und seine Zeit begrenzt sei. Nach dem Hearing erfolgte die offizielle Reinwaschung General Clarks durch das War Department. Dieses fügte hinzu, daß die hohen Verluste zwar äußerst bedauerlich seien, der heldenhafte Einsatz und die Opfer der 36th Division jedoch die Deutschen von der Landung bei Anzio abgezogen hätten.
General Fred L. Walker und der Verband der ehemaligen Divisionsangehörigen haben diesen Urteilsspruch niemals anerkannt. Hierbei wurden sie auch von ihren vormaligen Gegnern lebhaft unterstützt. Feldmarschall Kesselring meinte, als er sich einige Jahre später über den Rapido-Einsatz ausließ, daß er mit einem Untergebenen, der einen ähnlichen Angriff befohlen hätte, nicht gerade zimperlich verfahren wäre. General von Senger und Etterlin tat das Ganze als eine unbedeutende Gefechtshandlung ab, wohingegen ihm der britische Brückenkopf über den Garigliano viel mehr Kopfzerbrechen bereitete. Der Kommandeur der 15. Panzergrenadierdivision meldete 430 gefallene und 770 gefangene Amerikaner, wonach also insgesamt 1200 den Fluß überschritten hätten. Neunhundert weitere Tote und Verwundete blieben auf dem anderen Rapidoufer liegen. Im Vergleich hierzu verlor die 15. Pz.Gren.Div. noch keine 250 Mann: 64 Gefallene und 179 Verwundete.
Das Urteil der Geschichte muß heißen, daß das Rapido-Fiasko

völlig unnötig war und die 36th Division nach Lage der Dinge einfach keinen Erfolg erringen konnte. Sein Ausgang war nicht nur tragisch und unvermeidlich, sondern half auch weder Anzio noch der Fifth Army. Die Deutschen schüttelten nur mit dem Kopf und maßen dem Angriff keine Bedeutung bei. Was übrig bleibt vom Opfergang dieser Texaner und der Söhne anderer Staaten, ist der Mut und die Hingabe, mit welchen sie ihrem Kommandeur, General Walker, in ein Unternehmen folgten, von dem sie wußten, daß es hoffnungslos war.
Der Rapido fließt noch immer dahin – ein kleiner und verhältnismäßig unbedeutender Fluß, welcher Zeuge eines Debakels wurde, des größten, wie ein Korrespondent schrieb, welches die amerikanischen Waffen seit Pearl Harbour getroffen hat.
Das war natürlich übertrieben, bringt aber zum Ausdruck, wie sinnlos hier geopfert wurde. General Clark schließt seinen sehr wenig überzeugenden Bericht über diese Episode mit den Worten ab: »Mein Gruß gilt ihrem Angriffsschwung und Mut. Was mich anbetrifft, so kann ich nur sagen, daß ich unter den gleichen Umständen genauso handeln würde – und wenn man Klage gegen mich erhebt, so vermag ich nur zu erwidern, Gott sei Dank, daß man mich nur eines Angriffs wegen anklagt und nicht ob eines Rückzugs.«
Angesichts der Lage an der italienischen Front im Jahre 1944 ist dieser letzte Satz zugleich vielsagend und unglücklich gewählt. Besser hätte es vielleicht geheißen: »Außer dem gezeigten Mut war nichts, wie es hätte sein sollen.«

7.

Die Erste Schlacht – Die Amerikaner und Franzosen versuchen es erneut

Der 22. Januar sah nicht nur die vernichtende Niederlage von General Walkers 36th (Texas) Division, sondern mit der Anzio-Landung des VI. Korps zugleich auch ein weiteres Engagement der Fifth Army. Diese Operation hatte erfolgversprechend begonnen, was bereits in dem ersten Funkspruch von General Lucas zum Ausdruck kommt: »Wetter klar, See ruhig, wenig Wind, unsere Anwesenheit nicht erkannt. Ausschiffung läuft, Meldungen von der Landung liegen noch nicht vor.«

Auch seine weiteren Meldungen ließen erkennen, daß die Überraschung der Deutschen voll geglückt war. Sie leisteten der ersten Landungswelle mit nur ungefähr 1000 Mann Widerstand, so daß der Aufbau des Landekopfs den ganzen 22. über planmäßig vonstatten gehen konnte. Am späten Nachmittag verstärkte sich noch der Eindruck, daß alles besser liefe, als ursprünglich vorausgesehen. General Mark Clark befahl daraufhin, den Druck im Cassino-Rapido-Abschnitt weiter aufrechtzuerhalten, um zu verhindern, daß die Reserven der deutschen 10. Armee aus der Hauptfront herausgezogen und zur Bekämpfung des Anzio-Landekopfs angesetzt würden. Die Überwindung des Rapido war nunmehr Sache der amerikanischen 34th Division. Die harten Kämpfe, welche dies zur Folge hatte, sollten den in den folgenden fünf Monaten um Cassino geführten in nichts nachstehen.

Etwa 3½ Kilometer nördlich San Angelo gab es eine Stelle, wo der Rapido tatsächlich durchschritten werden konnte. General Walker hatte daher auch anfänglich darum gebeten, die erste Flußüberquerung dort ansetzen zu dürfen. Sein Vorschlag wurde jedoch abgelehnt, da es der optimistisch gestimmten höheren Führung mehr darum ging, den Uferwechsel gleich auszunutzen, d. h. mit den Panzern der 1st Armoured Division aus dem Raume San Angelo gleich in das Lirital nachzustoßen. Die bitteren Erfahrungen der 36th Division veranlaßten nunmehr die Generale Clark und Keyes, den Einbruch in die Cassino-Stellung diesmal etwas methodischer und sorgfältiger vorzubereiten, ohne sich dabei vom übernächsten Schritt, dem »Durchbruch« ins Lirital, leiten zu lassen.

Der Angriff fand an einer Stelle statt, die General von Senger für seine schwächste hielt, obwohl die deutschen Stellungen auch hier – wie bei San Angelo – beträchtlich verstärkt waren, und der Einfallsreichtum des Menschen den Hindernissen der Natur noch weitere hinzugefügt hatte. Dort, wo die Furt verlief, hatte man den Fluß sehr wirkungsvoll angestaut, so daß aus der anschließenden Ebene ein einziger großer Morast entstanden war, den Panzer nur mit Hilfe zusätzlicher Kettenunterlagen überwinden konnten. Verminte Gräben und Uferbänke waren noch durch ausgedehnte Verdrahtungen gesichert, welche sich bis auf mehrere hundert Meter westlich des Rapido ausdehnten und vom Südausgang Caira bis zur Stadt Cassino reichten. Weiter rückwärts sicherten eine Anzahl von Bunkern und betonierten Blockhäusern die Zugänge zu den steilen Berghängen nördlich Cassino, von deren Gipfeln aus Beobachter das gesamte Schlachtfeld zu ihren Füßen einsehen konnten.

Trotz all dieser Schwierigkeiten gab es zwei Faktoren, welche General Ryders Angriff begünstigten. Der eine wurde bereits erwähnt: Man konnte den Rapido zu Fuß durchschreiten, und die Infanterie war nicht auf Gummiboote bzw. Schnellstege angewiesen; zum anderen stand das vorgehende französische Korps so nah an der Ostflanke, daß es die Aufmerksamkeit der deutschen 44. I.D. von den gegenüberliegenden amerikanischen Angriffstruppen abzulenken sowie deren Abwehr zu bedrohen und aufzusplittern vermochte. Franzosen und Amerikaner entschlossen sich daher, ihre Angriffe in der Nacht vom 24. Januar gemeinsam anlaufen zu lassen.

Ursprünglich hatte General Juin der Monte Cifalco als Angriffsziel vorgeschwebt, eine Erhebung, welche das Tal der Secca und den nördlichen Teil des Rapidotals überragt. Mit großem Schwung setzten sich tunesische Regimenter in den Besitz der vorgeschobenen Feindstellungen, doch das Bergmassiv selber blieb fest in der Hand der deutschen 5. Gebirgsjägerdivision, welche sich auch bis zum Ende der Cassinokämpfe von dort nicht vertreiben ließ. Von seinen Hängen aus hatten ihre Artilleriebeobachter eine ungehinderte Aussicht bis tief in die Flanke und den Rücken der angreifenden Franzosen und Amerikaner.

Das von hier aus geleitete ständige Störungsfeuer auf die vorderen französischen Stellungen machte die Versorgung derselben von Mal zu Mal schwieriger. Juin war überzeugt, daß die Fortsetzung und Unterstützung seines Angriffs den Zusammenbruch des mittleren Verteidigungsabschnitts des Gegners zur Folge haben und den Frontalangriff auf Cassino unnötig machen würde. Ständig bat er um weitere Reserven und mehr logistische Unterstützung, aber der Monte Cassino sollte eine zu große magnetische Wirkung auf die alliierten Korpskommandeure Keyes, Freyberg und Anders ausüben. Einer wie der andere entscheiden sich dafür, den Stier bei den Hörnern zu packen und an der stärksten, nahezu unüberwindlichen Stelle anzugreifen. Die Verluste, welche die drei bei Cassino eingesetzten Korps dafür einstecken mußten, machen die Bankrotterklärung einer solchen Taktik offenkundig.

Am Morgen des 25. Januar nahmen Soldaten der Algerischen Division erst den Monte Belvedere und dann den Colle Abate ein, nachdem sie zuvor den gegnerischen Stützpunkt Monte Cifalco umgangen hatten. Verheerendes deutsches Artilleriefeuer verursachte während dieser Kämpfe große Ausfälle und unterbrach nicht nur die Versorgung, sondern auch das Nachführen von Verstärkungen. Das weitere Vordringen an dieser Stelle hing daher in starkem Maße vom Ausgang des Angriffs der amerikanischen 34th Division, nördlich der Stadt Cassino, ab. Trotzdem löste der kühne französische Vorstoß auch so schon große Sorge bei General von Senger aus. Ein taktischer Durchbruch war erzielt, und nichts war verfügbar, um ihn abzuriegeln. Zum Glück für die Deutschen gewährte General Clark Juin aber nicht die ursprünglich versprochene Unterstützung, um den Ausgang zu dessen Gunsten zu wenden. Er dachte zu diesem Zeitpunkt nur noch an Anzio, wo die deutschen Gegenmaßnahmen an Stärke zunahmen, und an die Überwindung des Rapido bei Cassino durch General

Ryders Division, welche ebenfalls zum Scheitern verurteilt sein sollte.

Hinterher wissen kluge Leute alles besser, insbesondere Historiker. Es besteht kein Zweifel, daß die doppelte Verantwortung, welche General Clark sowohl für Anzio als auch für die Cassino-Front zu diesem Zeitpunkt tragen mußte, für einen Befehlshaber zuviel war. Es ist aber auch einleuchtend, warum das geschah. Hätten die Deutschen auf die Landung in ihrem Rücken so reagiert, wie die alliierten Planer es sich wünschten, wäre es durchaus sinnvoll gewesen, das VI. Korps bei Anzio unter General Mark Clarks Oberkommando zu belassen. Hätte sich, wie man gehofft hatte, die deutsche 10. Armee überstürzt zurückgezogen, um entweder der Landung zu begegnen oder dem Abgeschnittenwerden durch General Lucas' Stoß landeinwärts in Richtung auf die Albaner Berge zu entgehen, dann wäre auch durch den raschen Wechsel der Lage ein Höchstmaß an Koordination in einer Hand erforderlich gewesen. Daher auch die Entscheidung, die Gesamtverantwortung bei der Nettuno-Landung General Mark Clark aufzubürden. So, wie die Dinge sich jedoch entwickelten, ging es nirgends rasch voran. Bei Cassino rang man unter hohen Verlusten schon bald nur noch um ein paar Meter, und im Anzio-Landekopf ging es bloß noch ums Überleben. Churchills Hoffnung, daß es sich im deutschen Hinterland binnen kurzem nur noch um ein Katze-und-Maus-Spiel handeln würde, nahm sich angesichts dieser Kämpfe mit dem Rücken zum Meer höchst sonderbar aus.

General Ryder entschied sich für den Rapido-Übergang am 24. Januar um 22.00 Uhr. Unter dem Schutz eines halbstündigen konzentrierten Feuers der zusammengefaßten Artillerie des II. Korps arbeitete sich das Infanterieregiment 133 bis an das Flußufer vor. Hierbei geriet 100 m vor der Sturmausgangsstellung ein Bataillon in ein Minenfeld, was ein allgemeines Durcheinander auslöste. Trotzdem hatte der heftige Beschuß das deutsche Grenadierregiment 134 doch so erschüttert, daß Teile der beiden Sturmbataillone den Fluß nicht nur überschreiten, sondern noch weiter bis zu der alten italienischen Kaserne vorstoßen konnten, welche am Fuße ihres ersten Angriffsziels lag, der Höhe 213. Mit Tagesanbruch vermochten die Deutschen jedoch ihre Trumpfkarte auszuspielen, nämlich die völlige Einsicht in die versumpfte Ebene zu ihren Füßen mitsamt den kleinen Gruppen amerikanischer Infanterie.

Jetzt waren sie an der Reihe mit ihrer Artillerie und den Granatwerfern.
Mit haargenau gezielten Schüssen trieben sie gnadenlos die amerikanischen Soldaten wieder in die Ausgangsstellung zurück, hinüber auf das Ostufer des Rapido.
Eingedenk der Schlappe von San Angelo war der Korpskommandeur General Keyes jedoch entschlossen, mit der 34th Division unter allen Umständen einen kleinen Brückenkopf zu sichern, wozu allerdings auch amerikanische Panzer herübergeschafft werden mußten. Obwohl das Tal höchstens 1½ km breit ist, gelang es aber in den darauffolgenden Tagen nicht, es mit geschlossenen Panzer- und Infanterieverbänden zu überqueren, ungeachtet ständiger amerikanischer Versuche. An der Aufgabenstellung für die 34th Division wurde indessen unverändert festgehalten: Überwindung des Rapido und Inbesitznahme der Höhen 56 und 213 sowie der am Fuß des Berghangs liegenden zerstörten italienischen Kaserne. In der darauffolgenden Phase sollte dann das dahinter befindliche Höhengelände bezwungen und nach links eingedreht werden: Ein Regiment entlang des Bergrückens auf das Kloster und parallel dazu das Regiment 135 mit Stoßrichtung Cassino, welches rund 4 Kilometer weiter südlich im Morast eingebettet lag. Es ist das Verdienst und gehört zum unauslöschlichen Ruhm der 34th »Red Bulls«, daß sie es um Haaresbreite geschafft hätten. Lediglich reine Erschöpfung und dahinschmelzende Truppenstärke sowie das entschlossene Verhalten deutscher Bataillonskommandeure und jüngerer Offiziere verhinderte einen amerikanischen Erfolg, bei dem die zu überwindenden Schwierigkeiten nicht minder groß waren als bei den anderen alliierten Divisionen in den nachfolgenden Kämpfen.
Der Schlüssel zum Erfolg lag in der Frage, ob es gelang, Panzer über den Fluß zu schaffen. Obwohl man mit Improvisation und nicht nachlassendem Schneid immer wieder an diese Aufgabe heranging und Drahtmatten zum Passieren des aufgeweichten Untergrunds auslegte, ließ sich doch tagsüber unter den wachsamen Augen der deutschen Artilleriebeobachter nur wenig ausrichten.
Am Morgen des 27. Januar versuchten zwei Bataillone des Regiment 168 erneut den Fluß zu überschreiten, diesmal etwa 900 m weiter nördlich des Nachbarregiments.
Unterstützt durch das 756-Tank-Regiment lief ein gut koordinier-

ter Angriff an, wobei die Artillerie zur Täuschung zwei andere Ziele unter Feuer nahm. Gegen 09.30 Uhr war es vier einzelnen Panzern gelungen, das andere Ufer zu erreichen. Obwohl sich dieser kleine Verband mit dem allergrößten Mut durch ein mit Minen und Stacheldraht verseuchtes Gebiet hindurcharbeitete, war er bis zum Mittag abgeschossen. Hinter ihnen versuchte zwar eine Panzerkompanie zu folgen, doch nachdem sich die vordersten Wagen in Flußnähe im Schlamm festgefahren hatten, kam niemand mehr vorbei. Dennoch hatte es die kurze und schneidige Unterstützung durch die ersterwähnten vier Kampfwagen dem Regiment 168 ermöglicht, den Brückenkopf auszuweiten und zu sichern. Die Infanterie grub sich in den weichen Boden ein, um wenigstens etwas provisorische Deckung zu haben, während Luftwaffe und Korpsartillerie deutsche Stützpunkte unter Feuer nahmen. Weiter rückwärts waren indessen tapfere Pioniere bemüht, eine weitere Fahrspur aus Drahtmatten zu legen, ungeachtet der außerordentlichen Schwierigkeiten. Ihre Anstrengungen wurden in den frühen Morgenstunden des 29. Januar belohnt, als es erneut gelang, Panzer zur Verstärkung des Regiment 168 über den Fluß nachzuschieben. Damit war die erste Krise bewältigt, worauf es dann anschließend in der Nacht vom 29. auf den 30. Januar gelang, durch geschickt geplante und gut koordinierte Angriffe die beiden Höhen 56 und 213 in Besitz zu nehmen.
Hier stießen die Amerikaner auf betonverstärkte Verteidigungsanlagen, welche teilweise 28 bis 30 Mann aufnehmen konnten und häufig sogar mit Schlafkojen und Heizanlagen ausgestattet waren. Die Deutschen waren ganz offenkundig zum Bleiben entschlossen und führten daher auch am nächsten Tag einen erbitterten Gegenangriff. Dieser wurde abgeschlagen und im Nachstoß die Ortschaft Caira genommen, welche Angehörige des Panzergrenadierregiments 131 verteidigten. Damit war zugleich auch der Flußübergang endgültig gelungen. In der Rückschau handelte es sich um eine der herausragenden Waffentaten bei Cassino, bei welcher die zähe und unermüdliche Ausdauer der »Red Bulls« den Erfolg sicherte.
Zwei oder drei Wochen nach diesen Ereignissen, auf einem das Rapidotal überragenden Berg, unterhielt sich der Verfasser mit einem hageren jungen Offizier dieser Division. »Wie zum Teufel habt Ihr Burschen das nur geschafft? Mir ist es unbegreiflich.« Der

amerikanische Leutnant dachte einen Augenblick nach, bevor er erwiderte: »Es war die Hölle, Bruder. Ich glaube, daß wir den ›Jerries‹ eigentlich bloß zeigen wollten, daß wir friedliebenden Amerikaner genauso hart sein können wie sie.« Und genau das tat die 34th Division.

Ein entscheidendes Stadium in der ersten Cassinoschlacht war erreicht. Der innere kurze Haken der 34th Division hatte den äußeren Verteidigungsgürtel der Cassinostellung erreicht, während weiter rechts die Franzosen sich anschickten, ihren Vorstoß auf die Gustavlinie fortzusetzen. Beide Bewegungen hatten gute Erfolgsaussichten, vorausgesetzt, daß der Angriffsschwung durch Reserven so genährt werden konnte, daß die bereits überdehnte dünne Verteidigungslinie von Sengers diesem Druck nicht mehr standhielt. Aber in der gesamten Fifth Army standen keinerlei Reserven zur Verfügung. Alle drei Korps waren in heftige Kämpfe verwikkelt, und nur das Regiment 142, welches zu der unglücklichen 36th Division gehörte, befand sich derzeit nicht im Einsatz. Das Schicksal hatte es vor den grausamen Verlusten der beiden anderen Regimenter bewahrt, und jetzt wurde es zur Verstärkung von General Ryders 34th Division nach vorne geschickt, während die Überlebenden der Regimenter 141 und 143 noch immer ihren Abschnitt gegenüber San Angelo hielten.

Der an sich richtige Einsatz dieses Regiments wurde aber dadurch wieder zunichte gemacht, daß man es nicht den Franzosen für den Durchbruch bei Terelle, dem Einfalltor nach Piedmont, zur Verfügung stellte, sondern es als Keil bei dem örtlichen Einschwenken auf Monte Cassino verwendete. Juin protestierte vergeblich. Sein Korps nahm zwar mit teilweiser Unterstützung durch das Regiment 142 den Colle Abate wieder, auf welchem sich die Algerische Division jetzt festsetzte, doch begannen zugleich auch Schnee und Eis sowie das miserable Wetter an der Kampfkraft der französischen Kolonialtruppen zu zehren.

Es gab zwar einen Weg über die Berge in die Atina-Talmulde, doch für seine Benutzung oder gar die Erringung einer Entscheidung hätte es weiterer Verbände und eines weitaus größeren Nachschubs bedurft. Obwohl die Franzosen am rechten Flügel auch weiterhin tapfer kämpften, und dies unter erschreckenden Verhältnissen, kam ihren Bemühungen doch keine größere Bedeutung mehr zu, nachdem die alliierten Generale nun einmal entschieden

hatten, daß zunächst der Monte Cassino zu nehmen sei, bevor irgendeine andere große Kampfhandlung anlief.
Für die erschöpften Männer der 34th Division, zu deren starken Verlusten beim Rapidoübergang jetzt noch in steigendem Maße Ausfälle durch Witterungsumstände hinzukamen, gab es weder Ruhe noch eine Verschnaufpause. Ihre Aufgabe war es jetzt, sich einen Weg bergaufwärts freizukämpfen und in Richtung auf das Kloster vorzustoßen. Im Tal hingegen begann ein Bataillon des Regiments 133 mit »auf Abruf« folgenden Panzern, sich zu Beginn des Monats Februar auf die Stadt Cassino vorzuarbeiten. Trotz nur geringer Fortschritte gelang es den geschickt angesetzten Kampfgruppen dennoch, in den Gebäuden am Nordrand der bereits zerstörten Stadt Fuß zu fassen. Während ein Tag nach dem anderen verging, hing über den Außenbezirken von Cassino ein süßlicher Verwesungsgeruch von Menschen und Maultieren, der sich allen Kämpfern unauslöschlich einprägen sollte. Erbitterte Kämpfe wogten hin und her, bei denen die in ihren betonverstärkten Stützpunkten versteckten Verteidiger natürlich weniger Blut lassen mußten als die ungeschützt vorgehenden Angreifer. Allerdings muß man sagen, daß die Deutschen zu diesem Zeitpunkt noch nicht mit jenem Fanatismus fochten, mit welchem sich nach dem 3. Februar die neu auftretenden Einheiten der 1. Fallschirmjägerdivision einführen sollten.
Gegen Ende des Monats und ganz sicher bis zum 3. Februar stand ein Durchbruch nahe bevor. Die gleichen mißlichen Umstände hemmten und beeinträchtigten beide Seiten: Die Winterverhältnisse erschöpften die Männer und waren nur schwer zu ertragen; das ständige Artillerie- und Granatwerferfeuer ließ nur wenig Schlaf oder Ruhe zu; die Versorgung der vorderen Linie bereitete genauso viele Kopfschmerzen wie das Zurückschaffen der Kranken und Verwundeten – sogar in Gefechtspausen. Die deutschen Soldaten litten nicht minder als die der 34th Division. Selbst ein Mann mit derart eisernen Nerven und so kühlem Kopf wie General von Senger geriet leicht aus der Fassung, als er nach Verlegung der 90. I.D. vom Garigliano-Abschnitt in den Raum nördlich Cassino feststellen mußte, daß die harten Kämpfe seine Divisionen täglich den Mannschaftsbestand eines Bataillons an Gefallenen, Verwundeten und Kranken kosteten. Zusammengeraffte Eingreifreserven aus Köchen, Fahrern und Schreibstubenpersonal erwiesen sich als untauglich.

Senger mußte sich ferner davon überzeugen, daß eine Ablösung der 15. Panzerdivision durch die 71. Infanteriedivision, wie ursprünglich vorgesehen, nicht möglich war. Er sagt selbst: »Die Verteidiger von Cassino selber sowie die nördlich der Stadt eingesetzten Bataillone hätten sich nicht mehr halten können, hätte ich nicht ein vollkommen frisches Regiment der soeben eingetroffenen 71. I.D. in den Kampf werfen können.«
Dann, nachdem Einheiten der 34th Division die Höhen nördlich Cassino erklommen hatten, um einen ungehinderten Einblick auf die Via Casilina (Straße Nr. 6) zu gewinnen: »Ich setzte meinen ganzen Einfluß ein, um die Genehmigung zu erhalten, die Schlacht um Cassino abbrechen und auf eine neue Linie zurückfallen zu dürfen ... auf eine nördlich des Anzio-Landekopfs gelegene Stellung.« Sein Antrag wurde abgelehnt, und gleichzeitig wurde ihm auch klar, daß seine französischen und amerikanischen Gegner sich in einer keineswegs besseren Verfassung befanden, und daß den alliierten Kommandeuren keine frischen Truppen einsatzbereit zur Verfügung standen.
Der 34th Division wäre die Einnahme von Cassino zu gönnen gewesen, und verschiedentlich sah es auch so aus, als würde sie es schaffen. Die Spanne zwischen Sieg und Niederlage war nur ganz gering und hing oft bloß von einer Handvoll entschlossener Verteidiger ab, wie ein Bataillon des Regiments 133 beim Angriff auf Cassino erfahren sollte.
Allein die Hartnäckigkeit einer einzigen deutschen Selbstfahrlafetten-Bedienung hielt das weitere Vordringen der Amerikaner auf, und vom 2. Februar an versteifte sich der Widerstand in der Stadt ganz beträchtlich.
Auch wenn der Angriff gewiß als tapfere Tat eingestuft werden kann, so war er doch nur, wie Christopher Buckley zu jener Zeit schrieb, »nicht viel mehr als eine heroische Geste, da der eigentliche Schlüssel zum Erfolg auf dem Klosterberg lag«. Und in Richtung auf diesen begannen sich jetzt auch die anderen Regimenter der 34th Division vorzuarbeiten, oberhalb des Tales und entlang den Bergflanken.
Die verbissensten Kämpfe fanden in einem Gebiet rings um das Kloster statt, das eine Fläche von kaum mehr als zehn Quadratkilometern aufwies. Auch bei dem späteren Ringen um Cassino sollte hier der entscheidende Kampfschauplatz bleiben. Das Hö-

hengelände nördlich des Klosterbergs eignete sich aber auch in idealer Weise zur Abwehr. Für den sich nähernden Angreifer gab es so gut wie keine natürliche Deckung. Die breiten Täler und tiefen Schluchten waren nur durch einige wenige Saumpfade miteinander verbunden, die man allerorts vermint hatte und unter beobachtetem Feuer halten konnte. Der Untergrund schließlich war derart steinig, daß sich die Amerikaner zum Schutz gegen den Beschuß noch nicht einmal einzugraben vermochten. Die Deutschen hingegen hatten die Zeit bis zum Auftauchen des Gegners voll ausgenutzt, hatten Kampfstände in den Felsen gesprengt, tiefe Unterstände angelegt und alles so vorzüglich getarnt, daß auch beim besten Willen von den Anlagen nichts zu sehen war. Erst ein unerwarteter Feuerstoß aus einem harmlos anmutenden Busch oder unter einem Felsblock hervor ließ die überraschten Angreifer erkennen, wo der entschlossene Gegner zu suchen war.

Selbst der Aufstieg auf dem Versorgungsweg, von der italienischen Kaserne bis zu den vordersten Teilen der kämpfenden Truppe im Gebiet rings um den *Snakeshead Ridge*, nahm rund zwei Stunden in Anspruch. Der schmale Pfad war aufgeweicht, wo er über flache Stellen hinwegführte, und dann wieder felsig, wo es steil bergauf ging.

Menschen und Tieren wurde das Höchste abverlangt. Die Tiere waren in diesem Fall die Maulesel, welche anstelle der an das Tal gebundenen Jeeps die Lasten befördern mußten. Die Deutschen hatten ihre Stützpunkte mit Verpflegung, Munition und Wasser bevorratet, aber die Amerikaner – und die, welche nach ihnen kamen – waren gänzlich auf diese leicht verletzliche Nabelschnur angewiesen, die noch dazu ständig unter Artillerie- und Granatwerferfeuer lag. Je dichter die Infanterie an das Kloster heranrückte, desto schwieriger und dürftiger floß der Nachschub.

Für die Männer, die seit dem 1. Februar hier kämpften, und für die Frontberichte, welche dieses tödliche Ringen in dürren Worten erwähnten, waren inzwischen auch die Namen und Höhenpunkte auf den Hügeln und Gipfeln zu vertrauten Begriffen geworden. Am ersten Tag des Monat Februar griff das Infanterieregiment 135 in dickem Nebel den Monte Castellone und Majulaberg an, doch da deren Umrisse im Nebel nicht auszumachen waren, schob sich die Infanterie in Richtung auf den Colle San Angelo weiter. Der Weg führte sie am *Snakeshead Ridge* vorbei – passenderweise hatte man ihn so getauft –, und am 3. Februar hatten zwei Bataillone bis zum Fußpunkt der Höhe 593 aufgeschlossen, der letzten, aber zugleich auch wichtigsten Bastion neben dem Klosterberg, keine 1000 m von diesem entfernt. Die Deutschen sahen in diesem Höhenrücken den Schlüsselpunkt der Cassinostellung und kämpften wie die Tiger, um ihn zu halten.

Während die Amerikaner noch um die Höhe 593 rangen, machte sich der Einfluß immer stärker bemerkbar, den das noch unversehrte Kloster auf ihr Sein oder Nichtsein ausübte. Tauchte man aus einem tiefen Tal oder einer steilen Schlucht auf, um voll im Blickfeld des riesigen Gebäudes das offene Gelände zu überwinden, waren sofort die genauen Einschläge der Artillerie oder Granatwerfer da. Es ist daher kein Wunder, daß man das Kloster für genauso unfreundlich und der alliierten Sache feindlich hielt wie die deutschen Fallschirmjäger, welche den Berg verteidigten, auf dem es stand. »Riesig und in den späten Nachmittagstunden feucht schimmernd, blickte es schweigend über unsere Stellungen hinweg, nur durch eine tiefe Schlucht von uns getrennt«, schrieb H. L. Bond, als Einheiten der 36th Division nach vorne rückten, um ihre Kameraden von der 34th zu verstärken. Nachdem er mit verschiedenen Männern dieser Division gesprochen hatte, fügte Bond noch hinzu, daß für sie der Klosterberg zum Inbegriff allen Übels geworden sei. Die im Schatten des Klosters kämpfenden Frontsoldaten kritisierten erbittert, daß dieses vom Alliierten Hauptquartier als unverletzlich erklärt worden war.

Die Deutschen hielten die von ihnen »Kalvarienberg« genannte Höhe 593 mit dem III. Bataillon Fallschirmjägerregiment 2. Diese Einheit hatte nur wenige Tage zuvor noch im Adria-Abschnitt gelegen. Die Entscheidung, diese erstklassigen Soldaten in die Cassinoschlacht zu werfen, erfolgte zur rechten Zeit und erwies sich als von größter Bedeutung. Trotzdem gelang es einem Bataillon des US 135 Regiment, den größten Teil des Kalvarienbergs am 6. Februar in die Hand zu bekommen. Lediglich einige besonders zähe Verteidiger hielten sich noch auf der dem Kamm abgewandten Seite, wo sich Deutsche und Amerikaner schließlich auf wenige Meter gegenüberlagen. Obwohl es anfangs so aussah, als sei die Höhe 593 vom Regiment 135 genommen, gelangte sie doch leider nie vollständig in dessen Besitz. Erst im Mai – im Verlauf der Diadem-Offensive, welche die Deutschen zur Aufgabe von Cas-

sino und zum Rückzug veranlaßte –, wurde sie von den Alliierten besetzt.
Den Höhepunkt erreichten die kühnen Taten der 34th Division jedoch zwischen dem 5. und 6. Februar, als es ihnen gelang, sich auf der Höhe 435 an einen deutschen Beobachtungsposten unbemerkt heranzuarbeiten, diesen auszuheben und vierzehn Gefangene zu machen – direkt unterhalb der Klostermauer. Aber weder sie noch sonst irgend jemand konnten zu diesem Zeitpunkt ahnen, daß dies der dem Kloster nächstgelegene Punkt bleiben würde, den alliierte Soldaten während der folgenden drei Monate bis zur Beendigung der Kämpfe erreichen sollten.
Außer der schwachen Stellung auf Höhe 593, wo der Kampf immer wieder hin und her wogte, unternahm noch ein Bataillon des Regiment 168 einen Vorstoß direkt auf das Kloster zu und setzte sich in den Besitz der von diesem kaum 500 m entfernten Höhe 445.
Es schien, als ob es bloß noch eines kleinen Schrittes bedurfte, aber die vorzüglich postierten Verteidiger erwischten die Männer des Regiments 168 in einer tiefen Schlucht, direkt am Rande der Nordflanke des Berges. Mörderisches Kreuzfeuer zwang sie zu einem verlustreichen Rückzug.
Im Nordwesten, aus der Gegend des Monte Castellone, konnten die Amerikaner jetzt die Via Casilina (Straße Nr. 6) einsehen, doch wurde ihr weiteres Vorrücken von der Kampfgruppe Schultz gestoppt, welche direkt am Steilabhang oberhalb des Tals lag. Sie kämpfte zwar aus improvisierten Stellungen, aber dennoch gelang es ihr, den amerikanischen Durchbruch zu verhindern, welcher die gesamte deutsche Abwehr rund um den Klosterberg abgeschnitten haben würde. General Tuker (4th Indian Division) mit seiner Spürnase erkannte hier später auch das schwächste Glied der deutschen Verteidigung, aber seinem Rat wurde keine Beachtung geschenkt.
Beiden Seiten wurde nur allzu bald klar, daß sowohl bei Cassino als auch bei Anzio eine äußerst kritische Situation eingetreten war. Von Hitler kam die Forderung, Cassino um jeden Preis zu halten und den Landekopf bei Anzio einzudrücken. Feldmarschall Kesselring war optimistisch und glaubte, daß die Landung mit Hilfe der 14. Armee unter General von Mackensen bereinigt werden könnte, nachdem diese den Landekopf gegen Ende Januar abgerie-

gelt hatte. Zu von Mackensens Verstärkung waren Truppen aus Deutschland, Frankreich und sogar von der Besatzungsarmee in Jugoslawien herbeigeeilt. Auch Panzer wurden geschickt, die man eigentlich nirgends entbehren konnte, so daß Hitlers gebieterisches Verlangen nach einem Erfolg eigentlich realisierbar schien. Nach Abwehr der alliierten Vorstöße, welche durch General Lucas' zögernde Haltung verspätet angelaufen waren, setzte am 7. Februar der erste deutsche Großangriff ein, um die bei Anzio gelandeten Verbände ins Meer zurückzuwerfen. Aus war Churchills Traum, daß die Albaner Berge durch einen Handstreich genommen würden, und der Fall Roms nur eine Sache von Tagen wäre. Traurig schrieb er: »Für uns ist es dringend erforderlich, daß wir ständig angreifen, und selbst eine Abnutzungsschlacht ist besser, als beiseite zu stehen und zuzuschauen, wie die Russen kämpfen.«

Noch alarmierender war die Tatsache, daß der deutsche Gegenangriff bei Anzio ohne Unterstützung von Verbänden der 10. Armee aus der Cassinofront stattfand. Auf der anderen Seite hingegen mußten frische alliierte Verbände gefunden werden, um der 34th Division in ihrer kritischen Situation zu helfen, beziehungsweise diese abzulösen, sofern ein Zustand äußerster Erschöpfung und steigender Verluste dies erforderlich machte. Obwohl die Lage bei Anzio von Tag zu Tag düsterer wurde, blieb General Alexander gar nichts anderes übrig, als den Druck bei Cassino aufrechtzuerhalten, ja, sogar noch zu steigern, ungeachtet des schlechten Winterwetters, des hartnäckigen deutschen Widerstands und der hohen personellen Ausfälle.

Die 34th Division benötigte dringend Verstärkung, weshalb die Überreste der 36th Division nebst deren gerade eingetroffenem Ersatz aus ihren Stellungen am Flußufer gegenüber von San Angelo herausgezogen wurden und oben in den Bergen einen Abschnitt am Monte Castellone übernehmen mußten. In ihre alte Rapido-Stellung rückte statt dessen die Neuseeländische Division ein, welche aus dem Adriaabschnitt der Eighth Army herübergeholt worden war und jetzt zum ersten Mal Cassino und das Kloster zu Gesicht bekam. Die Entscheidung, sowohl die Neuseeländische als auch die Fourth Indian Division einzusetzen, d. h. die erfahrensten Divisionen der Eighth Army, wird im nächsten Kapitel berührt. An dieser Stelle genügt es, festzustellen, daß ihr Eintreffen von General Clark nicht ohne Vorbehalt begrüßt wurde. Zwei mögliche Aufgaben waren diesen prächtigen Soldaten von der 36th Division zugedacht: Einmal sollten sie den Abschnitt bei San Angelo übernehmen und sich mit der Lage bei Cassino vertraut machen, und zum anderen hatten sie sich zur Ausnutzung des Erfolges bereitzuhalten, falls dem US II. Korps ein Durchbruch in das Lirital gelang.

Ein solcher Durchbruch schien am 8. Februar im Bereich der Möglichkeit, obwohl der Besitz der Höhe 593 noch immer umstritten war, wobei der hin- und herwogende Kampf von kleinen Gruppen in erbittertem Handgemenge ausgetragen wurde und allein in der Hand entschlossener junger Führer lag.

Am 9. Februar befand sich der größte Teil des Kalvarienbergs erneut in amerikanischer Hand, obwohl erst nach schweren Verlusten und bedauerlicherweise auch nicht für lange. Der Kampf fand unter fürchterlichen Verhältnissen statt, und an ein Eingraben war bei dem Regen und Schneematsch nicht zu denken. Die Luft war erfüllt von einer Symphonie des Hasses, angestimmt von den pausenlosen Einschlägen der Artillerie und Granatwerfer beider Seiten. Die Täler und Schluchten warfen die Explosionsgeräusche noch zurück und verstärkten das infernalische Jaulen der »screaming mimis« – der Nebelwerfer, bevor sich deren Geschosse in große Eisensplitter zerlegten. Bei diesem naßkalten Wetter hatte man keine Mühe, Freiwillige für den Verwundetenabtransport zu finden. Die Männer der amerikanischen Division hockten auf diesen ungastlichen Höhen schon länger als ihre Gegner. Tagaus, tagein mußten die Kranken und Verwundeten in nicht abreißender Folge wieder talwärts geschafft werden, während die Toten auf den Felsen im Schneeschlamm zurückblieben – erstarrt in schreckverkrampfter Stellung. Nur mit Mühe vermochte die 34th die gewonnene Position zu halten. Lediglich mit einer Handvoll von Männern trotzte sie den Elementen und den Deutschen, aber die meisten von ihnen waren der seelischen und körperlichen Erschöpfung nahe.

Erst nach einem gewissen Zögern genehmigte Alexander Keyes' Antrag, den Soldaten der 34th und 36th Division doch noch eine Chance zur Einnahme des Klosters zu gewähren. Ob es Keyes dabei klar war, wie sehr sich die Leute seines Korps bereits am Ende ihrer Kraft befanden, ist nicht genau bekannt. Zu seiner

Verteidigung muß man sich jedoch vor Augen halten, daß der Erfolg für seine Truppen bereits so greifbar nahe schien, daß die Versuchung, noch einen letzten Stoß zu führen, durchaus verständlich scheinen mag, auch wenn die Einheiten bloß noch über erschreckend niedrige Gefechtsstärken verfügten. So hatten zum Beispiel zwei Bataillone des Regiment 141 nur noch je 100 Mann, gegenüber 800 im Normalfall. Die übrigen Teile waren zu einem Bataillon zusammengefaßt, brachten aber auch so keine ausreichende Gefechtsstärke auf die Beine, geschweige denn daß sie imstande waren, einen ernsthaften Angriff zu führen.
Am 11. Februar lief der abschließende amerikanische Angriff an, von dem man sich die Einnahme des Klosters sowie der zu seinen Füßen liegenden Stadt erhoffte. Schneetreiben und heftiges Artilleriefeuer gingen voraus und verhüllten den Vorstoß in gewisser Weise, doch weit kam man nicht. Das glücklos kämpfende Regiment 141 wurde nahe Masse Albaneta zum Stehen gebracht und beim Versuch, die Höhe 593 wieder zu nehmen, mußte das Regiment 142 eine schwere Schlappe hinnehmen. Das Handgemenge hielt indessen den ganzen 11. über an, bis schließlich die Regimenter der 36th Division zum Aufgeben gezwungen wurden, verfügten sie doch bestenfalls noch über genügend Männer, um die eigenen Stellungen halten zu können.
Aber eine Verschnaufpause sollte das für die Amerikaner keinesfalls bedeuten. Die deutschen Geschütze setzten ihre kostbaren Munitionsvorräte zu einem zusammengefaßten Feuer ein, wie es sich in dem gesamten italienischen Feldzug nicht wiederholen sollte. Aufgeschreckt und mit der Möglichkeit eines feindlichen Gegenangriffs rechnend, standen die 36th Division und ihre Artilleriebeobachter jedoch bereit, um den heftigen Stoß abzufangen, den jetzt Oberst Baron Behr an der Spitze des Panzergrenadierregiment 200 führte. Im kritischen Augenblick griff auch die amerikanische Korpsartillerie ein und erwischte die Grenadiere mit verheerender Wirkung mitten im Freien. Die Deutschen hatten 150 Ausfälle, mußten sich absetzen und den Monte Castellone der Texasdivision überlassen. In diesem Abschnitt hatten beide Seiten ihr Letztes hergegeben, und die Gefallenen und Sterbenden legten Zeugnis für die verbissenen Schlußkämpfe ab, nach denen die Fronten jetzt wieder erstarrten.
Auch dem Vorstoß des Regiment 168 in Richtung auf das Kloster

war kein besserer Erfolg beschieden. Bei nur geringfügigen Bodengewinnen machten es die heftigen Regen- und Schneefälle unmöglich, den Angreifern Unterstützung durch die Artillerie oder die Alliierte Luftwaffe zu gewähren. Dem Angriff ging die Luft aus, und die erschöpften Kämpfer beteten nur noch um eine Verschnaufpause, angesichts der nun schon drei Wochen dauernden schrecklichen Verhältnisse, welche ihnen die Kraft aus den Knochen gesogen hatten.

Als der Kommandeur der 5. Neuseeländischen Brigade, Brigadier Kippenberger, eine vorgeschobene amerikanische Stellung besuchte, fiel ihm die Erschöpfung der Männer auf und er bat General Freyberg, dies dem Stab der Fifth Army gegenüber zu erwähnen. Aber die Verlustlisten sowie die erschreckend niedrigen Grabenstärken hatten das gleiche schon bestätigt. Keine Truppe hätte mehr zu leisten vermocht, und viel hätte auch nicht gefehlt, und der unbedingten Entschlossenheit des II. Korps – angefangen bei General Keyes bis herunter zum letzten Mann – wäre auch der Erfolg in der ersten Schlacht um Cassino beschieden gewesen. Die Amerikaner hatten mit einer Tapferkeit ohnegleichen seit Januar im Einsatz gestanden. Jetzt waren sie am Ende und physisch und psychisch völlig erschöpft.

An ihrer Stelle kam nun das neu zusammengestellte Neuseeländische Korps nach vorne. Dieses war nach H. L. Bonds Worten »unverbraucht und voller Schwung, ausgeruht und schlagkräftig. Falls frische Truppen die Deutschen von den Höhen hinter dem Kloster überhaupt werfen konnten, dann waren es diese Männer«. Vor ihnen aber harrte die riesige Abtei – noch immer völlig unversehrt – des nächsten Akts der Schlacht. In den Verteidigungsstellungen rundum lagen die deutschen Soldaten der 90. Panzergrenadierdivision unter ihrem hervorragenden Kommandeur, General Baade, nach von Senger »dem Sieger in der ersten (und zweiten) Schlacht um Cassino«.

Die Eliteregimenter der aus ausgesuchten Soldaten bestehenden Fallschirmtruppe erfreuten sich im Augenblick einer seit dem 12. Februar währenden Erholungspause, welche allerdings auch nicht von langer Dauer sein sollte.

In London bemerkte Winston Churchill, daß sich Cassino zu einem kleinen Stalingrad auswachsen könne. Noch treffender sollte sich allerdings Adolf Hitler äußern, der Cassino als eine Schlacht des ersten Weltkriegs bezeichnete, die mit den Waffen des zweiten geführt würde. Die Ereignisse sollten beiden recht geben. Allerdings wurden jetzt, noch stärker als zuvor, die Kämpfe bei Cassino von einer anderen Auseinandersetzung in Italien beeinflußt, nämlich von dem Ringen um den Landekopf Anzio.

8.

Die Zweite Schlacht – Freybergs Erfolgsplan

General Freyberg gab sich keinerlei Illusionen bezüglich der Aufgabe hin, die man ihm als Kommandierenden General des Neuseeländischen Korps stellte. Er hatte das Schlachtfeld in all seiner natürlichen Schönheit vor sich liegen gesehen, doch sein in vielen Kämpfen geschultes Soldatenauge ließ sich weder von dem kahlen Gewirr am Oberlauf des Rapido noch von den großen festungsartigen Mauern des Cassinomassivs täuschen. Bei seinen Besichtigungsgängen durch das Vorfeld hatte Freyberg einen Eindruck davon gewonnen, wie tapfer und verzweifelt die Amerikaner gegen diese fast unüberwindliche Abwehr gefochten hatten. Er gehörte zwar keineswegs zu den Männern, die leicht den Kopf hängen ließen und entmutigt waren, doch in seinem Funkspruch an die Neuseeländische Regierung gab er sich durchaus realistisch: »Wir stehen vor einem der schwierigsten Angriffe unserer gesamten bisherigen Einsätze.«

Die Entscheidung, die 2nd New Zealand, die 78th British und 4th Indian Divisions vom Adriaabschnitt herüberzuholen und aus ihnen ein Neuseeländisches Korps zu bilden, hatte General Alexander Ende Januar getroffen. Die 78th Division traf erst am 17. Februar an der Cassinofront ein und spielte in der zweiten Schlacht mithin keine Rolle. Die kampferprobte Neuseeländische sowie die Indische Division sollten in einem entschlossenen Ansturm den Monte Cassino nehmen, um auf diese Weise die Deutschen davon abzuhalten, bei Anzio alles auf eine Karte zu setzen. Ohne daß General Alexander es wußte, hatte das deutsche Oberkommando jedoch den 16. Februar für einen großangelegten Gegenangriff auf den Landekopf gewählt, d. h. aus purem Zufall also an dem gleichen Tag, an dem das Neuseeländische Korps bei Cassino antreten wollte. Da die Fifth Army den Angriff von Mackensens als unmittelbar bevorstehend ansah, ohne allerdings das genaue Datum zu kennen, blieb General Freybergs Korps nur wenig Zeit, um sich zu entfalten, das Terrain kennenzulernen bzw. eine Geländeerkundung durchzuführen, geschweige denn sicherzustellen, daß sich wenigstens der Nachschub dem übereilten Einrücken in die amerikanischen Stellungen anpassen konnte.

Die Zeit war kostbar und bedeutete alles, wollte man dem deutschen Plan, den Landekopf bei Anzio einzudrücken, zuvorkommen.

Eine derartige Situation hätte selbst die Offiziere eines erfahrenen und kompletten Stabs vor die schwierigsten Probleme gestellt. Ein derartiger Korpsstab war aber ungeachtet der entscheidenden Wichtigkeit nicht vorhanden, so daß man einen improvisierten Stab erst aufstellen mußte, zu welchem Zweck vor allem Stabsoffiziere der 2nd New Zealand Division abgerufen werden mußten. Wenngleich es angesichts der vorhandenen Umstände auch keine andere Alternative gab, war diese plötzliche Stellenumbesetzung doch psychologisch falsch und brachte Sand ins Getriebe und das in einem Augenblick, in dem alles von einer einwandfreien Planung abhing. Worauf es in dieser Situation ankam, um den Einsatz des Neuseeländischen Korps mit seinen prächtigen Soldaten zum Erfolg zu führen, war eine zuverlässige und klarblickende Generalstabsvorbereitung. Das genaue Zusammenwirken aller Verbände und Waffen, noch bevor überhaupt die erste Bombe fiel und der erste Soldat sein Deckungsloch verließ, hätte nach fachmännischer Planung zu entsprechenden Befehlen nach unten führen müssen – zu den Neuseeländern, den Indern und den Gurkha-Soldaten, standen diese doch vor der härtesten Bewährungsprobe ihrer bisherigen Laufbahn. Es war aber zu viel verlangt, wollte man so etwas von einem in aller Eile zusammengestellten Stab erwarten.

Des weiteren benötigten die Stabsoffiziere des Neuseeländischen Korps viel Verständnis und Unterstützung seitens der vorgesetzten Dienststellen der Fifth Army. Diese Beziehungen waren aber nicht immer Ausdruck größter gegenseitiger Wertschätzung, was

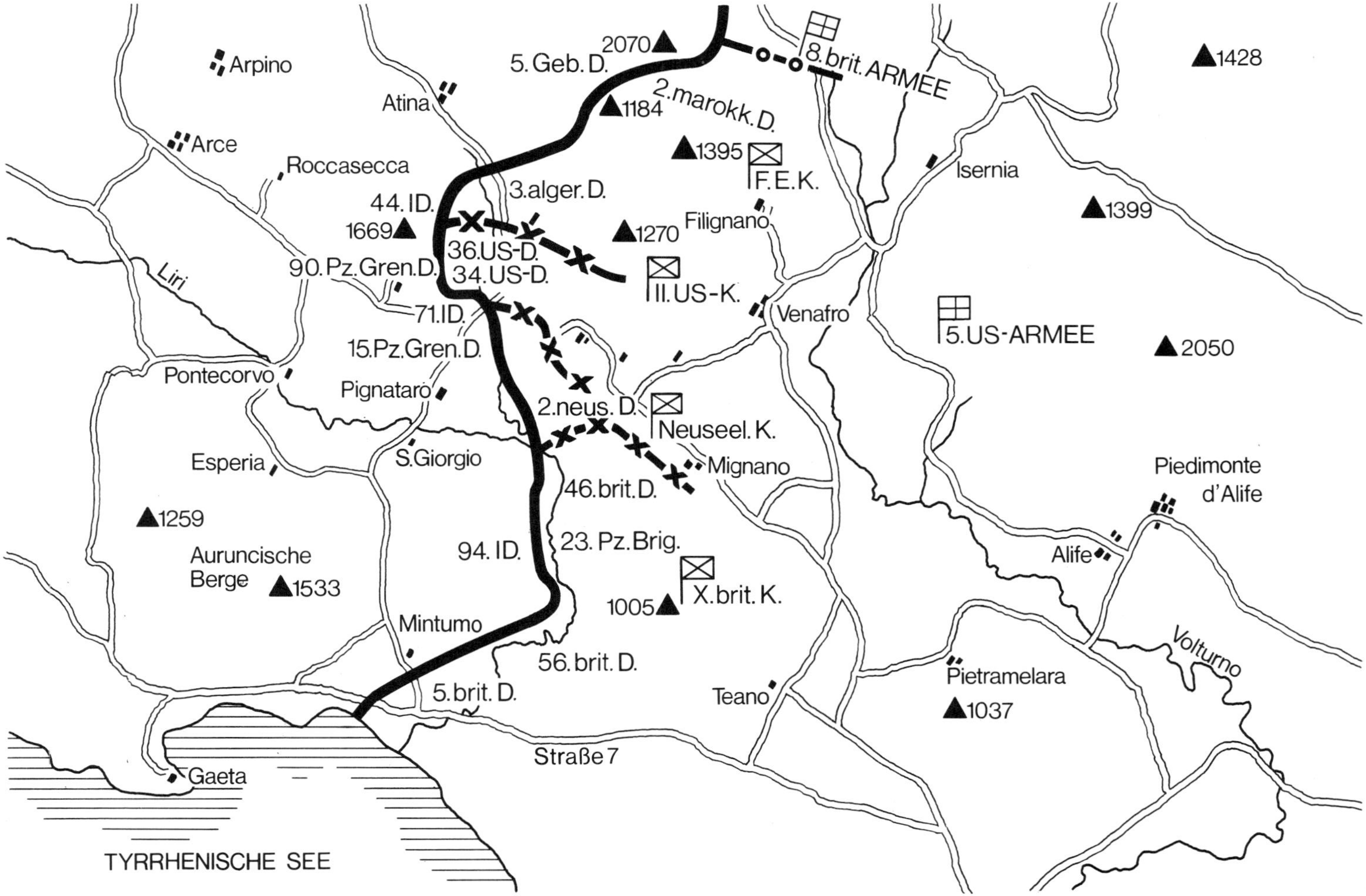

Die 2. Cassino-Schlacht mit der Frontlinie am 6. Februar 1944.

zum Teil darauf beruhte, daß man General Clarks Auffassung bezüglich der zukünftigen Rolle des neuen Korps im Rahmen der Fifth Army zuvor nicht eingeholt hatte. Er reagierte darauf mit einem gewissen Mißtrauen und Ressentiment, wobei diese Gefühle noch eine Steigerung durch dem Umstand erfuhren, daß er mit General Freyberg zusammenarbeiten mußte, der ihm an Erfahrung und Alter weit überlegen war.
Clark sollte über das Neuseeländische Korps daher auch später schreiben: »Ich gewann entschieden den Eindruck, daß die 15 Army Group und Freyberg mir vorschreiben wollten, was ich zu tun hatte.«
Dieses Gefühl an der Spitze teilte sich auch den Untergebenen mit und führte auf beiden Seiten zu fehlerhaftem Verhalten. Freyberg hatte bald darauf einen Zusammenstoß mit General Keyes, während der letztere noch bei Cassino führte, woraufhin Clark eingreifen und die Geschichte ausbügeln mußte. Später an diesem Tage schrieb er dann bedauernd in sein Tagebuch, daß seiner Armee zwar fünf Korps unterstünden, von denen jedoch nur zwei amerikanische seien. »Und somit war ich drauf und dran, Napoleons Feststellung zuzustimmen, daß es besser sei, Alliierte zu bekämpfen, als selbst einer von ihnen zu sein.« Angesichts der immer drückender werdenden Sorgen um den Landekopf Anzio – was ihn auch zeitlich natürlich viel mehr in Anspruch nahm – war es mithin unvermeidlich, daß Clark die Gesamtkoordination der Zweiten Schlacht Freyberg überlassen mußte, in Verbindung mit dem Stab der Fifth Army in Caserta. Eine Lösung, welche nicht immer glücklich und zufriedenstellend war.
General Sir Bernhard Freyberg ging nicht nur der Ruf einer großen Erfahrung voraus, sondern er erfreute sich auch eines allgemein anerkannten Rufs als erstklassiger Praktiker und Berufs -soldat. Er war ein Mann von großem persönlichem und moralischem Mut und einer der zähesten Krieger, die je unter der britischen Krone gedient hatten. Obwohl anfänglich in Neuseeland stationiert, verbrachte er doch seine meisten Dienstjahre bei der Brigade of Guards und kehrte erst mit Beginn des Zweiten Weltkriegs wieder zurück, um sich seinen Landsleuten erneut zur Verfügung zu stellen. Es bedurfte zwar anfänglich einer gewissen Umstellung von den Gardemethoden zur Denkungsart der Neuseeländischen Bürgerarmee, doch dann wurden Freyberg und seine 2nd

New Zealand Division zum Inbegriff der kämpferischen Gemeinschaft. Von Freund und Feind gleichermaßen bewundert, machten sie sich einen Namen in Griechenland, Kreta und der Westlichen Wüste.

So also sah der Mann aus, und so stand es um die Leistungen der Truppe, die er mit Schwung und Hingabe nahezu vier Jahre geführt hatte.

In zweierlei Hinsicht war Bernard Freyberg jedoch nicht die beste Wahl als Kommandierender eines improvisierten Korps, dem die direkte Verantwortung für die zweite und dritte Cassino-Schlacht oblag. Der erste Grund war, daß dieser große und stämmige Mann aus durchaus patriotischen Gründen die ganze Zeit über nur an der Spitze der neuseeländischen Landstreitkräfte gestanden hatte – mithin also nur einer Division –, während viele seiner britischen Altersgenossen inzwischen größere Verantwortungsbereiche übernommen und im Jahre 1944 beträchtliche Erfahrungen in der Führung von Korps und sogar Armeen gewonnen hatten. Freyberg kam kaum je dazu, mehr als eine Division zu befehligen, und selbst als dies einmal der Fall war – so z. B. als GOC* Kreta –, war seine Tätigkeit nur von kurzer Dauer und obendrein von Anfang an zum Scheitern verurteilt, wenngleich auch nicht durch seine Schuld. Der zweite Nachteil, der General Freyberg anhing, war der Umstand, daß er der neuseeländischen Regierung für die Führung der Truppe direkt verantwortlich war sowie auch für die sorgsame Überwachung der Verluste, da sich ein so kleines Land mit einer so geringen Bevölkerung keine großen Verluste leisten konnte. Diese politische Bindung mochte gelegentlich von Vorteil sein, erwies sich andererseits aber auch als zusätzliche Bürde, ungeachtet seiner breiten Schultern. Sie bedeutete praktisch, daß bei der Entwicklung schwerer Kämpfe mit unvermeidlich hohen Verlusten General Freyberg derart unter Druck stand, daß er vor dem Einsatz aller Kräfte zurückschrecken mußte. Er konnte derartige Pressionen weder ignorieren, noch ließ die Regierung Neuseelands eine derartige Haltung zu.

Es ist daher keineswegs überraschend, daß General Freyberg bei der Einsatzplanung des Neuseeländischen Korps sich die Möglichkeit zunutze machte, den ersten Schlag durch die Luftwaffe führen

* GOC = general officer commanding

zu lassen, um auf diese Weise seinen nachfolgenden Divisionen einen Erfolg unter möglichst geringen Verlusten zu sichern. Er und sein Stab verfügten über zuwenig Zeit zur Planung des kommenden Angriffs, und die Schwerpunkte der Alliierten waren nun einmal die gigantischen Bomber-, Jäger- und Jagdbomberflotten. Die logische Schlußfolgerung war demzufolge auch der Einsatz dieser Trumpfkarte gegen das Herz der Cassinoverteidigung, d. h. gegen den Klosterberg.

General Alexander entschied sich für den Ansatz der alliierten Luftstreitkräfte auf Cassino, da er sich von einem solchen massiven Schlag die Öffnung des Weges nach Rom erhoffte. In dieser Auffassung wurde er auch von dem Befehlshaber der 15th Army Group Air Force, General John Channon, unterstützt, welcher meinte: »Wenn Sie mich sämtliche Bomber gegen Cassino einsetzen lassen, werden wir es ausreißen wie einen toten Zahn.«

Die Entscheidung, die wichtigsten Ziele der gegnerischen Hauptkampflinie mit schweren und mittleren Bombern anzugreifen, war an sich ein Risiko. Vor Cassino hatte man auf derartige, von der vordersten kämpfenden Truppe festgelegte Ziele, lediglich taktische Fliegerverbände angesetzt. Jetzt also wollte man gegen die deutschen Divisionen auch die schwersten Maschinen einsetzen, einschließlich der riesigen Fortresses und Liberators. Die Vorteile lagen auf der Hand, waren die schweren Kampfflugzeuge doch in der Lage, selbst die stärksten Gebäude und Verteidigungsanlagen zu zerstören. Außerdem nahm man an, daß der deutsche Widerstand infolge der Schockwirkung stark angeschlagen und nur noch örtlich fortgesetzt werden würde. Ein großer Nachteil, welcher den Planern indessen Kopfschmerzen bereitete, war die geringe Entfernung zwischen den vordersten eigenen Teilen und den anzugreifenden Zielen. Wollte man »eigene Verluste« vermeiden, dann war unter allen Umständen nach der Bombardierung eine kurze Pause erforderlich, bevor die Inder und Neuseeländer ihrerseits zum Angriff antraten.

Freyberg verfügte noch über eine weitere Trumpfkarte, nämlich die hohe Qualität der beiden Divisionen seines Korps. Der Ruhm und Ruf, den sich die neuseeländische Division in den zurückliegenden Kämpfen erworben hatte, ist bereits erwähnt worden. Es ist jedoch keine Übertreibung, wenn man feststellt, daß die Fourth Indian Division sich im Laufe des Krieges einen genauso guten

Namen gemacht hatte. Beide Divisionen erfreuten sich eines gleich hohen Ansehens innerhalb der Eighth Army. Die drei Brigaden der Fourth Indian Division setzten sich jeweils aus einem britischen, indischen und Gurkha-Bataillon zusammen.

Der Divisionskommandeur, Major General F. S. (Gertie) Tuker, hatte während des gemeinsamen Dienstes und im Umgang mit diesen drei Nationalcharakteren die Erfahrung gemacht, daß ein jeder in besonderer Weise zu der Kampftüchtigkeit und dem Rufe der drei Brigaden seiner Division beitrug: Die britischen Soldaten waren zäh und unerschütterlich in der Abwehr, die Inder voller Schwung und kühn im Angriff und die Gurkha erfahrene Patrouillengänger und Spezialisten für geräuschlose nächtliche Überfälle. Gertie Tuker hatte alle diese Männer zu einer prächtigen Division zusammengeschweißt, deren Angehörige ihr Rotes-Adler-Abzeichen voller Stolz und mit Auszeichnung trugen. General Tuker konnte bereits auf eine glänzende persönliche Laufbahn zurückblicken, als er nach Cassino kam. In bezug auf Charakter und Temperament war er zwar ganz das Gegenteil von Freyberg, aber wie so oft, schätzten sich beide gegenseitig ungemein. Tukers Naturell entsprach eigentlich mehr dem des Generals von Senger, seines Gegners auf der anderen Seite des Berges von Cassino. Sein klarer und nie ruhender Verstand ließ ihn immer wieder neue Ausbildungsmethoden ersinnen und unkonventionelle taktische Maßnahmen bei der Kampfführung anwenden. Tuker war überdies vielseitig und äußerst begabt als Schriftsteller und Maler. Eine Fähigkeit ging ihm jedoch ab, welche Freyberg andererseits im Übermaß besaß: der Kontakt zum einfachen Mann. Er vermochte es ganz einfach nicht über sich zu bringen, mit seinen Soldaten auch einmal zu scherzen und sich in ihrer Gegenwart als Kamerad zu benehmen. Freyberg hingegen konnte einem Untergebenen gelegentlich auf die Schulter klopfen und sich ebenfalls am saftigen Landserjargon erfreuen. Tuker aber war scheu und wahrte Distanz, was jedoch niemanden an seiner Tüchtigkeit und Befähigung zweifeln ließ und auch nicht an dem hohen Standard, den er für sich persönlich und seine Fourth Indian Division gesetzt hatte.

Im Verlauf des Afrikafeldzuges hatte General Tuker mehr als einmal moralischen Mut bewiesen, indem er durchzusetzen verstand, daß seine Fourth Indian Division nur gemäß ihren besonderen

Fähigkeiten und Eigenarten eingesetzt wurde.
Er wußte, was sie zu leisten imstande war, und setzte sich dafür ein, daß sie sowohl im Angriff als auch in der Abwehr nur unter geeigneten Bedingungen zum Einsatz gelangte. Wenn Tukers durchdringender Verstand und seine natürliche taktische Begabung je gebraucht wurden, dann jetzt, wo es in den kommenden Tagen und Wochen mit dem Neuseeländischen Korps in den Kampf ging. Freyberg war zwar sein Vorgesetzter, doch besteht wenig Zweifel, daß Tukers Rat bei dem sich nunmehr entwickelnden Drama ein beträchtliches Gewicht hatte.
»Nach ausgedehntem Studium von Karten und Luftaufnahmen, nach Einblicknahme in das Gelände und vielen Diskussionen entschied sich General Freyberg schließlich für einen Plan, welcher im wesentlichen eine Fortsetzung des amerikanischen war« – schrieb Howard Kippenberger in seinem Buch »Infantry Brigadier«. Er hatte eine Wiederholung des abgebrochenen Versuchs der 36th Division, den Rapido bei San Angelo zu überschreiten, in Betracht gezogen und verworfen. Er hörte sich Juins Vorschlag bezüglich eines Vorstoßes des Französischen Korps an, lehnte ihn aber als zu risikoreich ab, da die inzwischen eingetretenen Schneefälle sowohl den Nachschub als auch alle Truppenbewegungen noch schwieriger gestalteten. Tuker hingegen war dafür, dieses Risiko einzugehen. Schließlich verfügte die Fourth Indian Division nicht nur über erfahrene Gebirgskämpfer, sondern konnte sich auch auf drei Bataillone Gurkhas aus dem Hochland von Nepal verlassen. Am 12. Februar machte Tuker General Freyberg indessen noch einen anderen Vorschlag, welcher eine Aussparung des Klosters vorsah. Er schrieb: »Ich halte diesen Ansatz insofern für vorteilhaft, als sich nach meinem Dafürhalten der Gegner in dem bergigen Gelände westlich und südwestlich des Monte Castellone nur in Feldstellungen verteidigt. Er hält Monte Castellone, und gegen diesen bietet das jetzt vom US II. Korps besetzte Gebiet einen guten Ausgangspunkt. Wir können in schnellen kurzen Stößen westlich und südwestlich des Monte Castellone angreifen und westlich des Klosterbergs die Straße Nr. 6 abschneiden, wodurch der Klosterberg isoliert wird.«
Leider war Tuker infolge einer Tropenkrankheit ans Bett gefesselt, als er diese Lagebeurteilung zu Papier brachte. Die Anregung fiel daher unter den Tisch, und der Plan wurde abgeändert. Anstelle

des weit ausholenden Stoßes über das Gebirge hinweg sollte der Angriff auf das Herz der Verteidigungsstellung zielen, auf den Klosterberg selber.
Welche Umstände aber waren es, die Freyberg gegen den Rat von Juin und Tuker handeln ließen? Er hatte erkannt, wie nahe das erschöpfte American II Korps vor dem Erfolg gestanden hatte, wie ihm der Sieg nur infolge reiner Überanstrengung entglitten war. Anstelle abgekämpfter Amerikaner standen jetzt aber frische Bataillone des voll aufgefüllten Neuseeländischen Korps zur Verfügung und hinter diesen weitere Eingreifreserven. Und außerdem konnte man mit einer größeren Luftunterstützung als je zuvor rechnen, und zwar zusammengefaßt gegen einen nur sehr kleinen und kompakten Verteidigungsabschnitt. Selbst im nachhinein läßt sich angesichts dieser Verhältnisse kaum behaupten, daß für die zweite Cassinoschlacht keinerlei Erfolgsaussicht bestanden hätte. Hätte es sich nur um die Einnahme von Cassino gehandelt und die anschließende Möglichkeit, die Gustavlinie zu durchbrechen, wäre der Angriff bestimmt bis zum Frühjahr verschoben worden, wo besseres Wetter und härterer Boden für die alliierten Panzer eine günstigere Voraussetzung für eine siegreiche Offensive geschaffen haben würden. So aber brauchte das VI. Korps bei Anzio dringend Hilfe. Das also war der militärische Grund für die Zweite Schlacht, zu welchem sich aber auch noch politische hinzugesellten. Winston Churchill konnte einen Rückschlag bei Anzio überhaupt nicht ins Auge fassen, nachdem er nur unter größten Schwierigkeiten den zögernden Roosevelt und die mißtrauischen amerikanischen Stabschefs für dieses Unternehmen gewonnen hatte. Die neue Cassinooffensive mußte daher auch unverzüglich anlaufen. »Somit drängte Wilson also Alexander, Alexander Clark, Clark Freyberg und Freyberg schließlich drängte seine beiden Divisionen, sich schleunigst angriffsbereit zu machen. Wieder einmal war zuwenig Zeit und mußte alles überstürzt werden. Bei Anzio saß man in der Klemme«, schrieb Fred Majdalany in seinem Buch, womit zugleich auch kurz und treffend ausgedrückt ist, wie die Zweite Schlacht begann, und welchen Problemen sich seinerzeit die alliierten Befehlshaber in Italien gegenübersahen.
Freyberg akzeptierte daher die Direktive, welche kaum mehr als eine Überarbeitung des früheren amerikanischen Plans war, nur daß außerdem noch die versprochene Luftunterstützung hinzu-

kam. Er entschloß sich, seine beiden Divisionen in einer großen Zangenbewegung anzusetzen. Hierbei sollte über den von der 34th Division gehaltenen Vorsprung bergaufwärts angegriffen werden, und zwar mit der Fourth Indian Division aus nordostwärtiger Richtung mit dem Auftrag, den Klosterberg mitsamt dem Kloster zu nehmen. Gleichzeitig sollte die New Zealand Division südlich der Stadt Cassino einen Brückenkopf über den Rapido gewinnen und sich anschließend am Fuß des Klosterbergs mit den Indians vereinigen. Ein beweglicher Verband, welcher auf diese Aufgabe bereits seit Wochen vorbereitet worden war, sollte daraufhin auf der Straße Nr. 6 vorgehen, um dem VI. Korps bei Anzio zu Hilfe zu kommen und von dort aus auf Rom weiter vorzustoßen.
Der Erfolg eines derartigen Zangenangriffs hing zu einem guten Teil von der Schnelligkeit ab, mit der die Indian Division in der Lage sein würde, nach erfolgtem Bombenangriff den Klosterberg zu nehmen. Die Amerikaner hatten nie vermocht, das entscheidende und wichtigste Angriffsziel direkt zu berennen. Je weiter sie sich in Richtung auf das Kloster zukämpften, desto zäher und fanatischer wurde der Widerstand der Deutschen, und desto stärker wurden die Verteidigungsanlagen zwischen ihnen und dem Kloster. Der Schlüsselpunkt, d. h. der Klosterberg, welcher die Höhenrücken in nordostwärtiger Richtung genauso beherrschte wie die Stadt zu seinen Füßen und das jenseits gelegene Tal, mußte so mit Bomben eingedeckt werden, daß die Infanteristen der Indian Division nahe genug heran konnten, um die letzten Meter mit einem Sprung zu überwinden, ohne hierbei im MG-Feuer liegenzubleiben. Nach Auffassung der alliierten Kampftruppen bedeutete diese Situation nur eines: Das Kloster nebst den unterhalb seiner Mauern gelegenen deutschen Stützpunkten mußte mit allen zur Verfügung stehenden Mitteln zerstört werden.
Wo immer sich die Männer der Fifth Army in der vordersten Linie auch nur bewegten, das riesige Gebäude ließ sie nicht aus den Augen, beherrschte ihr Leben und alle Gedanken und ließ sie keinen Schritt ohne die vorherige Überlegung wagen: »Kann ich vom Kloster aus hier eingesehen werden?«
Bei der hinter Felsen gedeckten und in Steintrümmern Schutz suchenden kämpfenden Truppe gab es nur eine Meinung. Die Amerikaner in den vorgeschobenen Stützpunkten waren bereits seit langem davon überzeugt, daß sich Deutsche in dem Kloster einge-

Die 1. Cassino-Schlacht begann am 17. Januar 1944. Feindliche Artillerie schießt Nebel auf die Stellungen am Stadtrand.

Als die 2. Cassino-Schlacht am 15. März 1944 begann – hier: feindliche Artillerieeinschläge am Fuße des Klosterberges, im Hintergrund die nach Rom führende Via Casilina – hatte die 1. Fallschirmjägerdivision die Verteidigung von Monte Cassino übernommen.

Ein leichtes Geschütz einer Heeres-Flak-Abteilung, die bei Beginn der 2. Cassino-Schlacht zur Luftabwehr im Raume Cassino eingesetzt war. Die fünf Striche mit dem weißen Stern am Schutzschild bedeuten fünf abgeschossene amerikanische Flugzeuge.

Fallschirmjäger mit MG 42 im Vorfeld des Klosterberges. Neben dem Maschinengewehr drei Eierhandgranaten.

Gefechtsstand eines Fallschirmjägerbataillons in den Ruinen von Cassino. Vor dem Kommandeur ein Wandregal mit Handgranaten.

Der Gegner liegt im Haus gegenüber. Ein Sturmgeschütz – Mündungsbremse des Geschützes am linken Bildrand – steht feuerbereit.

Feuerstellung einer Granatwerferkompanie der Fallschirmjäger in den Ruinen von Cassino.

Feuerbefehl für die Granatwerfer. Der linke Werfer hat soeben abgefeuert, beim rechten Werfer hält der Ladeschütze bereits die nächste Granate zum Laden bereit.

Ein 8-cm-Granatwerfer der Fallschirmjäger beim Abschuß. Die größte Reichweite belief sich auf 2800 Meter, doch konnte man den Werfer praktisch auch auf kürzeste Entfernung einrichten.

nistet hätten und kritisierten voll Bitterkeit die Anweisung, welche direkte Kampfhandlungen gegen das Bauwerk untersagte. »Sie dürfen das Gebiet rundum mit Feuer belegen, aber nicht das Kloster selber«, wurde der Lieutenant H. L. Bond belehrt, nachdem er zwei oder drei Werfergranaten auf das Klosterdach gesetzt hatte.
Wie bereits beschrieben, hatte der deutsche Propagandaapparat es verstanden, den Beifall der zivilisierten Welt für die Rettung der unermeßlichen Kunstschätze durch seine Soldaten zu erwecken. Später wurde mehrfach kategorisch erklärt, daß sich keinerlei bewaffnete deutsche Soldaten im Kloster bzw. einem Umkreis von 300 m befunden hätten. Hingegen erfolgte die Bestätigung, daß sich noch einige Mönche und eine Handvoll Flüchtlinge in der Abtei aufhielten. Wie in aller Welt konnten also die Briten und Amerikaner die Zerstörung des ehrwürdigen alten Gebäudes mit seiner großen religiösen Bedeutung auch nur in Erwägung ziehen, besonders nachdem die Deutschen behaupteten, daß es weder besetzt noch taktisch wichtig sei?
Selbst wenn man unterstellt, daß die Propagandaexperten ein wenig zu dick auftrugen, lösten die empörten deutschen Protestschreie dennoch ein ungutes Gefühl in vielen Herzen aus. Während der ersten Tage des Monats Februar erging man sich im Hauptquartier der Fifth Army in langen Betrachtungen, inwieweit der deutschen Versicherung Glauben zu schenken sei, daß sich keiner ihrer Soldaten innerhalb des Klosters befände. Schlüssige Beweise gab es weder für die eine noch die andere Behauptung, und nichts spricht dafür, daß die Wahrheit je ans Licht kommen wird.
Und sollte sie dennoch eines schönen Tages noch enthüllt werden, so kommt sie zu spät, um den alliierten Generalen bei der Lösung des Dilemmas zu helfen, dem sie sich 1944 gegenübersahen.
Die einfache und nackte Wahrheit aber war, daß das Kloster im Zentrum der deutschen Cassinostellung auf der beherrschenden Höhe stand. Das Deutsche Oberkommando hatte die beste Stelle ausgewählt, von der aus dem alliierten Vorteil begegnet werden konnte, unangefochten aus der Luft in alle Bodenfalten des Schlachtfelds zu spähen. Das deutsche Artillerie- und Granatwerferfeuer konnte aber nur von den höchsten Bergspitzen geleitet und an alle Gefahrenpunkte dirigiert werden, weshalb N. C. Phillips auch schrieb: »Nachdem der Feind sich entschieden hatte, auch

den Monte Cassino in sein Verteidigungssystem einzubeziehen, wurde das Gebäude auf dessen Gipfel ganz zwangsläufig zu einem legitimen Ziel. Die Verteidigung des Berges mochte zwar unter Aussparung des höchsten Punktes möglich sein, nicht jedoch seine Einnahme. Der Krieg kennt keine neutralen Zonen.«

Auf alliierter Seite vermochten sich die Generale nicht zu einigen, ob die Abtei nun zerstört werden sollte oder nicht. General Mark Clark, zum Beispiel, war dagegen. Er sowie auch andere, waren vielmehr daran interessiert, stichhaltiges Beweismaterial in die Hand zu bekommen, aus dem hervorging, ob die Deutschen nun in dem Kloster waren oder nicht. Mark Clarks direkte Untergebene, die Generale Keyes und Ryder, teilten diese Auffassung und hielten die Bombardierung des Klosters für unnötig, obwohl – wie bereits zuvor festgestellt – die amerikanischen Offiziere und Soldaten in unmittelbarer Nähe desselben sich deshalb empörten.

Bis zum 12. Februar bestand weder ein fester Plan, noch war irgend eine Entscheidung gefallen. Schließlich wurde die Angelegenheit durch General Tuker zur Entscheidung gebracht, nachdem dieser erfahren hatte, daß seine Division für die Erstürmung des Klosterbergs ausersehen war. Sein Schreiben an den Kommandierenden des Neuseeländischen Korps begann mit den Worten: »Nach beträchtlicher Mühe und dem Durchstöbern vieler Verkaufsstände in Neapel ist mir endlich ein Buch aus dem Jahr 1879 in die Hand gefallen, aus dem gewisse Einzelheiten über den Bau des Klosters Monte Cassino hervorgehen.« Er fährt sodann mit der Beschreibung der gewaltigen Ausmaße fort, dem Vorhandensein von nur einem Eingang durch ein riesiges Tor, dem soliden Mauerwerk von 5 m Höhe und einer Basisstärke von mindestens 3½ Metern. Schildert, wie die Abtei im XIX. Jahrhundert als Festung mit Schießscharten in den Mauern errichtet wurde. Tuker vertrat die Auffassung, daß lediglich überschwere Fliegerbomben, d. h. »Wohnblockknacker«, mit einer derartigen Anlage fertig werden würden. Der Bericht endet mit einem gewissen bitteren Unterton, in dem er darauf hinweist, daß einer Truppe, von der man die Einnahme einer derartigen Bastion erwartet, die Unterlagen darüber eigentlich zur Verfügung gestellt werden sollten, »anstatt daß man sich bei den Buchhändlern von Neapel Informationen besorgen muß, die von Rechts wegen schon seit Wochen hätten erörtert werden müssen«.

General Freybergs Reaktion darauf war ein unverzüglicher Anruf bei Clarks Chef des Stabes, dem er sagte: »Ich möchte, daß das Kloster angegriffen wird.« Dies setzte eine ganze Reihe von Unterhaltungen über Funksprech und Telefon in Gang, welche zwischen Clark (oft in Anzio) und Alexander im Hauptquartier der 15 Army Group sowie Freyberg in seinem vorgeschobenen Gefechtsstand bei Cassino geführt wurden. Freyberg wurde gebeten, noch einmal zu bestätigen, daß er die Bombardierung für eine Notwendigkeit hielte. Nachdem dies geschehen war, stimmte Mark Clark zögernd diesem Plan zu und reichte diesen an General Alexander weiter, seinen Oberkommandierenden in Italien. Die Kommandeure der Einsatzverbände, die binnen weniger Tage beim Versuch, den Monte Cassino zu stürmen, ihr Leben riskieren sollten, Freyberg und Tuker, waren der einhelligen Meinung, daß der Großeinsatz aller Waffen gegen das Kloster eine militärische Notwendigkeit sei. Dies genügte Alexander, vertrat er doch die Auffassung, daß seine Verpflichtung der Angriffstruppe gegenüber den Vorrang vor etwaigen sonstigen Bedenken besaß. Ruhig und fest schloß er sich dem Antrag an. Das Kloster würde bombardiert werden.

Es spricht sehr für General Alexander, daß er stets daran festgehalten hat, daß es für ihn als Oberbefehlshaber keine andere Entscheidung hätte geben können. Achtzehn Jahre später schrieb er in seinen Erinnerungen: »Wenn Soldaten für eine gerechte Sache kämpfen und bereit sind, dafür Tod und Verstümmelung hinzunehmen, dann dürfen Ziegelsteine und Mörtel, wie ehrwürdig sie auch immer sein mögen, gegen Menschenleben nicht ins Gewicht fallen. Jeder gute Kommandeur muß auf die Moral und die Gefühle seiner kämpfenden Truppe Rücksicht nehmen und, nicht minder wichtig, diese Truppe muß ihr Schicksal in der Hand eines Mannes wissen, dem sie voll vertrauen kann. Wie durfte man ein Gebäude stehen lassen, welches das Schlachtfeld beherrschte? Das Kloster mußte zerstört werden.« Ähnlich, wenn auch auf weit niedrigerer Ebene, äußerte sich der junge amerikanische Lieutenant H. L. Bond, indem er schrieb: »Wenn die Wahl zwischen einem Museumsgegenstand und dem Leben junger Männer getroffen werden muß, bedarf es keiner langen Debatten, obwohl die Abtei im Glauben an die Menschenwürde und die individuellen Werte errichtet worden war.« Weiter fährt er dann fort, daß die müden amerikanischen Infanteristen angesichts der Bombardierung in Freudenschreie ausgebrochen seien.

Doch genug der Debatte. Der Krieg – und zwar jeder Krieg – bringt eine allgemeine Brutalisierung mit sich, und die Bedeutung eines alten Gebäudes tritt rasch hinter dem Wunsch zurück, zu überleben und zu siegen. Man muß den Skrupeln General Mark Clarks Respekt erweisen, denn innerlich zugestimmt hat er dieser Entscheidung nie und hielt s. Z. damit auch nicht hinter dem Berg. Andererseits besaß er aber auch keinen direkten Kontakt zur kämpfenden Truppe bei Cassino und vermochte nicht zu beurteilen, mit welcher Bitterkeit und Verständnislosigkeit sie auf die befohlene Schonung des Klosters reagierte. Seine vordringlichste Sorge galt Anzio, so daß ihm die Stimmung der Landser im Cassinoabschnitt wahrscheinlich entging.

Nachdem die Entscheidung einmal getroffen war, nahmen die Planungsarbeiten für den Bombengroßeinsatz sehr rasch Gestalt an. Der Chef des Stabes der Fifth Army, General Gruenther, bat die Luftwaffe, die Bombardierung des Klosters bereits am darauffolgenden Morgen vorzunehmen, d. h. am 13. Februar, doch machte schlechtes Wetter eine Verschiebung erforderlich.

Am Nachmittag des 14. Februar schoß die Artillerie Flugblätter mittels Propagandamunition in die Nähe des Klosters. Diese hatten folgenden Inhalt: »Italienische Freunde, *Hütet euch!* Wir haben bis jetzt mit äußerster Sorgfalt vermieden, das Kloster zu beschießen. Die Deutschen haben sich das zunutze gemacht, doch sind die Kämpfe jetzt immer näher an die geweihte Stätte gerückt. Es ist so weit, daß wir unsere Kanonen nunmehr gegen das Kloster selber richten müssen. Wir warnen Sie, damit Sie sich in Sicherheit bringen können. Wir raten Ihnen dringend, das Kloster zu verlassen, und zwar sofort. Beachten Sie diese Warnung! gez. *Die Fifth Army.*«

Diese Botschaft löste verständlicherweise bei den Mönchen und Flüchtlingen eine Panik aus. Viele stürzten sogleich davon, um in nahebei gelegenen Höhlen Unterschlupf zu suchen, andere wiederum verkrochen sich in tief gelegenen Schutzräumen, während eine dritte Gruppe sich dem Schutz des Allmächtigen anvertraute und in der Basilika zurückblieb. Gott würde ihr Gebet erhören und nicht zulassen, daß die Grabstätte des heiligen Benedikt der Zerstörung anheimfiel.

Durch den Abt wurden die Deutschen unterrichtet, welche zusicherten, die Mönche und Flüchtlinge in der Nacht vom 15. auf den 16. Februar zu evakuieren. Doch die Ereignisse entwickelten sich schneller als der deutsche Plan, da das Wetter am 14. Februar aufklarte und die Alliierten sich daraufhin entschlossen, mit der Bombardierung am 15. Februar um 09.30 Uhr zu beginnen.
Ausgelöst wurde im Hauptquartier der Fifth Army die rasche Entscheidung zum Bombenangriff durch die kritische Lage bei Anzio, wo General von Mackensens Offensive begonnen hatte und den Landekopf jetzt selbst bedrohte. Die Luftwaffe sollte daher auch ihren Auftrag bei Cassino so schnell wie möglich ausführen, um anschließend in dem bedrohten Kampfgebiet von Anzio voll verfügbar zu sein. Leider zeigt sich hierbei aber, daß sich die Fifth Army nicht weiter darum kümmerte, ob Freyberg auch ausreichend Zeit zur Verfügung stand, um den Angriff des Neuseeländischen Korps mit der Bombardierung zu koordinieren.
Freyberg selber muß den Bombenabwurf wohl mehr als eine Extraeinlage betrachtet haben, als einen Versuch, die Dinge zu forcieren, denn es läßt sich keinerlei Anhalt finden, aus dem hervorgehen würde, daß er auf eine Verschiebung der Bombardierung hingewirkt hätte, um auch mit den Erdkampftruppen rechtzeitig bereit zu sein. Wie die Dinge indessen lagen, waren seine Soldaten für den gemeinsamen Angriff mit den Luftstreitkräften ganz einfach nicht fertig.
In der Zwischenzeit hatte die Fourth Indian Division – jetzt jedoch ohne General Tuker – in den frühen Morgenstunden des 14. Februar die vorgeschobene amerikanische Gebirgsstellung übernommen. Was sie hierbei vorfand, war schlimm und abschrekkend: wohin man sah, umherliegende Gefallene. Verschiedentlich waren die Amerikaner dermaßen erschöpft, daß mehr als fünfzig von ihnen auf Tragbahren zu Tal gebracht werden mußten. Noch alarmierender war der Umstand, daß die Einheiten der 7 Infantry Brigade bei der Ablösung feststellen mußten, daß sich die Höhe 593 fest in deutscher Hand befand, obwohl die Karten auf dem Gefechtsstand der 34th besagten, daß die Felsspitze von eigenen Truppen besetzt sei!
Im kalten trüben Licht des 14. Februar betrachteten die Fourth Division und insbesondere die 7 Infantry Brigade die sich darbietende Lage nicht allzu optimistisch. Der Kommandeur der 1 Royal

Sussex, Lt. Col. J. Glennie, vermerkte in seinem Tagebuch: »Wir wurden daher von allen Seiten vom Gegner eingesehen, wir besaßen keine Reserverationen, und noch nicht einmal jeder Mann hatte eine Decke ... weiter rückwärts versuchte man zwar alles, um Nachschub nach vorne zu bringen, aber der Mangel an Maultieren und die Länge des täglichen Anmarschweges – im Dunkeln jeweils elf Kilometer hin und zurück – sowie das schwere Artillerie- und Granatwerferfeuer auf den Maultierpfaden, all das trug dazu bei, daß die Versorgungslage kritisch blieb.«
Spähtrupps wurden losgeschickt, um sich mit der Umgebung ein wenig vertraut zu machen und Orientierungspunkte festzulegen, zogen aber bereits nach wenigen Metern das gegnerische Feuer auf sich.
Die vordersten deutschen Sicherungen der Höhe 593 lagen noch keine 60 m entfernt. Es gab keinen Raum, zur Entwicklung, keine Deckung, hinter der die Angreifer sich hätten bereitstellen können, und keine Zeit, zur örtlichen Umdisposition. Major General Howard Kippenberger bemerkte hierzu in seinem Buch: »Der arme Dimoline (der mit der Führung beauftragte Kommandeur der 4. Division) brachte seine Männer nur unter äußersten Schwierigkeiten in die Ausgangsstellung.« Mit welchen Schwierigkeiten er ringen mußte, begriff ich eigentlich erst später, als ich nach dem Kriege die Gegend noch einmal abging. Er veranlaßte mich, General Freyberg um einen gemeinsamen Vortrag zu bitten, dem er vor Augen führen wollte, daß seine Aufgabe nicht durchführbar sei und man die Schwierigkeiten nicht erkannt hätte. Der General lehnte unser gemeinsames Erscheinen aber ab und sagte mir, daß er keinen »Sowjet der Divisionskommandeure« dulden würde.
Kein Kommandierender General eines Korps hat es gerne, wenn unterstellte Generale ihn »überfallen« wollen, doch in diesem Fall war Freybergs Weigerung, Kippenberger und Dimoline zu empfangen, ein Fehler, denn von den Schwierigkeiten, denen sich die Fourth Indian Division bei der Bereitstellung zum Angriff gegenübersah, machte er sich wirklich nicht die richtige Vorstellung. Es überrascht daher nicht, wenn der Armeeoberbefehlshaber, Mark Clark, in sein Tagebuch schrieb, daß die Forth Indian sich nur zögernd entfaltet und lediglich in kleinen Gruppen angegriffen hätte, obzwar die Lage dringend nach einem konzentrierten und aufeinander abgestimmten Einsatz starker Verbände verlangte –

wozu leider aber weder er noch Freyberg die erforderliche Zeit gewährten.
Der Morgen des 15. Februar brach mit wolkenlosem Himmel und günstigen Vorzeichen für die Luftwaffe an. Sowohl die Deutschen als auch die verschreckten Klosterbewohner spürten, daß ein Bombenangriff in der Luft lag. Und dieses Gefühl sollte nicht trügen. Um 09.30 Uhr erschien die erste Welle der riesigen Bomberflotte über dem Kloster auf dem Monte Cassino.
Genau fünfzehn Minuten vorher hatte eine Eilmeldung Brigadier Lovett im Gefechtsstand der 7 Brigade erreicht, in der es hieß, daß die Bomber unterwegs seien. Kein Wunder also, daß der Kommandeur der Royal Sussex voller Bitterkeit und Enttäuschung hierzu bemerkte: »Die Mönche haben sie verständigt und den Gegner informiert, wir aber erfahren nichts.«
Alle Auseinandersetzungen vor und nach der Bombardierung waren jetzt bedeutungslos geworden, gemessen an der unausweichlichen Tatsache, daß sich die schwerwiegende Entscheidung, das Kloster auszuradieren, durch den Mangel an Zusammenarbeit zwischen den Luft- und Erdkampftruppen praktisch als wirkungslos erwies. Eine großartige Gelegenheit, den harten Kern der deutschen Verteidigungsstellung aufzubrechen, war vertan worden.
Der Zeitplan für den Bombenabwurf hatte sich nach den Launen des Wetters gerichtet und nicht nach der Bereitschaft der Fourth Indian Division, hinter diesem Feuerschlag ebenfalls wohlvorbereitet anzutreten.
Diesen tragischen Fehler mußten die im Schatten des Klosters kämpfenden Soldaten ausbaden. Sie waren es, die für die Torheit ihrer Vorgesetzten die Zeche zu bezahlen hatten.

9.

Die Zweite Schlacht beginnt

Die Bombardierung war ein eindrucksvolles, Staunen auslösendes Schauspiel, richtete sich mit großer Präzision gegen das Kloster und stieß lediglich auf vereinzelte Flakfeuer. Die alliierte Luftwaffe erwies der Benediktinerabtei die gebührende Ehre, indem sie, eine Welle nach der anderen, von 09.30 Uhr bis 13.30 Uhr mit insgesamt 255 Kampfflugzeugen über dem Ziel erschien. Der wütende Brigadier Lovett schrieb auf seinem Gefechtsstand nieder: »In diesem Augenblick wurde ich an den Fernsprecher gerufen und verständigt, daß die Bomber in fünfzehn Minuten dasein würden. Darauf platzte mir der Kragen, doch als ich zu sprechen begann, ging meine Stimme bereits im Dröhnen der Flugzeuge unter, und die ersten Eier regneten herab.«

Nahe der Höhe 593 beschrieb der Kriegstagebuchführer eines indischen Bataillons, des 4/16 Punjab-Regiments, den Bombenabwurf wie folgt: »Wir traten an die Tür unseres Gefechtsstandes, eines verlassenen Bauernhauses, und starrten in den blaßblauen Himmel. Dort waren die Kondenzstreifen vieler hoch fliegender Kampfflugzeuge zu erkennen. Erst dachten wir, es seien feindliche, doch dann rief jemand ›Flying Fortresses‹, und schon kurz darauf hörte man es pfeifen und rauschen, als die ersten Maschinen das Kloster angriffen. Das Zittern der Erde hatte sich noch nicht beruhigt, als bei uns auch schon die Telefone klingelten. Eine unserer Kompanien lag bis auf 300 m am Ziel, eine andere 700 Meter. Alle hatten etwas abgekriegt und die Fragen, die sie stellten, erfolgten in keinem allzu freundlichen Ton. Eine Erklärung konnten wir aber auch nicht geben, nur den Rat ›die Ohren anzulegen und den Kopf einzuziehen‹. Glücklicherweise erwiesen sich die Ausfälle bei den beiden Punjab-Kompanien als nicht schwerwiegend. Zumeist handelte es sich um Hautabschürfungen durch Steintrümmer, welche vom Kloster in alle Himmelsrichtungen und auf große Entfernung durch die Luft flogen.«

General Mark Clark lehnte es ab, sich den Bombenabwurf mitanzusehen; statt dessen saß er in seinem Gefechtsstand und konzentrierte sich auf die Meldungen aus Anzio.

Seine Gedanken wurden jedoch durch sechzehn Bomben jäh unterbrochen, welche ein amerikanisches Kampfflugzeug versehentlich ausgeklinkt hatte, und von denen einige in die Nähe des Gefechtsstands fielen, Gott sei Dank aber ohne Schaden anzurichten. Inzwischen fuhr die Masse der Maschinen mit der Pulverisierung des Klosters fort, wobei die Fortresses aus 6000 m Höhe und die mittleren Bomber aus 3500 m warfen, die letzteren hierbei wesentlich genauer. Das Dach des Klosters wurde weggeblasen und das Innere des Gebäudes völlig ausgehöhlt, obwohl es im Gegensatz zu der Annahme der Experten nicht gelang, die mächtigen Mauern vollständig zu zerstören.

Der im Schutz des Klosters zurückgebliebene Abt, seine um ihn gescharten Mönche und die noch anwesenden Flüchtlinge hielten die Stunde ihres Todes für gekommen. Voller Entsetzen knieten sie im Gebet, während nicht nur das Kloster schwankte, sondern auch der gesamte Berg erzitterte, als läge er in den konvulsivischen Zuckungen eines gigantischen Erdbebens. Eine große Zahl von Flüchtlingen wurde unter den Trümmern begraben. Genaue Zahlen liegen nicht vor, doch schätzt man die Zahlen auf ein- und dreihundert.

Etwa gegen 13.45 Uhr trat Ruhe ein, und das Inferno schien vorüber zu sein. Der Abt kletterte mit den überlebenden Mönchen ins Freie, und sah sich hier dem Schauspiel einer ungeheuren Zerstörung gegenüber. Die einst so herrliche Basilika stand nicht mehr. Lediglich zertrümmerte Säulenstümpfe legten noch Zeugnis davon ab, daß hier einmal eine gewaltige Anlage mit allen ihren Kunstschätzen gestanden hatte, Trümmer und Steinbrocken waren hochaufgeschichtet und bedeckten allerorts die vertraute Landschaft. Nichts hätte die Sinnlosigkeit des Krieges deutlicher machen können als dieses Bild der Vernichtung. Aber die Zeit der

schweren Prüfung war für diese hilflosen Menschen noch nicht vorüber, denn heulend und krachend setzte jetzt die Artillerie ein und trieb die Überlebenden erneut unter die Erde.
Churchill schrieb später: »Nachdem man die Mönche rechtzeitig gewarnt hatte, wurden am 15. Februar 450 t Bomben abgeladen und schwerer Schaden angerichtet.
Die stärkeren Mauern sowie die Einfahrt blieben stehen.« (Tatsächlich blieb das riesige Tor bis zum letzten Kampftag unbeschädigt.) Churchill schloß mit der Feststellung: »Das Ergebnis war nicht sehr gut.« Wie vorauszusehen, hatte man das Gebäude in einen Schutthaufen verwandelt, der sich ideal zur Verteidigung eignete. An sich wäre das nicht so schlimm gewesen, hätte das Neuseeländische Korps mit seinem Angriff gleich nachstoßen können. Nichts dergleichen geschah jedoch während der Tagesstunden des 15. Februar; vielmehr waren es die Deutschen, welche schnell und wirkungsvoll auf die neue Lage reagierten.
Zunächst einmal evakuierten sie am 16. Februar Gregario Diamare (den Abt des Klosters) nebst allen Überlebenden. Ein langes Kruzifix mit ausgestreckten Armen in die Höhe haltend, führte der achtzigjährige Gottesmann die ihm verbliebenen Schäflein aus den Ruinen und den Berg hinunter, wo die Deutschen ihm einen rasch improvisierten Empfang bereiteten. Dr. Göbbels machte sich die Gelegenheit natürlich zunutze und verbreitete über den Rundfunk eine vom Abt im unmittelbaren Anschluß an die Bombardierung unterzeichnete Erklärung, in der es heißt: »Ich versichere wahrheitsgemäß, daß sich zu keinem Zeitpunkt deutsche Soldaten innerhalb der Mauern des geheiligten Klosters von Cassino befunden haben; nur drei Militärpolizisten haben sich zeitweilig dort aufgehalten, um die Einhaltung der um das Kloster festgelegten neutralen Zone zu überwachen. Aber auch sie wurden vor zwanzig Tagen wieder zurückgezogen.«
Als nächstes ließen die Deutschen Soldaten der Fallschirmjägerdivision in den Überresten des Klosters in Stellung gehen. Hierzu General von Senger: »Wir waren jetzt in der Lage, die Abtei ohne Skrupel besetzen zu können. Ruinen eignen sich ja besonders gut zur Verteidigung. Dieser beherrschende Stützpunkt sollte sich in allen nachfolgenden Kämpfen bezahlt machen.« Ohne den Streit über die Zerstörung des Klosters noch einmal eröffnen zu wollen, scheint doch offenkundig, daß die wendige deutsche Propaganda-

maschinerie sowie die unverzügliche Inbesitznahme des Klosters gleich nach dem Bombenangriff die Auffassung des deutschen Oberkommandos zum Ausdruck brachten, daß die Alliierten zu einem Angriff auf das Kloster gezwungen waren, wollten sie sich den Weg ins Lirital durch die Einnahme des Monte Cassino öffnen.

Während die Korpsartillerie die Überreste des Klosters für den Rest des Tages unter Feuer nahm, wurden hektische Versuche unternommen, um doch noch einen Infanterieangriff zur Ausnutzung der Bombenwirkung auf die Beine zu stellen. General Freyberg wollte hierzu nach Einbruch der Dunkelheit antreten lassen, wußte jedoch nicht, daß sich die Höhe 593 nach wie vor in deutscher Hand befand und kannte auch nicht die Schwierigkeiten, welche einer Bereitstellung der vordersten Teile der Fourth Division entgegenstanden. Der Führer der Fourth Division, Brigadier Dimoline, mußte feststellen, daß Brigadier Lovett von der 7 Brigade zum Antreten nur unter der Voraussetzung bereit war, daß zuvor die Höhe 593 ausgeschaltet würde. Dimoline blieb nichts anderes übrig, als dem zuzustimmen. Eine Handvoll Deutscher konnte mit ihren MGs und Granatwerfern von der Höhe 593 aus jeden Angriff auf das Kloster zum Scheitern bringen. Die Zeit war für beide Seiten kostbar, doch nutzten nur die Deutschen diese Tatsache aus. Schließlich traf Dimoline die Entscheidung, den eigentlichen Angriff der 7 Brigade um weitere vierundzwanzig Stunden zu verschieben, damit sich in der Zwischenzeit die Royal Sussex in den Besitz der Höhe 593 setzen konnten.

Dieser Entschluß mußte sich auf das gesamte Korps auswirken: Zunächst einmal direkt auf die betroffene Fourth Indian, aber natürlich auch auf die New Zealand Division, welche mit angespannten Nerven die Bombardierung verfolgt hatte und darauf vorbereitet war, im Anschluß daran gleich selber vorzustürmen. Ihre Reaktion auf die unerwartete Galgenfrist wurde auch durch die Vorstellung nicht leichter, daß jede weitere Verzögerung nur der deutschen Abwehrbereitschaft zugute kam.

Zunächst einmal waren alle Gedanken jetzt bei den Männern der Royal Sussex, von deren Erfolg im Kampf um die Höhe 593 alles weitere abhing. Lieutenant Colonel Glennie, der Kommandeur, mußte den Beginn der Dunkelheit abwarten, da sich tagsüber keiner regen konnte.

Da für die Entwicklung eines größeren Verbandes kein ausreichender Platz vorhanden war, entschied er sich für einen Angriff der C Company, mit insgesamt 3 Offizieren und 63 Unteroffizieren und Mannschaften. Diese von der 7 Brigade eingeleitete Eröffnungstaktik veranlaßte Mark Clark zu der Bemerkung: »Der Angriff kam nur mühselig in Gang und wurde nur tropfenweise durchgeführt, so daß der Gegner den ersten Stoß auffangen und das verlorene Terrain zurückgewinnen konnte.«

Ein ziemlich weit hinten sitzender Befehlshaber, dem die tatsächlichen Verhältnisse nicht bekannt waren, konnte zu einer derartigen kritischen Auffassung wohl kommen. Clark begriff ganz einfach nicht, daß der plötzliche Entschluß zur Bombardierung des Klosters ohne Rücksicht darauf, ob die Infanterie sich bereitgestellt hatte oder nicht, bei der Fourth Division, 7 Brigade und dem Royal Sussex ganz einfach zu zersplitterten Angriffen führen mußte. Die zweite Cassinoschlacht wurde wegen Anzio geführt, aber man hätte für den Landekopf mehr getan, wenn der Luftangriff auf den Monte Cassino später erfolgt wäre oder wenn die Bomberflotte nach dem Anzio-Einsatz noch einmal auf Cassino angesetzt worden wäre. Die verständnislose höhere Führung ignorierte die taktischen Erfordernisse weiter unten, weshalb man ihr auch nicht den Vorwurf ersparen kann, bereitwillig nach dem Angebot der Luftwaffe gegriffen zu haben, den Monte Cassino auszuschalten, ohne sich über das Wie und die Koordinierung von Flieger- und Erdkampfverbänden Gedanken zu machen.

Obwohl die C Company Royal Sussex sich mit alleräußerster Vorsicht vorarbeitete, war es dennoch nicht möglich, jegliches Geräusch zu vermeiden, zumal die wachsamen Deutschen ihnen keine 90 Meter gegenüberlagen. Sie hielten ihr Feuer solange zurück, bis die Briten tatsächlich schon glaubten, das Überraschungsmoment voll auf ihrer Seite zu haben, doch dann – auf ein Zeichen hin – zischten die MG plötzlich im Dauerfeuer los und regneten Stielhandgranaten auf die vorrobbenden Angreifer herab. Alle Anstrengungen waren vergebens: sie wurden am Boden festgenagelt. Und während ihnen jetzt schnell die für den Nahkampf so wichtigen Handgranaten ausgingen, schienen die Deutschen einen unerschöpflichen Vorrat davon zu besitzen.

Die Deutschen waren in jeder Weise im Vorteil, und als die C Company unter Major Dalton schließlich zurückbeordert wurde,

wies sie insgesamt vierunddreißig Ausfälle auf.
Die Folgen dieses Rückschlags standen in überhaupt keinem Verhältnis zur Zahl der eingesetzten Soldaten bzw. der erlittenen Verluste, die für die betroffene Kompanie ungewöhnlich hoch waren. An eine Wiederholung des Angriffs bei Helligkeit war auch am nächsten Tage nicht zu denken, und die Lehren aus dem mißlungenen Nachtunternehmen zeigten ganz eindeutig, daß mehr als eine Kompanie erforderlich war, wollte man die Höhe 593 nicht nur nehmen, sondern auch gegen deutsche Gegenangriffe halten. Eine Überraschung schied aus, dazu lag man sich zu nah gegenüber. Aber Handgranaten mußten in großen Mengen nach vorne geschafft werden, sollten die Sussex sich gegen die zähen Fallschirmjäger behaupten. Selbst wenn es gelang, den Kalvarienberg zu nehmen, waren zum Halten starke Eingreifreserven erforderlich. Nachdem die Nacht zum 16. Februar vorüber war, dämmerte zugleich auch die Erkenntnis, daß jeder weitere Angriff in Bataillonsstärke zum Scheitern verurteilt sein würde. Der Kalvarienberg, wie die Deutschen ihn nannten, bzw. die Höhe 593, konnte von einem Bataillon alleine weder genommen noch gegen unverzügliche Gegenstöße gehalten werden.
Im Verlauf des 16. Februar griffen Jagdbomber die Trümmer des Klosters erneut an, während die Offiziere der Royal Sussex ihre um 11.00 Uhr empfangenen Befehle studierten und den Rest des Tages mit der Angriffsplanung und Einweisung ihrer Männer verbrachten. Colonel Glennie war über den bereits für die nächste Nacht vorgesehenen erneuten Angriff höchst unglücklich. »Wir benötigten 48 Stunden für Erkundung, Planung, Munitionsbevorratung etc. Schrägaufnahmen von unserem Angriffsziel waren dringend erforderlich, doch nicht vorhanden. Wir schafften es trotzdem, weil man uns a) immer wieder einhämmerte, daß wir etwas tun müßten, um Anzio zu entlasten, wo der Landekopf kurz vor dem Zusammenbruch stand, und b), weil wir bisher eigentlich immer Erfolg gehabt hatten. Wir besaßen das auch der übrigen Fourth Division eigene Überlegenheitsgefühl, und Schwierigkeiten pflegten uns gemeinhin keine Kopfschmerzen zu bereiten.«
Den Kopf zerbrachen sich die Royal Sussex nicht, aber völlig zu Recht bestand Glennie auf einer Verschiebung des Unternehmens, wollte er doch unbedingt das Eintreffen der Tragtierkolonne mit den kostbaren Handgranaten abwarten. Da die Maultiere sich ver-

späteten, mußt der Angriff zweimal verschoben werden, und als sie dann schließlich eintrafen, hatten sie auch nur die Hälfte der angeforderten Munition dabei. Diese wurde unverzüglich an die Sturmkompanien ausgehändigt, und um Mitternacht ging es los.
Wegen der engen Verzahnung von Freund und Feind waren die alliierten Kanoniere außerstande, die Höhe 593 unter Feuer zu nehmen bzw. auszuschalten. So beschossen sie statt dessen Ausweichziele, welche weiter rückwärts und an den Flanken lagen. Aber auch hierbei wurde die eigene Truppe derart niedrig überschossen, daß viele Granaten an den Bergkämmen hängenblieben und Verluste in der Sturmausgangsstellung verursachten. Dies führte bereits vor Angriffsbeginn zu einem gewissen Durcheinander. Was dann folgte, war praktisch eine Wiederholung des Angriffs der C Company. Die Deutschen ließen den Gegner wieder bis auf kürzeste Entfernung auflaufen, bevor die Musik der MG 42 einsetzte und ein Schauer von Handgranaten den Briten zwischen die Beine flog. Hinter kugelsicheren Mauern aus geschichteten Steinen und aus Einmanndeckungslöchern unter großen Steinplatten feuerten die Deutschen aus allen Knopflöchern und wiesen die britischen Angreifer ab.
Unterstützt von einem Zug der A Company kämpfte sich die D Company von links um die Höhe 593 herum. Zwar wurden sie hier von einer zwölf Meter breiten Felsspalte aufgehalten, doch gelang der kleinen Gruppe der Aufstieg bis zum höchsten Punkt, wo es zu einem erbitterten Handgemenge kam. Die Deutschen warfen ohne zu zögern Eingreifsreserven nach vorn, welche sich sofort am Nahkampf beteiligten. Schließlich herrschte ein derartiges Durcheinander, daß die Lage sich nicht mehr überblicken ließ.
Aber nicht nur außer Kontrolle geriet die Situation, sondern auch die Munitionsvorräte schmolzen zusammen, und den Briten gingen von neuem die Handgranaten aus.
Glennie entschloß sich daraufhin, die als Reserve zurückgehaltene B Company einzusetzen, welche ursprünglich dazu ausersehen war, die eingenommene Höhe 593 zu halten und weitere Sicherungen vorzuschieben. Kurz vor Tagesanbruch versuchte die Kompanie erfolglos, und unter starken Verlusten, sich zwischen den beiden anderen Kompanien einen Weg zum Gipfel hin zu erzwingen. Das nächtliche Durcheinander erreichte seinen Höhepunkt, nachdem die Deutschen drei grüne Leuchtkugeln geschossen hatten.

Einige Männer des Bataillons hielten dies für ein Rückzugssignal, und während sie mit dem Absetzen begannen, rissen sie noch andere mit sich. Doch zu diesem Zeitpunkt war der schlimme Ausgang sowieso schon unvermeidlich. Die Munition war knapp geworden, das erste Tageslicht zog herauf, und nirgends waren Deckungsmöglichkeiten gegen die Handgranaten und Maschinengewehre der Deutschen vorhanden, die mit zunehmender Helligkeit immer wirkungsvoller eingesetzt wurden. Der Angriff wurde eingestellt, nachdem man sich fürwahr blutige Köpfe geholt hatte. In der morgendlichen Verlustmeldung heißt es düster: Von den am Bataillonsangriff beteiligten 12 Offiziere und 250 Mann wurden 10 Offiziere und 130 Mann entweder getötet, verwundet oder gefangengenommen. Fügt man die Ausfälle der C Company noch hinzu, so hatte der CO Royal Sussex innerhalb von gut 24 Stunden 12 Offiziere und 162 Unteroffiziere und Mannschaften verloren.
Lieutenant Colonel Glennie faßte dies wie folgt zusammen: »Das Bataillon stand in einem schweren Kampf gegen einen äußerst entschlossenen Gegner, welcher die Nacht, bekanntes Gelände und eine ideale Abwehrstellung auf seiner Seite hatte.« Diese beiden fehlgeschlagenen Versuche eines vorzüglichen Bataillons, eine vorgeschobene Feindstellung zu nehmen, machten zumindest die Schwierigkeit der Aufgabe offenkundig, mit der die Fourth Division in den Bergen rechnen mußte. General Freyberg war es auf alle Fälle leid, mit nur einem Bataillon der 7 Brigade an der Außenverteidigung des Feindes herumzukratzen, weshalb er sich entschloß, nunmehr das gesamte Korps zu dem von Anfang an geplanten Zangenangriff einzusetzen, an dessen Ende die Einnahme des Monte Cassino stehen sollte.
Waren die Briten entsetzt, so zeigten sich die Deutschen über die unentschlossene Kampfführung verwundert, welche nach der Bombardierung vom 15. Februar Platz griff und sich erst drei Tage später durch das geschlossene Antreten des Korps ändern sollte. Hierzu General von Senger: »Die Kampfpause zog sich weiter hin, so daß der taktischen Einleitung durch die Zerstörung des Klosters keine weitere Bedeutung zuzukommen schien.« Die wichtigsten Gründe für diese Verzögerung sind bereits erwähnt worden: Das absolute Unvermögen, den Angriff der Luft- und Erdkampftruppen miteinander in Einklang zu bringen – oder genauer – mit dem ersteren so lange zu warten, bis die Bereitstellung der letzteren

beendet war; die falsche Einschätzung der Schwierigkeiten durch Freyberg und seinen improvisierten Stab, denen sich die Fourth Division in bezug auf Bereitstellung und Nachschub gegenübersah, und als nicht zu überschätzender Umstand schließlich noch das Fehlen von General Tuker. Nichts gegen Brigadier Dimoline, welcher sich über Nacht vom Commander Royal Artillery zum Divisionskommandeur befördert sah, aber es liegt auf der Hand, daß er weder General Freyberg noch den übrigen Brigadekommandeuren der Fourth Division mit der gleichen Autorität gegenübertreten konnte.
Die New Zealand sowie die Indian Division traten in der Nacht zum 17. Februar unter Verhältnissen an, welche in beiden Fällen nicht die gesamte Schlagkraft zum Tragen kommen ließen. Die ganz besonderen Schwierigkeiten, welche bei der Indian Division in bezug auf die Ablösung der Amerikaner, Versorgung der vordersten Teile und Schaffen einer günstigen Sturmausgangsstellung auftraten, sind bereits behandelt worden. Aber auch die im Tal angesetzten Neuseeländer unter dem soeben zum Major General beförderten Howard Kippenberger sahen sich Problemen gegenüber. Die von den Deutschen vorgenommene Überflutung des Rapido-Tals ließ einen Angriff auf breiter Front nicht zu, weshalb eine Annäherung von Westen lediglich entlang des Bahndamms möglich war. Diesen hatte der Gegner stark vermint und stellenweise aufgerissen, so daß weder Panzer noch sonstige Unterstützungswaffen mit vorgezogen werden konnten, so lange nicht die Pioniere einen Weg freigemacht hatten. Obwohl Kippenberger den Angriff über den Fluß mit der gesamten 5 Brigade führen wollte, mußte dieser doch zunächst nur durch zwei Kompanien erfolgen, da bis zur Einnahme der Eisenbahnstation die Ausgangsbasis ganz einfach zu schmal war.
Über die sich hieraus ergebenden Schwierigkeiten schrieb Harold Kippenberger: »Daß ich bei meinem ersten Einsatz als Divisionskommandeur gleich mit einem derartigen Problem konfrontiert wurde, machte mich ein wenig unglücklich.« Er konnte eigentlich nur der 5 Brigade die Zügel freigeben und selber dafür sorgen, daß für deren Auftragserfüllung tatsächlich auch alle Hilfsmittel zur Verfügung standen. Artillerie auf Selbstfahrlafetten, MG und Granatwerfer wurden so weit wie möglich nach vorne gebracht, um die deutschen Verteidiger von Cassino – das Regiment 211 sowie

das 90. Panzergrenadierregiment – niederzuhalten und zugleich den Eindruck eines Angriffs auf breiter Front zu erwecken. Hierbei ging man von der Hoffnung aus, daß es der Spitze der 5 Brigade, dem 28 Maori Bataillon gelingen würde, sich schnell in den Besitz der Eisenbahnstation zu setzen, damit die Pioniere ihre Räumungs- und Instandsetzungsarbeiten noch vor Anbruch der Helligkeit beenden konnten. Nur wenn es den Panzern gelang, noch vor Tagesanbruch zu dem Maori-Bataillon aufzuschließen, bestand überhaupt eine echte Erfolgschance. Andernfalls war es höchst zweifelhaft, ob sich die Maori-Infanterie, allein auf sich gestellt, den ganzen Tag über würde behaupten können. Die Aussichten standen 50:50 und hingen im weiteren Verlauf auch weitgehend von der Entwicklung der Kämpfe um den Klosterberg ab.

Es herrschte eine kalte und windige Nacht, als die beiden Kompanien des Maori-Bataillons sich um 21.30 Uhr in Bewegung setzten. Unter heftigem Granatwerfer- und MG-Feuer glitten sie in der Dunkelheit vorwärts und kämpften sich durch Stacheldraht und Minenfelder zum nachhaltig verteidigten Bahnhofsgebäude vor.

Dieses wurde nach schneidigem Angriff gegen Mitternacht genommen, doch blieben ein nördlich davon gelegenes Blockhaus sowie ein Hügel weiter südlich nach wie vor in deutscher Hand. So weit, so gut, aber die Einnahme des Stationsgebäudes hatte nur dann einen Sinn, wenn es den hinter den Maori folgenden Pionieren gelang, noch vor Tagesanbruch einen Weg für die Panzer zu schaffen.

Diese arbeiteten die ganze Nacht über voller Hingabe, doch ungeachtet der hohen Verluste an Offizieren und Mannschaften sollten all ihre Bemühungen umsonst sein. Zwar wäre es ihnen um ein Haar fast gelungen, ein wichtiges Hindernis zu überbrücken, doch vermittels ihrer auf den Bergen sitzenden Beobachter machten die Deutschen sie aus und trieben die Pioniere in Deckung. General Kippenberger mußte sich jetzt entscheiden oder er angesichts der den Bahnhof Cassino überragenden Berghänge künstlichen Nebel einsetzen sollte, um so die Arbeit seiner Pioniere zu verschleiern. Er wußte, daß Nebel eine zweischneidige Waffe sein konnte, welche gegebenenfalls den Deutschen ermöglichen würde, ungesehen von der alliierten Artillerie zu einem Gegenangriff anzutreten. Er zögerte nicht lange und entschloß sich für Nebel und für den Schutz seiner Männer.

Kurz nach 07.00 Uhr ging die Sonne auf und um 17.30 Uhr wieder unter. Nahezu elf Stunden saßen die beiden Maori-Kompanien in der Klemme und waren allein auf sich angewiesen. Die eigene Artillerie schoß zwar auf Anforderung sofort, doch meist nicht genau, und der dicke Nebel bewegte sich nach der Laune des Windes. Nachdem der erste feindliche Gegenangriff abgewiesen werden konnte, wurden die Maori durch schweres Granatwerferfeuer eingedeckt. Im weiteren Verlauf waren sie fortgesetztem MG- und Mörserfeuer ausgesetzt, welches zumeist vom Klosterberg kam, während die tapferen Pioniere sich verbissen mühten, trotz der gefährlichen und ungemütlichen Situation ihre Arbeit zu beenden.
Verstärkungen konnten nicht bis zu der Bahnstation vordringen, und auch die Nebelmunition ging zur Neige, nachdem von vorne immer dringender neuer Beschuß angefordert wurde.
Nachdem sie aber dennoch bis über Mittag gehalten werden konnte, wuchsen die Hoffnungen auf dem Gefechtsstand der Neuseeländischen Division erneut. Während sich die Stunden dahinschleppten, trafen aber auch neue Meldungen ein, wonach die Deutschen einen starken Gegenangriff gegen die abgeschnittenen Maoris vorbereiteten.
Kurz nach 14.00 Uhr traten die Deutschen mit zwei Panzern in Richtung auf die Bahnstation an, gefolgt von Einheiten des Infanterieregiment 211, welche unter starkem Feuerschutz entlang der Bahnlinie vorgingen. Kurz darauf hatten die deutschen Kampfwagen den Bahnhof erreicht und den dortigen Zug Maori überrannt. Da sie über keinerlei Panzerabwehrwaffen verfügten, zogen sich die Überreste der beiden Kompanien auf ihre Ausgangsstellung zurück. Das Unternehmen war damit gescheitert, und zwischen 16.00 und 19.00 Uhr trafen die rund 200 Überlebenden der vormaligen Angriffsgruppe wieder auf dem anderen Rapido-Ufer ein. Hundertunddreißig Ausfälle bei der Infanterie und dreißig bei den Pionieren waren die Bilanz.
Indessen läßt sich der ungute Gedanke nicht unterdrücken, daß auch ein Erfolg der Maori den Durchbruch ins Lirital nicht erzwungen haben würde. Der Monte Cassino beherrschte nach wie vor die Szenerie, überragte die Bahnstation um rund 600 m und ließ jede Bewegung dort erkennen.
Nachdem in den Bergen der Angriff der 7 Brigade gescheitert war,

hatte auch der Ansatz der Maori auf Cassino nicht mehr viel Sinn, auch wenn diese dabei erneut ihren guten Ruf bestätigten. Übrig blieb zum Schluß nur ein kleiner Brückenkopf über den Rapido, welcher für den Gesamtverlauf der Cassinoschlacht jedoch ohne Bedeutung war.

10.

Die Zweite Schlacht wird beendet

Am 17. Februar, in der gleichen Nacht, in welcher die Maori ihren Angriff vortrugen, machten sich auch drei Bataillone der Fourth Indian Division fertig, um ihrerseits in die Kämpfe um den Monte Cassino einzugreifen. Angesichts des beengten Bereitstellungsraums handelte es sich bei dem Plan praktisch nur um eine Wiederholung des amerikanischen Versuchs, lediglich in etwas größerem Maßstab. Für diesen Frontalvorstoß bot sich dem Brigadekommandeur keine andere Alternative an, und auch der Verfasser hätte keinen abweichenden Vorschlag machen können, als er ein Vierteljahrhundert später die Szenerie noch einmal betrat. Da Brigadier Lovett darüber hinaus von seinem Kommandeur auch den Auftrag hatte, das Kloster direkt anzugreifen, blieb ihm überdies keine Wahl.

Das 4/6 Rajputana Rifles der 11 Indian Brigade sollte über den von den Royal Sussex gehaltenen Abschnitt hinaus zum Sturm auf die Höhe 593 antreten und wenn möglich bis zum Snakeshead Ridge weiter vorstoßen. Dann, um 02.15 Uhr im Licht des aufgehenden Mondes, sollten zwei Gurkha-Bataillone – das 1/2 und 1/9 Gurkha Rifles – den Klosterberg direkt angreifen, den mit Felsblöcken übersäten Ellenbogen des Snakeshead Ridge überqueren, und sich links am nunmehr berüchtigten Punkt 593 weiter vorarbeiten. Gelang dieser Ansatz, dann sah der Plan den Angriff zweier Bataillone der 5 Brigade auf die Stadt Cassino vor, wo sie die Verbindung mit dem Maori-Bataillon herzustellen hatten. Allerdings gedieh das Unternehmen nicht über die Eröffnungsphase hinaus.

Der Schwerpunkt des Angriffs lag bei den beiden Gurkha-Bataillonen, welche sich während der vorangegangenen Kämpfe in Afrika hervorragend geschlagen hatten. Um die Erfahrung der Royal Sussex nicht zu wiederholen, denen in der kritischen Phase des Kampfes beide Male die Munition ausgegangen war, wurden aus dem dritten Gurkha-Bataillon, dem 2/7 Gurkha Rifles, Trägerkolonnen zusammengestellt, welche die Sturmbataillone zu versorgen hatten. Die Gurkhas, Angreifer wie Träger, warteten auf das Aufgehen des Mondes, und gegen Mitternacht traten schließlich die Rajputana Rifles als erste gegen die Höhe 593 an.
Die indischen Soldaten, Helden vieler vorangegangener Kämpfe, arbeiteten sich vorsichtig entlang dem Höhenrücken auf den Kalvarienberg zu, aber wieder beharkten die Deutschen die Hänge mit Feuer, und kaum eine Stunde später fanden sich die Rajputana Rifles keine hundert Meter vom Ziel festgenagelt. Dennoch gelang es einzelnen Gruppen tapferer Männer, den Gipfel zu erreichen, wo sie indessen bei der Abwehr heftiger deutscher Gegenstöße im Innern eines zerstörten Forts erledigt wurden. In einem letzten Versuch, das Blättchen dennoch zu wenden, setzte der Kommandeur um 04.30 Uhr seine Reservekompanie ein, doch die Deutschen hielten unerschütterlich. Die Verluste der Rajputana Rifles beliefen sich auf 196 Mann aller Ränge, und lediglich zwei britische Offiziere kehrten ohne Kratzer aus dem Nachtgefecht zurück. Das Bataillon, in dessen Reihen viele alte Krieger gekämpft hatten, war nur noch ein Schatten seiner selbst. Eine traurige und kostspielige Schlappe verdunkelte die lange Reihe zurückliegender Erfolge.
Bevor sie in dunkler Nacht und umgeben vom Kampflärm der Rajputana Rifles aus ihrer nicht markierten Sturmausgangsstellung aufbrachen, mußten die Männer des 1/9 Gurkha zunächst einmal einen Anmarsch von 6½ Kilometern auf dem verstopften Versorgungsweg zurücklegen, welcher die Schlagader für die um die Höhe 593 kämpfenden Truppen darstellte. Es war ein nicht gerade günstiger Beginn für ihren um 02.15 Uhr beginnenden Angriff auf die Höhe 444, rund 300 m links vom indischen Bataillon. Die Annäherung der Gurkhas wurde sofort erkannt, da bei weitem nicht alle Verteidiger der Höhe 593 nur mit der Abwehr des Frontalangriffs beschäftigt waren, sondern aus Erfahrung gewitzt auch ihre Flanken im Auge behielten. Die beiden Spitzenkompanien –

die C und D – wurden von heftigem Abwehrfeuer aller Waffen empfangen und auf engstem Raum an der Bergflanke niedergehalten, während die beiden nachfolgenden Kompanien noch nicht einmal die Ausgangsstellung verlassen konnten. Der einzige Erfolg dieses verzettelten Angriffs blieb also der erzielte kleine Einbruch, da es dem dritten Bataillon, dem 1/2 Gurkha auch nicht besser erging als den bedauernswerten Rajputana Rifles, und selbst dieser geringfügige Bodengewinn mußte bis zum Hellwerden wieder aufgegeben werden. Mit 94 Verlusten aller Dienstgrade kam dieses Bataillon aber noch am besten weg. Die zähen deutschen Fallschirmjäger hatten also auch den zweiten Angriff Brigadier Lovetts erfolgreich abgewehrt, und für den dritten standen die Zeichen ebenfalls nicht gut.
Nach Beendigung der Zweiten Schlacht machte eine Geschichte die Runde, derzufolge eine Handvoll Gurkhasoldaten die Klostermauern erreicht haben und dort im Nahkampf zugrunde gegangen sein sollen. Ein Beweis für diese Behauptung hat sich nie finden lassen, aber wenn es je Gurkhas gelang, bis zum Kloster vorzustoßen, dann kann es sich nur um einen Zug der C Company 1/9 Gurkhas gehandelt haben, welcher unter seinem jungen britischen Führer, Captain Bond, spurlos im dunkeln verschwand. Ein verwundeter Nachrichtensoldat kam später zurückgekrochen und meldete, daß sein Offizier mit einer Handvoll Schützen das Kloster erreicht hätte. Die Leichen dieser Soldaten hat man aber nie dort gefunden, weshalb es wahrscheinlicher ist, daß Bonds tapferer kleiner Stoßtrupp am Osthang der Höhe 593 fiel, ein gutes Stück von der Klostermauer entfernt.
Die dritte Einheit, welche in den frühen Morgenstunden des 18. Februar auf dem höchsten 800 m breiten Kampffeld zum Angriff antrat, war das 1/2 Gurkha Rifles. Die Siegespalme der Schlacht, die Einnahme des Monte Cassino selber, war diesem erfahrenen Bataillon zugedacht, welches in den zurückliegenden Kämpfen in der Wüste und während des Tunis-Feldzuges den Deutschen schon so oft das Nachsehen gegeben hatte. Jede der vier Kompanien hatte einen klar umrissenen Auftrag erhalten, an deren Ende die Erstürmung des Klosterbergs stehen sollte.
Es war eine geräuschvolle Nacht, voller Wirrwarr und krachender Einschläge, als sich das Bataillon, unterstützt von der schweren alliierten Artillerie und unter dem Vergeltungsfeuer der deutschen

Geschütze, zum Angriff erhob. Zur Rechten deutete das »Burp Burp« der deutschen Maschinenpistolen darauf hin, daß sich die Rajputana Rifles und die 9th Gurkhas mit den Verteidigern der Höhe 593 bereits im Handgemenge befanden.
Die Männer der Second Gurkhas mußten sich bis zum frühen Morgen gedulden; erst dann waren sie an der Reihe, um über den Rücken der Höhe 450 hangabwärts auf die im verschwommenen Licht keine 800 m entfernte Klosterruine vorzustoßen.
Im Nu brach die Hölle los. Aus der rechten Flanke und aus Stellungen unterhalb der Klostermauern rauschte das Konzert der »Spandau's«* auf. Vor ihnen lagen Buschgruppen, welche durchquert werden mußten, aber einen gewissen Schutz versprachen. Doch kaum hatten sich die Spitzenkompanien in diese Deckung geworfen, als sie auch schon merkten, daß sie sich in eine Todesfalle begeben hatten: Es handelte sich um dorniges Dickicht, welches geschickt mit Minen und Explosivkörpern verseucht war, die durch Stolperdrähte untereinander verbunden waren. Diese gingen hoch, rissen Menschen in Stücke und schleuderten die zerfetzten Überreste weit hinaus in die Landschaft. Keine fünfzehn Minuten waren vergangen, und die B und C Companies existierten nicht mehr. Einige wenige gelangten zwar noch weiter vor, mußten sich dann aber ebenfalls hinter den Buschgürtel absetzen und eingraben.
Inzwischen hatte der Kommandeur, Lieutenant Colonel Showers, die beiden anderen Kompanien über den benachbarten Bergrücken geführt, wo ihrem Angriff jedoch ebenfalls ein feuriger Empfang zuteil wurde. Showers erhielt einen Bauchschuß, während sich um ihn herum die Ausfälle rasch häuften. Zwar gelang es den Nachfolgenden, den Angriff aus der Tiefe zu nähren und auch ein oder zwei feindliche Stützpunkte zu nehmen, doch das genaue MG-Feuer aus Stellungen auf dem Nordhang des Klosterberges brachte die Gurkhas zum Stehen. Als es hell wurde, sammelten sich die Überreste der Kompanien wieder in der Ausgangsstellung, welche sie keine zwei Stunden zuvor verlassen hatten. Diese zwei Stunden hatten zwölf Offiziere (britische und Gurkha) sowie 138 weitere Soldaten gekostet, ohne daß die Deutschen auch nur einen Zentimeter gewichen wären.

* MG-42

Die während dieser Kämpfe von den Rajputana Rifles, Ninth Gurkhas und Second Gurkhas an den Tag gelegte Bravour sowie die einzelnen Heldentaten sind zu zahlreich, als daß sie in dieser Schilderung einen gebührenden Platz finden könnten.
General Alexander entschied klugerweise, daß es sinnlos sei, die Fourth Indian und New Zealand Divisions den Angriff fortsetzen zu lassen, hatte sich doch der ursprüngliche Plan als undurchführbar erwiesen. So wie die Erste Schlacht, hatte auch die Zweite den Sieg in greifbare Nähe gerückt, aber dauerhafte Erfolge wurden nicht erzielt. Die Stützpunkte in den Bergen, die Höhen 445 und 593, gerieten zwar fast in eigene Hand, konnten aber nicht gehalten werden, und der im Tal unten von den Maoris gebildete Brükkenkopf war ohne Unterstützung durch Panzer ebenfalls nicht zu verteidigen. Man gewann jedoch eine wichtige Erkenntnis: Solange die Deutschen auf der Höhe 593 und dem Klosterberg saßen, bedeutete Bodengewinn nicht viel in den Kämpfen um Cassino.
Die alliierten Generale mußten sich aber noch über andere Probleme den Kopf zerbrechen. In den Bergen nördlich und ostwärts der Abtei wurde für die Überwindung der sich gegenseitig unterstützenden deutschen Stellungen eine volle Infanteriebrigade benötigt. Die hierbei auftauchenden Schwierigkeiten für die Versorgung auch nur einer Brigade wuchsen jedoch im gleichen Maße, wie in dem felsig-kahlen Vorfeld noch mehr Kämpfer benötigt wurden. Die von der 7 Brigade unter schrecklichen Verlusten gelernte zweite Lektion besagte daher, daß der Angriff auf die deutschen Stützpunkte gleichzeitig zu erfolgen hatte oder – falls dies nicht möglich war – zumindest unmittelbar hintereinander. Eine weitere Sorge betraf das unwirtliche Wetter, welches den Einsatz von Luftwaffe, Artillerie, schweren Waffen und Panzern auch weiterhin beeinträchtigte, ohne die der deutsche Ring um Cassino nicht aufgebrochen werden konnte.
Alle diese Probleme, mit denen die Alliierten zu kämpfen hatten, verhalfen den Deutschen zum Sieg in der Zweiten Cassinoschlacht. Allerdings gab es hierfür noch zwei wichtigere Erklärungen. Die erste betraf den tragischen Umstand, daß es versäumt worden war, den Bombenangriff auf Monte Cassino mit dem Angriff des Neuseeländischen Korps zu koordinieren, wodurch auch die Zerstörung des Klosters sinnlos wurde.
Die zweite war das Zusammenwirken zwischen einer fast unüber-

windlichen Verteidigungsstellung und der hervorragenden Kampftüchtigkeit der deutschen Fallschirmjäger. Die Soldaten des Neuseeländischen Korps hatte man überstürzt in einen Einsatz geschickt, in dem sie sich unvorbereitet mit einem Gegner messen sollten, der auf derartige Angriffe bestens gerüstet war und es infolge seiner Ausbildung und zurückliegender Erfahrung verstand, auf sich allein gestellt und in isolierten Gruppen zu kämpfen. Die von beiden Seiten an den Tag gelegte Tapferkeit war trotz widrigster Umstände äußerst bemerkenswert, doch begünstigten die Verhältnisse stets den Verteidiger.

Nach Rückkehr auf seinen Gefechtsstand schrieb Kippenberger: »Es hatte keinen Sinn, zu jammern. Zwei Herausgeber von neuseeländischen Zeitungen waren Gäste in meiner Messe und wir verbrachten einen besonders netten Abend, an dem auch General Freyberg mit seinen Herrn zeitweise zugegen war. Soldaten sollten sich nicht den Kopf zerbrechen. Man tue sein Bestes und lamentiere nicht über verschüttete Milch!«

Das New Zealand Corps hatte unter ungünstigsten Voraussetzungen sein Bestes getan. Die eingetretenen schweren Verluste betrafen Offiziere und Mannschaften gleichermaßen, bestärkten sie aber nur in ihrer Entschlossenheit, auf alle Fälle jetzt die nächste Runde zu gewinnen. Sie erwarteten mit vollem Recht einen vernünftigen Plan und genügend Zeit, um sich für diesen kampfbereit zu machen. Sie hofften, daß ihr Kommandierender General diesmal mit einem Angriffsplan käme, durch den die Dritte Schlacht um Cassino zu einem Erfolg der Alliierten würde, an dessen Ende die Einnahme von Rom stünde.

11.

Die Dritte Schlacht – Freybergs neuer Plan

Die von dem Neuseeländischen Korps in der Zweiten Schlacht erlittene Schlappe war aber auch für Anzio eine böse Sache, wo der Ausgang nach wie vor auf des Messers Schneide stand. Adolf Hitler begriff sehr rasch, daß ein deutscher Erfolg gegen den kleinen alliierten Landekopf weltweite Auswirkungen haben würde. Auch im deutschen Volk, welches überall zur See, zu Lande und in der Luft gegen eine gewaltige Übermacht kämpfte, hätte ein Sieg das schwindende Vertrauen zu Hitler wenigstens in gewisser Weise wieder gestärkt. Wenn es gelänge, den Gegner zurück ins Meer zu werfen – und dieser Umstand war nicht minder wichtig –, würde dieser überdies vielleicht gezwungen sein, seine Pläne zu revidieren und die Landung in Frankreich zu verschieben. Alle Rückschläge bei der kämpfenden Truppe, egal wo auch immer, mußten sich auf die für 1944 geplante Invasion auswirken und Hitler demzufolge kostbare Zeit für die Entwicklung seiner »Geheimwaffen« verschaffen. Das Schicksal von Anzio war daher für beide Seiten gleich wichtig. Churchill schrieb darüber: »Die Leichtigkeit, mit der sie (die Deutschen) ihre Steine auf dem Schachbrett verschoben, und die Schnelligkeit, mit der sie an der Südfront die gefährlichen Löcher stopften, waren äußerst eindrucksvoll. Es schien sich all dies ungünstig auf unseren Zeitplan für Overlord auszuwirken.«

Auf dem Höhepunkt der Zweiten Schlacht erneuerten die Deutschen ihre Anstrengungen, sich einen Weg an den Strand von Anzio freizukämpfen. Am 17. Februar erreichten sie die Stellungen,

welche die Amerikaner am ersten Landungstag eingenommen hatten, so daß die Lage des VI Corps äußerst kritisch wurde. Mark Clark bemerkte hierzu: »Wir wurden auf eine Linie zurückgeworfen, hinter der es nur noch den Strand und das Meer gab. Um dem am nächsten Morgen erwarteten Angriff Mackensens zu begegnen, blieb uns nichts anderes mehr übrig, als die Zähne zu zeigen.«
Doch Feldmarschall Kesselring hatte inzwischen, ohne daß Clark es wußte, den Befehl zur Angriffseinstellung gegeben. Die deutschen Verluste erwiesen sich als so schwerwiegend und die alliierte Artillerie und Luftwaffe als derart überlegen, daß dem Feldmarschall der Preis für die letzten Kilometer bis zum Meer zu hoch erschien. Hitler befahl die Wiederaufnahme der Offensive für Ende Februar, schwere Regenfälle machten eine erneute Verschiebung vom 25. auf den 28. Februar erforderlich, doch inzwischen waren auch die alliierten Pläne für die Dritte Schlacht um Cassino herangereift. Die operative Absicht zielte auch diesmal wieder darauf ab, den deutschen Druck auf Anzio zu mildern oder abzulenken.
Über die vorhandenen Alternativen zu einem erneuten Frontalangriff auf die Stadt und den Monte Cassino tauschten die Generale Alexander, Clark und Freyberg sehr ernsthaft ihre Gedanken aus. Die schweren und anhaltenden Regenfälle hatten das Lirital in einen Morast verwandelt, so daß ein Durchbruchserfolg auf diesem Wege von vornherein ausgeschlossen war. Juin vertrat daher wieder die Auffassung, daß man das französische Expeditionskorps verstärken und den Vorstoß nördlich des Monte Caira in das Atina-Becken versuchen sollte. Aber das Wetter wurde gegen Ende Februar derartig schlecht, daß der lange und schwierige Weg über das Gebirge die vorhandenen Nachschubmöglichkeiten in nicht zu vertretender Weise überfordert haben würde. Der Verfasser ist allerdings persönlich der Auffassung, daß man noch Ende Januar hätte Erfolg haben können, da sich erst danach das Winterwetter für die in den Bergen kämpfenden Männer und Maultiere so extrem ungünstig entwickelte.
Ein nochmaliger Ansatz über den Snakeshead Ridge, d. h. eine Wiederholung des selbstmörderischen Angriffs durch die Fourth Indian Division, kam für General Freyberg nicht in Betracht. Damit blieb nur noch eine Möglichkeit übrig, sofern man Anzios wegen noch vor Einbruch des Tauwetters angreifen mußte. Aus

politischen Gründen legte Churchill größten Wert darauf, daß seine amerikanischen und russischen Verbündeten nicht den Eindruck gewannen, daß aus dem italienischen Feldzug lediglich ein nutzloser Abnutzungskrieg geworden sei. In seinen Augen war Rom nach wie vor das Ziel, das so bald wie möglich erreicht werden mußte.

Ein neuer Angriff mußte also geführt werden, und nach Freybergs Lagebeurteilung hatte ein solcher nur dann Aussicht auf Erfolg, wenn ihm eine Vernichtungsbombardierung der Stadt Cassino vorausging. Sein diesbezüglicher Vorschlag wurde General Alexander unterbreitet, welcher später schrieb: »Nach eingehender Besprechung mit den Generalen Clark und Freyberg entschied ich mich daher am 20. Februar für einen Plan, welcher die Einnahme der Stadt Cassino durch die Neuseeländische Division nach vorangegangenem schwerem Bombenangriff vorsah. Die Division sollte anschließend südlich des Monte Cassino auf der Straße Nr. 6 weiter vorstoßen, sich nordwestlich des Klosters mit den Indians vereinigen und auf diese Weise die gegnerische Stellung einschließen. Wir würden dadurch einen Brückenkopf über den Rapido gewinnen sowie den Zugang zum Lirital.«

Aus der obigen Äußerung geht klar hervor, daß der endgültige Entschluß, den Steinhaufen auf dem Klosterberg und die zu seinen Füßen gelegene Stadt anzugreifen, von Alexander gefällt wurde und nicht von der Fifth Army oder gar auf Korps-Ebene. Im Rückblick mag es seltsam erscheinen, daß Alexander der magnetischen Anziehungskraft des Monte Cassino genauso zum Opfer fiel wie vor ihm seine Untergebenen Clark, Keyes und Freyberg. Bis Ende Februar kann die Erklärung dafür in dem Mangel an Zeit und der großen Sorge um Anzio gefunden werden, Sorgen, die auch Churchill vollauf teilte, welcher fortfuhr, Alexander mit Telegrammen zu bombardieren. Außerdem war die Zeit ein wahrhaft rarer Artikel, denn obwohl die Zweite Schlacht erst am 18. auslief, waren die Pläne für die neue Offensive bereits am 20. fertig, und der Angriff selber sollte am 24. Februar stattfinden. Unter diesen Umständen und angesichts des vielseitigen Drucks auf die beteiligten Generale überrascht es daher nicht, daß man sich auf einen Plan festlegte, der rasch anlaufen konnte und, was genauso wichtig war, der sich erneut auf die nach wie vor unbekannte Wirkung der Strategic Air Forces gegen ein kleines Ziel stützte. Man hegte allergrößte Hoffnungen, daß ein derartiges Bombardement den Ausschlag geben würde, ohne erneute schwere Verluste für das New Zealand Corps, durfte General Freyberg doch nicht die öffentliche Meinung in Neuseeland außer acht lassen, die eine neuerliche Hiobsbotschaft nicht ohne weiteres hingenommen hätte. Freyberg suchte den Sieg, aber nicht um jeden Preis; Clark verlangte unverzügliche Hilfe für seine bedrängten Soldaten bei Anzio, und Alexander hielt einen neuerlichen Versuch zur Einnahme der stärksten Bastion im ganzen italienischen Feldzug für durchaus gerechtfertigt.

So kam denn ein detaillierter Plan zustande, von dem Kippenberger meinte: »Es war kein schlechter Plan; bei der Fifth Army war man sogar der Ansicht, daß es unter den gegebenen Umständen der beste Plan überhaupt war.« Indes muß man erneut feststellen, daß man innerhalb der Führung nicht unbedingt an einen Sieg glaubte. Es war die gleiche fatalistische Einstellung, die sich seit dem Fiasko am Rapido breitgemacht hatte und bis Anfang Mai anhalten sollte – als ob keiner der Generale mehr Herr über sein eigenes Schicksal sei! Die deutschen Kommandeure waren sich über ihre Rolle im Kampfe aber keineswegs im Zweifel. Sie wußten, daß es für sie weder Rückzug noch Pardon gab, und daß jede Stellung und jeder Außenposten so lange verteidigt werden mußte, wie es der Führer befahl. Das soll aber beileibe nicht heißen, daß das Los der deutschen Soldaten ein leichtes war. Im Gegenteil! In vielerlei Hinsicht hatten die Fallschirmjäger und Panzergrenadiere durch die schweren Luftangriffe und Artilleriebeschießungen viel mehr zu leiden als ihre Gegner. Ihr Los als Soldaten war hart, doch mangelte es ihren Kommandeuren nicht an Selbstvertrauen. Vielmehr glaubten sie voller Optimismus, so lange aushalten zu können, wie der italienische Winter die Alliierten daran hinderte, ihre Überlegenheit mit voller Wucht auch an anderen Frontabschnitten zum Tragen bringen zu können.

Bevor wir uns mit dem überstürzt zustande gekommenen Plan des Neuseeländischen Korps eingehender befassen, bedarf es noch eines Blicks auf die deutsche Situation. Die 90. Panzergrenadierdivision, welche sehr gelitten und im Verlauf der Februarkämpfe schwere Verluste hatte hinnehmen müssen, bedurfte dringend der Ruhe.

Als Ablösung bestimmte Feldmarschall Kesselring die 1. Fallschirmjägerdivision, eine Wahl, welche sich bezahlt machen sollte, wie die Soldaten des New Zealand Corps nur zu bald zu ihrem Leidwesen erkennen mußten. Am 20. Februar übernahmen drei Fallschirmjägerregimenter die Stellungen von General Baades 90. Pz.Gren.Div.: den Klosterberg, die Höhe 593 und den Kalvarienberg. Der Kommandeur der 1. Fallschirmjägerdivision, Generalleutnant Heidrich, war ab 26. Februar für den von seiner Division gehaltenen, 13 km breiten Frontabschnitt verantwortlich.

Die 15. Panzergrenadierdivision hielt weiter den Rapido-Sektor besetzt, obwohl General von Senger ursprünglich vorgehabt hatte, sie durch Einheiten der 71. Infanteriedivision ablösen zu lassen. Tatsächlich konnte nur ein Regiment herausgezogen werden, da die 71. I.D. immer wieder an anderen Stellen benötigt wurde, um in verzetteltem Einsatz an bedrohten Punkten auszuhelfen. Weiter oben in den Bergen lagen nach wie vor die 44. Reichsgrenadierdivision Hoch- und Deutschmeister und, noch weiter nördlich, die 5. Gebirgsdivision dem Französischen Korps von Juin gegenüber. Doch der Winter hatte inzwischen mit Schnee, Eisregen und bösen Stürmen dem Krieg Einhalt geboten, und nur noch örtliche Spähtrupptätigkeit fand hier statt.

Die Fallschirmjägerdivision mußte ihren Kampfabschnitt mit zusammengeschmolzenen Verbänden halten. Die auf 13 km Frontbreite eingesetzten Bataillone brachten kaum mehr als 200 Mann auf die Beine, und ihre Kompanien verfügten selten über mehr als vierzig Kämpfer. Ein besonders schwieriges Problem war für General Heidrich die Versorgung der vorne eingesetzten Teile, da jede Bewegung bei Tage unverzüglich das feindliche Artilleriefeuer auf sich zog. Bei Nacht sah es im rückwärtigen Gebiet der Fallschirmjägerdivision nicht anders aus als auf alliierter Seite: Lastkraftwagen mit verdunkelten Scheinwerfern brachten Nachschub, diesen schleppten Maultierkolonnen auf schmalen Gebirgspfaden bis zu bestimmten Stellen, von denen aus dann Trägerkommandos ihre kostbaren Lasten in Gestalt von Munition, Verpflegung und Wasser auf die hochgelegenen Beobachtungsstellen und bis in die vordersten MG-Nester schleppten, welche nur zu oft kaum 80 m von der Fourth Indian Division entfernt lagen.

Zu keiner Zeit war das Leben für die deutschen Soldaten etwa leichter als für die ihnen gegenüberliegenden Inder, Gurkhas, Briten und Neuseeländer.

General Heidrich spürte, daß ein neuer Angriff in der Luft lag, und daß General Freyberg lediglich auf besseres Wetter wartete. Seine Fallschirmjäger arbeiteten fieberhaft am Ausbau neuer Verteidigungsstellungen und an der Verbesserung der alten. Der Regen und Schnee, welcher die Arbeitskommandos behinderte, verschaffte andererseits den Deutschen aber auch mehr Zeit, um ungestört ihre Abwehrvorbereitungen zu beenden. In dem in Trümmern liegenden Städtchen wurden neue Stützpunkte ausgewählt und die alten mit allem nur erdenklichem Material verstärkt, so daß ihre Besatzungen bessere Überlebenschancen bei einem neuerlichen Bombeninferno hatten. Mit anderen Worten: die Deutschen waren froh über das schlechte Wetter und wußten es zu ihrem Vorteil zu nutzen, während ihre Gegner sich ärgerten und über die Verzögerung schimpften.

Ohne diesen Aufschub aber ging es nicht, da der wichtigste Teil von General Freybergs Plan die sorgfältig vorbereitete Bombardierung der Stadt Cassino war, wo die Luftstreitkräfte 1000 t Bomben auf ein Zielgebiet von 1½ Quadratkilometern werfen sollten. Im Anschluß daran war es Aufgabe der Artillerie, die gleiche Fläche mit rund 200000 Granaten noch einmal umzuwühlen. Etwaige Überlebende, so glaubte man, würden nach einer derart konzentrierten Feuervorbereitung zu sehr geschockt sein, um den so rasch wie möglich nachstoßenden Kiwi-Soldaten* noch Widerstand entgegensetzen zu können. Allerdings bereitete die verzwickte Frage der Sicherheitszone auch hier wieder Kopfzerbrechen. Schließlich legte man sich auf eine solche von 900 m Tiefe fest, deren Überwindung als zeitliche Verzögerung ausreichend erschien, bevor die Angreifer das eigentliche Stadtgebiet erreichten. Dieser kleine Schönheitsfehler im Plan wurde erst nach langen Diskussionen akzeptiert, da schließlich keiner der alliierten Generale das Risiko eines Abwurfs auf die eigene Truppe in Kauf nehmen wollte.

Gelang es den Neuseeländern, die Stadt von Norden her zu säubern und den Castle Hill am Fuße des Monte Cassino ebenfalls zu besetzen, so war es die Aufgabe der Fourth Indian Division, sich von hier aus mit der 5 Indian Brigade die steilen Hänge hochzuarbeiten und das Kloster zu nehmen. Der Weg nach Rom würde auf diese Weise für die 78. Division sowie eine amerikanische Kampf-

* Kiwi = Neuseeländer

gruppe offenstehen, das Combat Command B der 1 US Armoured Division, welche bereitstanden, um ins Lirital durchzubrechen. Obwohl die beiden Divisionen nebeneinander von Norden her angriffen, war der vorhandene schmale Frontabschnitt doch ein beträchtlicher Nachteil. Die Stadt konnte nur entlang einer einzigen Straße betreten werden, da das Gelände beiderseits vermint und überschwemmt war. Anstatt also die Verteidiger an mehreren Stellen gleichzeitig anzupacken, mußten die Bataillone einzeln und nacheinander durch diesen Flaschenhals geschleust werden. Außerdem kam noch hinzu, daß auch die 5 Indian Brigade die gleiche Straße benutzen mußte, bevor sie auf den Klosterberg eindrehen konnte. Die geländemäßigen Voraussetzungen waren also alles andere als günstig, und wieder einmal ergab sich die Notwendigkeit, daß man mit aufgesplitterten Einheiten gegen ein und denselben Verteidigungsabschnitt anrennen mußte. Trotz alledem überwog dennoch die Hoffnung, daß die Luftwaffe die Hindernisse beiseite räumen und die Verteidiger von Cassino hinreichend demoralisieren würde.
Die Fallschirmjägerdivision und die beiden Divisionen des Neuseeländischen Korps lagen sich mit dem unguten Gefühl gegenüber, daß der nächste Waffengang wieder genauso verlustreich werden würde, wie die vorangegangenen. Die Deutschen ahnten, daß sich ein neuer gigantischer Schlag aus der Luft anbahnte, nur wußten sie nicht, wo. Der Zeitpunkt hing vor allem von günstigen Wetterbedingungen ab, aber kurz vor dem als Angriffstag festgelegten 24. Februar wurde das Wetter wieder schlechter.
Mit der Heftigkeit eines neuen Gegners schlug der Winter zu. Regen ging in Eis über, und auf Eis folgte Schnee mit heftigen Winden bis zur Sturmstärke. An Fliegen war jetzt nicht mehr zu denken, geschweige denn an haargenaue Bombenabwürfe auf Cassino. Die Kampfflugzeuge lagen auf ihren Plätzen fest, während Panzer und Räderfahrzeuge hilflos im Schlamm herumwühlten. Freund und Feind hockten in ihren exponierten Gebirgsstellungen, konnten weder ihre Stellungen ausbauen noch angreifen und mußten Winterstürme über sich ergehen lassen, wie sie die italienischen Gebirgsketten seit vielen Jahren nicht mehr gesehen hatten.
Der Verfasser der Divisionsgeschichte der Fourth Indian beschreibt diese neue Lage wie folgt: »Auf den Gipfeln der Berge und entlang ihren Flanken klammerte sich die Infanterie an ihre

Im Labyrinth des Straßenkampfes von Cassino.

Kurze Gefechtspause während der harten und verlustreichen Straßen- und Häuserkämpfe mit den neuseeländischen Truppen in Cassino.

In einer Feuerpause. Die wärmende Aprilsonne tut wohl. Gerade genug Zeit, um die am Morgen erhaltene Sonderration von Zigaretten zu probieren. Fallschirmjäger und Grenadiere einer benachbarten Infanterieeinheit teilen sich die Zuteilung.

Unterkunft einer Reserveeinheit der Fallschirmjäger im Eingang eines zerstörten Hauses in Cassino. Man wartet auf den nächsten Einsatzbefehl.

Beobachtungsposten der Fallschirmjäger während der Straßenkämpfe am 1. 4. 1944 in Cassino.

Scharfschütze der Fallschirmjäger feuert aus einem zerstörten Haus auf vorgehende Neuseeländer.

Der schwere Bombenangriff vom 15. Februar 1944 auf die deutschen Stellungen in und um Cassino. Rechts oben der Klosterberg.

Ein verwundeter indischer Soldat wird während der Schlacht am 16. 3. 1944 zum Hauptverbandsplatz transportiert.

kümmerlichen Deckungen und suchte Schutz vor dem pausenlosen Wüten der Elemente. Brach die Dunkelheit an, kamen die Männer hervor, reckten die froststarren Glieder und bereiteten sich auf den nächsten Tag vor. Auch die Deutschen erwachten zu neuem Leben und streuten unsere Versorgungswege und Versammlungsräume mit Artillerie- und Granatwerferfeuer ab. Der nicht abreißen wollende Strom von Granaten, welche mit dem kratzenden Geräusch von reißender Baumwolle über die Köpfe hinwegrauschten, machten den im oberen Rapidotal eingezwängten Nachschubeinheiten unendlich viel Arbeit. Träger- und Maultierkolonnen versammelten sich allabendlich an den Depots, Nachrichtenleute zogen los, um Fernsprechleitungen zu reparieren oder neue zu verlegen, Infanteriekompanien schnappten sich ihre Klamotten und patschten durch den Dreck, und Sankra-Kolonnen rollten nach vorne zu den Verwundetensammelstellen, um die Verluste des Tages abzuholen. Auf glitschigen, eisbedeckten Pfaden setzten sich alle diese Gruppen mit endlosen Verzögerungen frontwärts in Marsch ...«

Auf schrecklich lange Tage, an denen sich niemand bewegen konnte, folgten lebhafte Nächte, was besagt, daß die moralischen und physischen Kräfte der in den vordersten Stellungen liegenden Männer auf das äußerste gefordert wurden. Bei der 7 Brigade im Schatten der Höhe 593 und des zerstörten Klosters fielen Tag für Tag im Durchschnitt rund sechzig Mann aus, davon die meisten durch schwere Erfrierungen oder bloße Erschöpfung.

Die Erinnerungen des Verfassers, welche dieser in seinem Tagebuch festgehalten hat, sind ähnlich wie die oben zitierten: »Die Zeit scheint stehengeblieben zu sein. Es ist, als seien wir für immer dazu verdammt, in einer kalten Hölle auf Erden zu leben, die jedem von uns nur dürftigen Schutz hinter Felsblöcken und in Erdhöhlen gewährt. Jede Nacht beten wir, daß der neue Morgen einen Wetterwechsel bringen möge, eine Verschnaufpause nach all dem Regen und Schnee und dem endlosen Wachsein, welches Tag und Nacht begleitet ist von dem Heulen und Krachen der Granateinschläge. Während ein Tag nach dem anderen vergeht, ist die Angst vor dem nächsten Angriff dem verzweifelten Wunsch gewichen, endlich einmal etwas zu tun, anstatt endlos nur herumzusitzen und Qualen ausgesetzt zu sein, welche Körper und Seele gleichermaßen mitnehmen.«

Obwohl das Wetter in seiner ganzen verheerenden Gewalt bis zur zweiten Märzwoche anhielt, war die für den 28. Februar angesetzte deutsche Offensive bei Anzio nicht von langer Dauer. Auch an diesem Tag goß es in Strömen, und Kesselring wäre durchaus geneigt gewesen, Hitler um eine Verschiebung zu bitten, hätte ihn nicht das LXIII. Panzerkorps davon abgehalten. Als sie dann am nächsten Tag begann, riß die Wolkendecke für kurze Zeit über der Küste auf, so daß die Alliierten von See her und aus der Luft ihre ganze Überlegenheit zum Tragen bringen konnten. Der Landekopf wurde nicht eingedrückt, und der deutsche Angriff kam zum Stillstand. Am 1. März entschloß sich Kesselring zum Abbruch der Offensive, obwohl die Küste innerhalb der Reichweite seiner schweren Artillerie lag, und die alliierten Soldaten Tag und Nacht unter Feuer gehalten werden konnten. Die Krise war damit überstanden, und im gleichen Maße, wie die Kämpfe bei Anzio zur Ruhe kamen und die Lage sich stabilisierte, erübrigte sich auch die Notwendigkeit für einen neuerlichen Angriff des Neuseeländischen Korps bei Cassino. Es erhebt sich daher die Frage, ob es irgendeine militärische Rechtfertigung für die weitere Verfolgung des Plans gab, bereits so kurz nach dem Scheitern der zweiten Cassinoschlacht jetzt mit einem dritten Versuch nach der Stadt zu greifen, ohne zuvor auf weitere Verstärkungen und günstigeres Wetter zu warten.

Bei einer weiteren Verschiebung um rund sechs Wochen hätte man sich anstatt im Winter bereits im Frühjahr befunden und hätte offene Ausweichstraßen für starke Panzer- und motorisierte Verbände durch die Aurunciberge zur Verfügung gehabt. Rückblickend war die Entscheidung für die erste Schlacht richtig; daß die zweite unvermeidlich war, kann man noch hinnehmen, aber die im März gestartete 3. Offensive, welche lediglich zur Entlastung von Anzio geplant worden war, ergibt rein militärisch betrachtet keinen Sinn. General von Senger vertrat die Auffassung: »Diese Schlacht wird als eine der unverständlichsten Kampfhandlungen des Krieges in die Geschichte eingehen.« Die Deutschen standen vor einem Rätsel, und die im Neuseeländischen Korps kämpfenden Soldaten sind mit der gleichen Frage ebenfalls nicht fertiggeworden: Warum war die Dritte Schlacht notwendig? Wozu mußte sie im März stattfinden, und wer glaubte wirklich an ihren Erfolg?

Am einfachsten zu beantworten ist wahrscheinlich die dritte

Frage. Die Luftwaffenführung war fest davon überzeugt, daß eine Bombardierung in dieser Konzentration aus Cassino einen derartigen Trümmerhaufen und aus seinen Verteidigern solche Nervenbündel machen würde, daß den nachstoßenden alliierten Soldaten der langersehnte Durchbruch nach Rom gelingen müßte. Einige Generale meldeten zwar Bedenken an, vermochten aber andererseits die Möglichkeit eines Erfolges auch nicht auszuschließen, da ein Luftangriff auf ein so kleines Ziel bisher ohne Beispiel war. Der Sieg war ihnen in den vergangenen Schlachten ohnedies nur um Haaresbreite entglitten, hatte doch General von Senger Cassino Ende Januar sogar schon aufgeben wollen. Die Generale konnten argumentieren, daß diesmal eine echte Erfolgschance bestand, selbst wenn die militärischen Gründe für eine im März begonnene Offensive nicht mehr ganz einleuchtend waren. Militärhistoriker hat seitdem die Frage nicht mehr losgelassen, weshalb keine Verschiebung bis zum Frühjahr erfolgte. War es, wie General Fuller behauptete, nur ein Fall von: »die Bomber machen das ganz alleine, alles übrige läuft nur hinterher«?

Er will damit andeuten, daß ein blinder Glaube an die Wirkung von Bombardements und Artilleriebeschießungen General Alexander dazu verführt habe, den Griff nach dem Siege noch einmal zu versuchen – nach einem Siege, der angesichts der schweren Winterkämpfe in Italien mit all ihren Verlusten und geringen Fortschritten für die britische und amerikanische Regierung von herzstärkender Wirkung sein mußte. Die Russen hatten ihren Verbündeten in den zurückliegenden Monaten immer wieder vorgeworfen, daß sie an der Ostfront das Schwergewicht des Kampfes gegen Hitler ganz allein zu tragen hätten. Stalin beobachtete mit Mißtrauen, wie seine Alliierten die Invasion Frankreichs immer wieder hinausschoben. Eine völlige Erstarrung der italienischen Front würde ihm die Unfähigkeit der Westmächte gezeigt haben, dem gemeinsamen Gegner auch nur in einem kleinen Landkrieg gegenüberzutreten. Um einer solchen Kritik zu begegnen, mußten die anglo-amerikanischen Armeen weiter angreifen, ohne Rücksicht auf Wetter und ausreichende Zeit für die wirksame Vorbereitung eines derartigen Großeinsatzes von Menschen und Material. Damit bewahrheitet sich einmal mehr, daß die Oberbefehlshaber in einem modernen Kriege nur selten in der Lage sind, Entscheidungen zu treffen ohne Beeinflussung durch politische Faktoren, die

die militärischen Gesichtspunkte über den Haufen werfen.
In dem frühen Planungsstadium der Dritten Schlacht verfaßte Alexanders Chef des Stabes, General Harding, die militärische Lagebeurteilung, auf welche die Entscheidung zur Umgruppierung der Fifth und Eighth Armies zurückzuführen war, und welche die Voraussetzungen für die Frühjahrsoffensive der alliierten Armeen in Italien schaffen sollte. Er sprach sich dafür aus, daß an den entscheidenden Punkten eine infanteristische Überlegenheit von drei zu eins erreicht werden müsse, und sah in seinem Plan Umfassungsbewegungen vor, welche die Schlüsselstellung der deutschen Abwehr bei Cassino aussparen sollten. Hardings vorzügliche Lagebeurteilung bildete später die Grundlage für die Planung der abschließenden Operation »Diadem«. Ironischerweise legte er seine Vorschläge zu dem gleichen Zeitpunkt nieder, in dem das Neuseeländische Korps zu einem erneuten Angriff gegen die Deutschen befohlen wurde, für dessen erfolgreichen Ausgang man zwar beten konnte, ohne indessen auch nur die geringste Garantie dafür zu besitzen. Wenn man sich General von Sengers Bemerkung noch einmal ins Gedächtnis zurückruft, so war es in der Tat völlig unverständlich, daß sich hier ein aus zwei Divisionen bestehendes Korps zu einem Frontalangriff auf den Monte Cassino fertigmachen mußte, während gleichzeitig eine neue große Offensive geplant wurde. Man muß daraus folgern, daß General Alexander bezüglich des bevorstehenden neuseeländischen Angriffs selber Zweifel hegte.
Inzwischen warteten die Soldaten der Indian und New Zealand Divisions von Tag zu Tag auf eine Wetterbesserung. Während Regen und Schnee weiter vom Himmel fielen, erging jeden Tag die gleiche Tarnmitteilung per Funk an die Einheiten: »Bradman won't bat today.« Keine Möglichkeit zum Kricketspielen, kein Angriffswetter, und die Bomber, welche ja die Starrolle übernehmen sollten, konnten noch nicht einmal starten. Ein solcher Winter konnte aber auch nicht für immer andauern, und am 13. März begannen die Wolken aufzureißen, und alles sah gleich viel freundlicher aus.
Passenderweise fiel der festgelegte Angriffstag mit den »Iden des März« zusammen, hatte man doch den 15. März dazu bestimmt. Das seit langem erwartete Stichwort »Bradman« wurde vom Korps am 14. ausgegeben. Nach dem Krieg schrieb der offizielle

Chronist der Neuseeländer: »Die Sportfans verbanden damit den Gedanken an das Krickettor, die Geschichtsbeflissenen an die Iden des März.« Freyberg konnte wie Julius Caesar nur auf das Schicksal vertrauen, nachdem seine beiden Elitedivisionen zwar fertig waren, aber ohne ihre ursprünglichen Kommandeure in den Einsatz gehen mußten. Der kranke General Tuker, den erst Brigadier Dimoline und dann Major General Galloway vertreten hatten, sollte zu seiner Einheit nicht mehr zurückkehren, und auch die neuseeländische Division erlitt einen schweren Verlust, nachdem Major General Howard Kippenberger auf dem Monte Trocchio durch eine Minen-Explosion beide Füße verloren hatte.
Sein Nachfolger, Major General Parkinson, hatte noch keine Division geführt, und so mußte Freyberg bei seinen täglichen Lagebesprechungen ohne die großen Erfahrungen von Tuker und Kippenberger auskommen. Auf alle Fälle führt es zu nichts, wollte man die Frage aufwerfen, was sie gegebenenfalls vorgeschlagen haben würden, und inwieweit sich Freyberg von ihnen hätte beeinflussen lassen. Es war zumindest ein Jammer, daß die so lange gehegten und immer wieder hinausgeschobenen Pläne für den Angriff nach dessen Beginn keinerlei Abweichungen mehr zuließen, und daß der durch Cassino führende schmale Schlauch, durch den die zweite Welle den Angriff nähren und in Schwung halten sollte, sich auf dem Höhepunkt der Kämpfe als zu eng erwies, wo doch gerade in diesem Augenblick alles nur vom Tempo abhing.

12.

Die Dritte Schlacht ist eröffnet

Am 15. März um 08.30 Uhr ließen die Alliierten den gigantischen Schmiedehammer ihrer Luftwaffe auf das Städtchen Cassino niedersausen. Die offiziellen Quellenangaben widersprechen sich hinsichtlich der Zahl der eingesetzten Maschinen, doch darf man rund 500 annehmen, davon allein über 300 »schwere«, welche in 3½ Stunden über 1000 t Bomben abwarfen. Für einen Kriegsberichterstatter wie Christopher Buckley war die Bombardierung eine ungeheuer einseitige Angelegenheit: »Eine erschreckende Vision der Möglichkeiten eines mechanisierten Krieges.« Einem jungen britischen Offizier, der unterhalb der Höhe 593 in seinem Deckungsloch hockte, schien es ein furchtbares Schauspiel von Lärm und Raserei. Er schrieb in sein Tagebuch: »Schon nach wenigen Minuten war mir, als müßte ich schreien: ›Es ist genug!‹ Aber es ging weiter und immer weiter, bis unsere Trommelfelle platzten und die Sinne sich verwirrten. Mehrere Bomben fielen auf meine Kompanie und ließen mich die Flugzeuge verfluchen. Die Aussicht, von den eigenen Leuten getötet oder zermalmt zu werden, ist irgendwie noch schlimmer, selbst wenn das Endergebnis das gleiche sein sollte. ›Lieber Gott, erbarme Dich dieser armen Teufel in der Stadt.‹ «

Die Bombardierung hatte kaum eingesetzt, als »Cassino auch schon von hochwirbelnden Rauch- und Staubwolken der Sicht der Beobachter entzogen wurde«, unter denen sich auch General Alexander inmitten einer Gruppe höherer Offiziere befand, welche unweit Cervaro auf einem Hügel Aufstellung genommen hatten. Sie verfolgten das Schauspiel, wie es in einem Bericht heißt, in »fröhlicher Stimmung«. Die Kampfflugzeuge kamen in aufeinanderfolgenden Wellen, und späteren Schätzungen zufolge fiel etwa die Hälfte der Bomben in das Stadtgebiet. Nicht vorgesehene Ziele wurden allerdings auch getroffen, so alliierte Geschützstellungen, die B-Staffel der Fourth Indian Division, wo 50 Soldaten und über hundert Maultiere ausfielen, ein marokkanisches Militärlazarett und schließlich über einhundert italienische Zivilisten in Venafro, einer kleinen Stadt 16 km südlich Cassino, die das Schicksal deshalb ereilte, weil sie am Fuße eines Berges gebaut war, der ähnlich aussah, wie der Monte Cassino.

Innerhalb des eigentlichen Zielgebiets waren die angerichteten Zerstörungen verheerend, und »durch die wochenlange Belagerung bereits angeschlagen, wurde Cassino jetzt völlig flach gelegt – nicht ein Haus blieb verschont und wo vormals Straßen waren, häuften sich jetzt die Trümmer«. Das Grauen des Krieges war vollkommen.

In seinem Buch über die Kämpfe bei Monte Cassino schreibt Böhmler, daß die deutschen Verteidiger erstaunt und zugleich erleichtert gewesen seien, daß das Kloster ausgespart wurde. »Das war ein großer Fehler, denn die Decken und Kreuzgänge hätten einem erneuten Bombardement nicht mehr standgehalten. Die Abwehr wäre lahmgelegt worden, und die Indians hätten den Berg ohne große Schwierigkeiten nehmen können.« Die Richtigkeit dieser Behauptung zu überprüfen, ist nicht möglich, doch kann darauf hingewiesen werden, daß der dem Bombenabwurf folgende Angriff der New Zealand und Indian Divisions nicht zuletzt an den ausgebauten Grabenstellungen der Klosterverteidiger gescheitert ist.

In diesem nicht endenwollenden Inferno lebten und starben die deutschen Fallschirmjäger. Mauern stürzten ein, Bomben rissen Krater in Gärten und Feldern auf, Bäume flogen durch die Luft, und über allem lag ein unbeschreiblicher Lärm. Leutnant Schuster, der Führer der 7. Kompanie, berichtet: »Keiner konnte den anderen mehr sehen; nur noch zu berühren und zu fühlen vermochte man den Nebenmann. Um uns war es nachtschwarz, und auf der Zunge hatte man den Geschmack von verbrannter Erde. Ich mußte mich durch dichten Nebel nach vorne tasten, doch da fielen die Bomben erneut. Direkte Treffer hier, hier und hier – als ich

schließlich zurückkam, versuchten die Männer in meinem Gesicht zu lesen, wie die Lage aussah. Die gleiche unausgesprochene Frage beschäftigte uns alle – wann sind wir an der Reihe?«
Leutnant Jamrowski, der die 6. und 8. Kompanie führte, weiß sich an ähnliches zu erinnern: »Wir konnten nichts anderes tun, als uns in angespannter Erwartung dort hinzuducken, wo wir gerade waren. Die Bomben regneten nur so herab, und in unserem unterirdischen Schutzraum kam ich mir plötzlich wie in einem U-Boot vor, das mit Wasserbomben verfolgt wird.«
Als dann später der Kellereingang total verschüttet war, machten er und seine Männer sich an die Arbeit, um mit bloßen Händen die Steine und Erde wegzuräumen. Jeglicher Zeitbegriff war verlorengegangen. Nach stundenlanger Arbeit hatten sie dann einen schmalen Spalt freigelegt und sahen Licht schimmern. Schließlich gelangten sie ins Freie, aber viele ihrer Kameraden starben unter Schutt und Geröll in anderen Teilen der Stadt.
Trotz der ungeheuerlichen Prüfungen, welche die Verteidiger zu bestehen hatten, entschloß sich das deutsche Oberkommando dennoch, die Stadt Cassino weiter zu halten. Die Verluste waren zwar schwer, doch geringer, als man angesichts der Pulverisierung der Stadt hätte annehmen können. Gegen Mittag wurde das Luftbombardement durch das Feuer aus 600 Geschützen abgelöst, während sich 1½ Kilometer weiter rückwärts die Neuseeländer, mit dem Bataillon 25 an der Spitze, aus ihrer Sturmausgangsstellung in Bewegung setzten. Die seit langem erwartete Schlacht hatte begonnen.
Die beiden vordersten Kompanien des Bataillon 25 näherten sich auf der Caruso-Straße der Stadt. Diese bildete mit den an ihrer Seite hoch aufragenden Bergen einen Flaschenhals, durch den man hindurchmußte, bevor, keine 1½ Kilometer von der Bahnstation Cassino entfernt, der Eingang zum Lirital erreicht war. Die Stadt mit einer Fläche von rund 64 ha beherbergte nach wie vor viele ausgebaute Stützpunkte und verstärkte Keller, von denen verschiedene den Bombenabwurf überstanden hatten. Auf dem Monte Cassino selber gab es vier Schlüsselstellungen, die in den Berichten der kommenden Tage von sich reden machen sollten. Am Fuße des Berges stand ein steiler, rund hundert Meter hoher felsiger Hügel. Dieser trug den Namen Rocca Jamula – Castle Hill – (Burgberg), der sich von dem alten römischen Kastell auf seiner Kuppe ablei-

tete, welches ursprünglich in vergangenen Zeiten als Vorposten zur Verteidigung des Klosters gedient hatte. Die Bedeutung des Castle Hill erwuchs aus der Tatsache, daß er durch einen Felsensattel mit dem Klosterberg verbunden war, was ihn für die Bataillone der 5 Indian Brigade zu einem idealen Sprungbrett beim Angriff auf die ersten beiden Angriffsziele werden ließ.
Die frühzeitige Einnahme des Castle Hill durch das neuseeländische Bataillon 25 war ein wichtiger Teil des Gesamtplans.
Die von hier weiterführende Bergstraße wand sich in Serpentinen bis zum Kloster hinauf, wobei die hierbei gebildeten Haarnadelkurven von Freund und Feind als Punkt 165 und 236 (siehe umseitige Karte) bezeichnet wurden. Diese Kurven direkt an der Bergflanke bildeten natürliche Verteidigungsstellungen, von denen aus man das gesamte Gelände unterhalb beherrschte.
Das letzte Zwischenziel schließlich, der Punkt 435, wurde von einer etwa 50 m unterhalb der Klostermauern hervorspringenden Felsplattform gebildet, welche bald weltberühmt werden sollte. Sie bot einen verhältnismäßig guten Schutz gegen Infanterieangriffe von unten und trug einen geborstenen Stützpfeiler, über den zuvor eine Seilbahn die Stadt mit dem Kloster verbunden hatte. Da er vom Tal aus wie ein Galgen aussah, wurde dieser Punkt bald »Hangman's Hill« genannt, ein Name, den die Gurkhasoldaten sowie ihre britischen und indischen Kameraden, die in einem heroischen Einsatz unbeabsichtigterweise hier hängen blieben, niemals vergessen werden, solange noch alte Soldaten aus Nepal, Indien oder Großbritannien über vergangene Kämpfe reden.
Das von General Freyberg ausgewählte Schlachtfeld bestand aus einem schmalen Streifen, der nach und durch Cassino zum Castle Hill und von da zum Kloster selber führte. Dieser eng begrenzte Raum stellte für die Angreifer zugleich eine Hilfe und ein Hindernis dar. Es bedurfte keines Einsatzes starker Truppenverbände, was im Hinblick auf etwaige Verluste ein ausgesprochener Vorteil war. Beide Divisionen des Neuseeländischen Korps hatten im Verlauf der Zweiten Schlacht erhebliche Ausfälle hinnehmen müssen, was auf Bernard Freyberg nicht ohne Einfluß bleiben konnte, war er doch der neuseeländischen Regierung für die Schonung der Landeskinder und deren sinnvollen Einsatz persönlich verantwortlich. Andererseits war es aber durchaus denkbar, daß vereinzelte deutsche Widerstandsnester in der zertrümmerten Stadt den

Bombenangriff überlebt hatten und weiterkämpften, wodurch das Durchschleusen von Angriffsverbänden entlang einem so engen Korridor zu einem ernsthaften Problem werden konnte.
War es aber denkbar, daß etwa überlebende deutsche Soldaten nach einer derartigen Bombardierung noch kämpfen konnten? Gab es hierauf eine verneinende Antwort, so würde der Kampfplan unter relativ geringen blutigen Verlusten zum Erfolg führen. Sollten sie hingegen jedoch noch immer in der Lage sein, ihre Waffen aufzunehmen, zu kämpfen und die Stadt zu verteidigen, dann allerdings sah es für das Neuseeländische Korps nicht so rosig aus. Der Ausgang eines solchen Kampfes würde nicht zuletzt von der Bereitschaft der Angreifer abhängen, sich auch ihrerseits ohne Rücksicht auf Verluste einzusetzen.
Zwei Dinge sollten die Neuseeländer sehr rasch entdecken, als sie mit ihren von Panzern unterstützten Spitzenkompanien den Nordteil der Stadt erreichten: erstens schlug ihnen zur Begrüßung heftiges MG- und Gewehrfeuer entgegen, und zweitens hatten die alliierten Kampfflieger die Deutschen mit einem erstklassigen Panzerabwehrhindernis beliefert. Der Bombenabwurf hatte nicht vermocht, alles Leben in Cassino auszulöschen, was eine böse und nicht vorausgesehene Situation schuf. Von noch weitreichenderer Bedeutung waren aber die zurückgehenden Meldungen über Funk, daß die Kampfwagen der New Zealand 19 Armoured Brigade außerstande seien, in die Stadt einzudringen und die Infanterie zu unterstützen. Riesige Schutt- und Trümmerhaufen sowie tiefe Bombenkrater hatten die Panzer völlig zum Stehen gebracht. Die sofort angesetzten Planierraupen scheuten zwar keine Mühe, aber trotzdem vergingen sechsunddreißig Stunden, bevor auch nur ein schmaler Durchgang bis zur Stadtmitte geschaffen werden konnte. In diesem engen Korridor vermochten sich die Panzer jetzt wohl zu bewegen, nicht aber zu manövrieren; sie konnten der Infanterie auch dichtauf folgen, doch mit einer echten Unterstützung bei der Niederkämpfung von Stützpunkten war es nicht weit her.
Die deutschen Fallschirmjäger, d. h. was von ihnen überlebte, waren aus ihren Löchern und Kellern wieder hervorgekrochen und verteidigten hartnäckig ihre Stellungen gegen das begreiflicherweise nur zögernd vorgehende 25 New Zealand Bataillon. »Sie brachten uns zum Stehen«, sagte Mark Clark, und traurig fügte er

hinzu: »Allein mit einem Luftangriff hat man noch nie und wird man nie einen entschlossenen Gegner aus seiner Stellung vertreiben.«

Die Wahrheit dieser Erkenntnis sollten die Kiwis nur allzu rasch am eigenen Leibe erfahren, genauso wie die Amerikaner in Vietnam ein Vierteljahrhundert später. Die Spitzenkompanien mußten sich in kleine Gruppen aufsplittern, sei es um Trümmer zu umgehen und an unpassierbaren Stellen vorbeizugelangen, sei es um Widerstandsnester auszusparen, aus denen die Deutschen mit Maschinenpistolen, Gewehren und Handgranaten ihr Letztes hergaben. Die reiflich geplante und viel geübte Zusammenarbeit zwischen Infanterie und Panzern fiel der Dritten Schlacht als erste zum Opfer. Was sich hingegen im Schutze von Staub und Rauch in den Trümmern abspielte, war der reine Kampf des Infanteristen, in welchem sich die neuseeländischen Elitesoldaten mit der ebenbürtigen deutschen Fallschirmjägerelite unter Einsatz von Handgranaten und Handfeuerwaffen maßen. Da sich in dem Qualm und Dreck, der wie ein schmutziges Laken über der Stadt lagerte, weder Straßen noch Wegzeichen mehr abhoben, war die Überwachung und Koordination des Angriffs ungeheuer schwierig und zeitweise völlig unmöglich.

Viele Überlebende aus jenen verbissenen Nahkämpfen – Deutsche, Neuseeländer und Männer der Fifth Indian Brigade, welche dem 15 New Zealand Bataillon auf dem Fuße folgten, vertraten später die Auffassung, daß ein von zwei Brigaden in zwei verschiedenen Angriffskeilen geführter Stoß die Einnahme der Stadt gebracht haben würde, anstatt der geringfügigen Bodengewinne, welche die deutschen Fallschirmjäger nicht davon abhielten, sich in und um das Hotel Continental noch einmal definitiv festzusetzen, einem schon vorher ausgewählten wichtigen Stützpunkt, keine 500 m südlich des Castle Hill. Zur Unterstützung dieser Theorie wird auch von vielen deutschen Fachleuten immer wieder hervorgehoben, daß der auf engstem Raum vorgetragene Angriff der Neuseeländer zu begrenzt, zu langsam und zu schwach gewesen sei, wodurch die Verteidiger das zögernde Vorfühlen so lange aufhalten konnten, bis Verstärkungen von hinten nach vorne kamen.

Rückblickend muß man feststellen, daß die Bombardierung bei den Kommandeuren und ihren Stäben einen unrealistischen Optimismus ausgelöst hatte, was dazu führte, daß während der entscheidenden Phasen weiter rückwärts Reserven für die Ausnutzung eines Panzerdurchbruchs zurückgehalten wurden, der niemals erfolgte. Es ist durchaus denkbar, daß der Einsatz einer weiteren Brigade der Stadt den Todesstoß versetzt haben würde, doch darf man andererseits die Schwierigkeiten nicht unterschätzen, welche ein derartiger doppelter Zangenangriff in bezug auf die Koordination in dem Trümmerfeld mit sich gebracht hätte, welches vormals Cassino war.

Ungemein schwierig gewiß, aber sicher nicht undurchführbar, vorausgesetzt, daß der Angriffsplan sich nicht auf Straßen als Grenzen und feste Punkte als Orientierungsmarken gestützt hätte, die nicht mehr existierten. Wären in der Eröffnungsphase stärkere Infanterieverbände vorhanden gewesen, hätte man mit diesen auf getrennten Wegen in überschlagendem Einsatz vorgehen können. Allerdings kostet eine derartige Taktik Zeit und Blut und stellt letzten Endes ein wenig einfallsreiches »frontales Durchfressen« dar, wie Liddell Hart es verabscheut.

Die beiden sich gegenüberstehenden Divisionskommandeure – Heidrich sowohl als auch Parkinson – waren von Sorgen geplagt, von denen nicht die geringste auf den Umstand zurückging, daß keine genauen Meldungen über die Lage in der Stadt eingingen. Als die Bombardierung losging, hatte sich Heidrich zufälligerweise gerade auf dem Gefechtsstand des Fallschirmjägerregiments 3 befunden und konnte von da auch nicht mehr weg. Da seit den Vormittagsstunden der gesamte Telefon- und Funkverkehr zusammengebrochen war, vermochte er auch mit seiner vorgesetzten Dienststelle, dem XIV. Korps, nicht in Verbindung zu treten. Auch Verstärkungen konnten weder angefordert noch bei Tageslicht in die Stadt geschleust werden; dennoch gelang es Heidrich, das zusammengefaßte Feuer seiner schweren Artillerie gegen neuseeländische Truppenkonzentrationen im nördlichen Abschnitt der Stadt einzusetzen. Dieses nahm ohne Frage dem Angriff etwas von seinem Schwung, was in einem Tagesbefehl des deutschen Oberkommandos auch anerkannt wird, welcher eigens das Werferregiment 71 erwähnt.

Überhaupt rechtfertigten die Kämpfe um Cassino das Vertrauen der Deutschen zu ihren Werfern. Diese Waffe hatte im Vergleich mit den Kanonen schwererer Kaliber, welche die alliierten Soldaten unterstützten, viele Vorteile. Vor allem vermochten sie in tiefe

Schluchten zu langen und Infanterieziele an Hinterhängen sowie hinter Mauern und Gebäuden zu erfassen. Als schließlich schwere Regenfälle einsetzten, übersah Heidrich klar die Lage und entschied sich, Reserven in die Stadt nachzuschieben. Diese befand sich zwar zu zwei Dritteln in Feindeshand, doch der entscheidende Zugang zur Via Cassilina, zur Straße Nr. 6, wurde nach wie vor im Zentrum der Stadt gesperrt.

Gegen 16.00 Uhr mußte General Parkinson einsehen, daß es ein Fehler war, zu glauben, daß ein neuseeländisches Bataillon sowohl die Stadt säubern als auch den Castle Hill einnehmen könnte. Es mußten also Verstärkungen eingesetzt werden: als erstes erging der Befehl an das 24 New Zealand Bataillon, eine Kompanie (die »B«-Kompanie) nach vorne zu schicken, und anderthalb Stunden später mußte das ganze Bataillon 26 in die Stadt nachrücken. Gleichzeitig traf als einziger Lichtblick des Tages auch die Meldung ein, daß es der »D« Company 25 Bataillon nach äußerst geschicktem Ansatz gelungen sei, sich in den Besitz des Castle Hill zu setzen. Ihr 16 Platoon (16. Zug) hatte, ohne auf Widerstand zu stoßen, eine nahezu senkrechte Felswand erstiegen – eine erstklassige bergsteigerische Leistung selbst im Frieden – und von dort aus den weiteren Stoß auf das Kastell fortgesetzt. Um 16.45 Uhr gehörte ihnen der Berg, für dessen Einnahme sie mit sechs Gefallenen und fünfzehn Verwundeten bezahlen mußten. Obwohl es sich hierbei nur um einen örtlichen Erfolg handelte, welcher gemessen an der langen und endlos erscheinenden Auseinandersetzung um Cassino kaum ins Gewicht fiel, zeigte er dennoch, welcher vorzüglichen Leistungen eine gute Infanterie fähig war. Leider dauerte es ziemlich lange, bis die Erfolgsmeldung zum Gefechtsstand des 25 New Zealand Bataillon durchkam, wodurch die Ablösung der neuseeländischen Truppen auf dem Castle Hill durch die 5 Infantry Brigade erst verspätet erfolgte.

Aber noch eine andere unvorhergesehene Einlage sollten die Iden des März – und das Schicksal – für Freyberg und seine Männer parat halten: als die Dunkelheit sich herabsenkte, begann es in Strömen zu regnen. Wäre es General Heidrich gegeben gewesen, während irgendeiner Phase der Dritten Schlacht die Elemente zu Hilfe rufen zu können, so hätte er sich für den Regen gewiß keinen besseren Zeitpunkt auszusuchen vermocht. Dieser füllte die Bombentrichter, machte aus Pfützen Teiche und erschwerte die Straßenräumarbeiten der Pioniere in fast unerträglicher Weise. Da auch vom Mond kein Schimmer zu sehen war, stand die folgende Nacht im Zeichen von Nervosität und Durcheinander. Hinter den Sturmspitzen stolperten die Leute der 5 Brigade sowie die Trägerkolonne mit dem Kiwi-Nachschub schimpfend und sich gegenseitig behindernd durch das Dunkel und versuchten, Anschluß nach vorne zu gewinnen. Major D. A. Beckett, Chef der »C« Company 1/4 Essex, äußerte sich darüber später wie folgt: »Um das verstehen zu können, muß man sich noch einmal in Erinnerung rufen, welche Schäden durch die Bombardierung und die Häuserkämpfe hervorgerufen worden waren. Wir tasteten uns in Reihe an einem Trassierband nach vorne, und dort, wo es aufhörte, führte ein Pfad herauf zum Kastell. Irgendeine andere Methode war bei der Finsternis und über Felsbrocken und Schutt hinweg einfach nicht möglich. Hin und wieder stießen wir auch noch auf kleine Trupps von Deutschen, worauf der Nahkampf erneut entbrannte. Bei einem derartigen Zusammenprall erhielt auch mein Bursche eine MP-Garbe ins Bein, und ein Strippenzieher wurde ebenfalls getroffen. Bis wir sie endlich geborgen und nach hinten geschafft hatten, verging auch wieder Zeit.« Verzögerungen ließen sich angesichts dieser schlimmen Verhältnisse nicht vermeiden, und die alliierten Soldaten mußten in der Stadt für einen ungerechtfertigt optimistischen Plan bezahlen, welcher sie quasi per Rohrpost bis zur Trichteröffnung am Fuße des Castle Hill beförderte. Jedesmal, wenn an der Spitze ein Halt erfolgte, kamen auch die in Reihe nachrückenden Züge und Kompanien dahinter zum Stehen. Minuten wurden auf diese Weise vergeudet, wuchsen sich aus zu Stunden, Zeitverluste traten ein, die man sich ganz einfach nicht leisten konnte, da sie dem Gegner die Gelegenheit boten, sich zu erholen und einen erneuten Widerstand aufzubauen.

Wenn man das unfreundliche Wetter in der richtigen Größenordnung betrachtet, so kostete es zwar Zeit, war aber keineswegs der ausschlaggebende Faktor. Wie hemmend es dennoch wirkte, mag ein Beispiel erläutern: das 26 New Zealand Bataillon, dessen Angriffsziel jenseits der Bahnstation lag, wurde durch knietiefen Morast und die zahlreichen Trichter dermaßen aufgehalten, daß sein Kommandeur es vorzog, in Gegend der Straße Nr. 6 für den Rest der Nacht in Stellung zu gehen, anstatt planlos weiter im Dunkeln herumzutappen.

Die Ablösung der »D« Company 25 Bataillon auf dem Castle Hill war für 19.30 Uhr vorgesehen, doch erwies sich das infolge des Wetters, der Trümmer und der deutschen Fallschirmjäger als unmöglich. Erst gegen Mitternacht gelang es den vordersten Teilen der »C« Company 1/4 Essex, sich in dem Kastell einzunisten, während die drei anderen Kompanien sich weiter rückwärts bereithielten, jenseits der Schlucht und im Bereich der Höhe 175, d. h. im Verlauf des Anmarschweges von der Stadt zum Castle Hill. Die Ausgangsbasis für den Angriff der 5 Indian Brigade auf den Klosterberg befand sich mithin in eigener Hand, war aber keineswegs übermäßig gesichert. In dieser Gegend hatten die Deutschen noch einen weiteren Rückschlag hinnehmen müssen, den sich das nachstoßende Essex-Regiment durch Besetzung der Höhe 165 zunutze machte, wodurch sich jetzt der gesamte Abschnitt der 2. Kompanie Fallschirmjägerregiment 3 im Besitz des Neuseeländischen Korps befand. Nur einem Überlebenden der 2. Kompanie gelang es, sich bis zum Kloster durchzuschlagen und die böse Meldung zu überbringen, während sich die 5 Brigade planmäßig für die zweite Angriffsphase bereitstellte. Als erste sollte sich das 1/6 Rajputana Rifles durch das von dem Essex-Regiment geöffnete Tor in Richtung auf die beiden Haarnadelkurven vorarbeiten; von dort aus hatte dann das 1/9 Gurkha Rifles den Angriff auf den Hangman's Hill fortzuführen, von welcher Basis aus dann schließlich das Kloster den Gnadenstoß durch das Essex-Regiment erhalten sollte, unterstützt durch alle verfügbaren Teile der Ninth Gurkhas.

So viel über die Hoffnungen und Pläne Brigadier Batemans (5 Brigade). Wenden wir uns jetzt dem zu, was wirklich geschah, als seine zwei Bataillone die zu den Angriffszielen führenden steilen Hänge hochzuklettern begannen. Das Adjektiv »steil« ist hier mit Bedacht gewählt, da die Stoßrichtung der Brigade über eine Steigung von 50 % zum Kloster hinaufführte, deren Überwindung selbst in Friedenszeiten und bei Tageslicht keine Kleinigkeit ist. Die Spitze wurde von dem indischen Bataillon gebildet, dem 1/6 Rajputana Rifles, welches es bereits vor ihrem Eintreffen auf dem Castle Hill böse erwischt hatte, als die Kompanien »C« und »D« in einen genau liegenden Feuerschlag der deutschen Artillerie gerieten, und niemand auf dem schmalen verstopften Pfad ausweichen konnte. Vor ihnen die Kompanien »A« und »B« warteten auf sie in der Nähe des Kastells bis 02.45 Uhr. Da die Zeit aber drängte, erhielt die »A« Company den Befehl zur Eröffnung der nächsten Angriffsphase, d. h. sie sollte sich über die Bergflanke hinwegarbeiten und die Höhe 236 nehmen, welche sich oberhalb der zweiten Haarnadelkurve an der zum Kloster führenden Straße befindet. Gegen 04.30 Uhr waren die indischen Soldaten bis auf 180 m an ihr Ziel herangekommen, doch ein deutscher Posten alarmierte seine Kameraden und in deren zusammengefaßtem Feuer blieb der indische Angriff liegen. Nachdem an ein weiteres Vordringen nicht zu denken war und sich auch keine Umgehung anbot, mußten sich die Inder für den Rest der Nacht wieder in den Schutz des Kastells zurückziehen.

Lieutenant Colonel G. S. Nangle, der Kommandeur des 1/9 Gurkha Rifles, sah sich einer schwierigen Situation gegenüber, nachdem seine Männer um 01.00 Uhr den nördl. Stadtrand von Cassino erreicht hatten. Ein Offizier hat das Vordringen durch die Stadt mit den folgenden Worten geschildert: »Immer wieder wechselten Antreten und erneutes Auflaufen einander ab, was angesichts der überall noch sitzenden deutschen Scharfschützen und Grenadiere recht peinlich war. Langsam, aber sicher bahnten wir uns unseren Weg, vorbei an schweren deutschen Panzern, welche die Wucht der Einschläge auf den Rücken geworfen hatte, und hinweg über die Trümmer eingestürzter Häuser.

Ohne es voll wahrzunehmen traten wir auch häufig auf die Körper gefallener Deutscher, die aus dem Schutt hervorragten.«

Der Kommandeur der 1/9 Gurkha Rifles hatte den Auftrag, die Rajputana Rifles bei ihrem Angriff auf die beiden Haarnadelkurven zu unterstützen, um sodann von dort aus auf das nächste Ziel der Brigade vorzustoßen, den Hangman's Hill selber. Aus den vorliegenden Meldungen konnte Nangle schließen, daß lediglich zwei Kompanien der Rajputana Rifles das Kastell erreicht hatten und – wichtiger noch –, daß noch niemand die Zwischenziele in Besitz genommen hatte, d. h. die zwischen dem Castel Hill und der Höhe 435 (Hangman's Hill). Da vom Brigadestab keinerlei Befehle kamen, mußte sich Colonel Nangle nunmehr entscheiden, ob er das Bataillon anhalten oder aber über die kartographisch nicht erfaßte und wahrscheinlich vom Gegner besetzte Bergflanke vorführen wollte. In diesem schrecklichen Dilemma entschloß sich Nangle zum Festhalten am ursprünglichen Plan, indem er die

Kompanien »C« und »D« zum Angriff auf den Hangman's Hill ansetzte und den Rest des Bataillons in Reihe und mit größerem Abstand folgen ließ. Da der vom Kastell aus weiterführende Hauptweg ständig unter deutschem Feuer lag, wählten die »C« und »D« Kompanien einen Ausweichpfad, welcher sich später teilte und dessen Spuren beide in die richtige Richtung zu gehen schienen. Die eine davon wählte die »D« Kompanie und lief auf ihr auch kurz darauf in das Feuer deutscher MG-Trupps. Fünfzehn Mann blieben liegen, und es sollte bis zum Hellwerden dauern, bevor an einen erneuten Vorstoß gedacht werden konnte.

Die »C« Kompanie zog am Stadtrand entlang und verschwand in der Nacht. Niemand sah oder hörte etwas von ihr, bis schließlich die deutschen Verteidiger des Klosters die zähen kleinen Gurkhas zu Gesicht bekamen, wie sie sich am Hangman's Hill an den Klippen hocharbeiteten. Innerhalb weniger Sekunden hatten die hinter Schießscharten und Sandsäcken postierten MG die Eindringlinge wieder in den Schutz der umherliegenden Felsblöcke der Höhe 435 zurückgetrieben.

Die Deutschen hatten also von dem ungewöhnlichen Besuch der Gurkhas vor ihrer Haustür Kenntnis, lange bevor Nangle überhaupt etwas erfuhr. Dieser wartete den ganzen Morgen über vergeblich auf eine Meldung von seiner Kompanie, die so einfach spurlos im Dunkeln untergetaucht war.

Tatsächlich erfuhr man von den Heldentaten der »C« Company 1/9 Gurkhas zunächst einmal nichts, doch wird hier in der richtigen chronologischen Reihenfolge über sie berichtet. Unter ihrem jungen Chef, dem zwanzigjährigen Captain Michael Drinkall, rückte die Kompanie durch die feuchte Nacht zunächst den Pfad entlang hangaufwärts, traversierte dann einer hinter dem anderen und mit größter Vorsicht die Bergflanke bis zu einem bestimmten Punkt direkt unterhalb des Angriffsziels, wo das Gepäck abgelegt wurde. Von hier begann der völlig geräuschlose direkte Aufstieg zum Hangman's Hill, wo man in einer kleinen Höhle einen deutschen Posten überraschte. Zwei Soldaten wurden getötet und zwei entkamen, auf deren Alarmrufe sodann heftiges Granatwerferfeuer auf die Gurkhas ausgelöst wurde.

Im Verlaufe dieses Feuerüberfalls wurden sowohl der Kompaniechef als auch sein Stellvertreter, ein Gurkha-Offizier, verwundet. Zweifelsohne wären noch mehr Ausfälle zu verzeichnen gewesen, hätte sich nicht ein Gurkha-Unteroffizier an die deutsche Granatwerferstellung angeschlichen und diese ausgeschaltet. Der verwundete Drinkall, welcher seine Männer von einer Tragbahre aus weiterführte, war ohne Verbindung zu seinem Kommandeur, da sein Funkgerät nicht sendete. Zwei zum Castle Hill abgesandte Melder entgingen nur knapp der Gefangennahme und kehrten unverrichteter Dinge zurück. Die »C« Company befand sich in keiner beneidenswerten Lage, und Drinkall war bereits drauf und dran, alle Vorbereitungen für das Absetzen bei Dunkelheit zu treffen, als plötzlich und völlig unerwartet das Funkgerät wieder zu arbeiten anfing. Nach Herstellung der Verbindung mit dem am Stadtrand liegenden Bataillonsgefechtsstand erfuhr auf diese Weise auch das Neuseeländische Korps, daß die im Dunkeln abhanden gekommene Kompanie den Hangman's Hill genommen hatte.

Das Nachtgefecht hatte die Verbände der 5 Indian Brigade ziemlich durcheinander gewirbelt, und die Lage am Morgen des 16. März stellte sich General Freyberg ziemlich verworren dar. Neu und unerwartet war so etwas für einen erfahrenen General wie ihn allerdings nicht, zumal ihm einen gewissen Trost die Vorstellung bedeutete, daß es seinen Gegnern nicht besser erging. Obwohl weder der Gesamtansatz des Neuseeländischen Korps noch der Angriff der 5 Brigade genau nach Plan verlaufen waren, sahen sich die Deutschen in einer schwierigen Situation und mußten auf die wenigen vorhandenen Reserven zurückgreifen. Beunruhigend war für sie vor allem die Nachricht, daß sich der Castel Hill, der Zugang zu dem oberhalb gelegenen Kloster, fest in Händen des 1/4 Essex und der Kompanien des 1/6 Rajputana Rifles befand. Südlich des Castle Hill wartete ein gemischter Verband aus 1/9 Gurkhas und Rajputana Rifles auf die Gelegenheit zum Nachstoßen, um den nicht geplanten Einbruch der »vermißten« »C« Company 1/9 Gurkhas auszunutzen, welche keine dreihundert Meter unterhalb der Klostermauern hing. Den Generalen Freyberg und Heidrich ging es in gewisser Weise ähnlich, lagen ihnen beiden doch nur unvollständige Meldungen über den Verlauf der Nacht vor, und die eintreffenden guten und schlechten Nachrichten trugen nur zur allgemeinen Konfusion bei. Wieder einmal stand die Entscheidung der Schlacht auf des Messers Schneide und hing einzig und allein von der schnelleren Reaktion, der Hartnäckigkeit und dem stärkeren Glauben an den guten Ausgang ab. Vielleicht war dieses

Vertrauen mehr Heidrichs als Freybergs Sache, konnte er doch notfalls auch den letzten Mann einsetzen, während Freyberg Rücksichten nehmen mußte und den Sieg nicht um jeden Preis anstrebte. Die Männer, die er führte, konnten eine solche Einstellung nur bewundern. Dabei muß man sich vor Augen halten, welchen nachhaltigen Eindruck die Schrecken des Ersten Weltkriegs auf Soldaten wie Freyberg und seine Altersgenossen in der britischen Armee gemacht hatten. Jedenfalls führte sein Zögern beim Einsatz von Reserven in kritischen Augenblicken zu mehreren verzettelten Angriffen und letztlich zur Verlängerung des Todeskampfes von Cassino.

Man ist versucht, sich die Frage vorzulegen, wie die Dritte Schlacht wohl ausgegangen wäre, hätten Freyberg und Heidrich die Rollen vertauscht. Vielleicht hätte dann eine direkte Konfrontation bei Cassino überhaupt nicht stattgefunden, denn die Deutschen behaupten – allerdings aus späterer Sicht –, daß ihre Generale den Monte Cassino niemals berannt haben würden, sondern – wie Juin und Tuker ja auch vorschlugen – über das Gebirge hinweg auf Terelle vorgestoßen wären.

Nachdem es ihm gelungen war, alle Nachrichtenverbindungen wieder herzustellen, begann von nun an die Persönlichkeit des Generalleutnant Heidrich eine wichtige Rolle bei den Kämpfen zu spielen. Sein früherer Ruf als Ausbilder und rücksichtsloser Menschenführer war wohl begründet, und als Truppenführer sollte er sich bei Cassino ebenfalls auszeichnen. Heidrich war sich selbst gegenüber hart, stellte hohe Anforderungen an seine Truppe und erwartete von seinen Offizieren und Mannschaften ein Höchstmaß an Leistungen, wenn nötig unter Verzicht auf jegliche persönliche Annehmlichkeit. Er war ein draufgängerischer Typ, und seine Fallschirmjäger standen ihm in nichts nach. Sie waren Individualisten, voller Selbstvertrauen und gewandte Soldaten in allen Lebenslagen. Waren einmal zwei oder drei Mann von ihrer Einheit abgeschnitten, kämpften sie selbstständig weiter, als sei dies völlig normal. Die Kameradschaft, der Korpsgeist und die Schlagkraft der deutschen Fallschirmjäger ernteten das Lob und die Anerkennung aller, die gegen sie kämpften, und in der Dritten Schlacht waren sie es, die Cassino noch einmal für Adolf Hitler retteten. Fallschirmjäger, die unmittelbar nach der Bombardierung von Cassino in Gefangenschaft gerieten, beklagten sich eigentlich nur darüber, daß »die Trommelfelle verschiedentlich geplatzt, sie stark eingestaubt und ziemlich erschreckt seien«. General Alexander berichtete über einen Besuch im Feldlazarett Caserta, wo er auch eine mit deutschen Kriegsgefangenen belegte Abteilung betrat. Ein Feldwebel rief »Achtung!«, alles nahm im Bett Haltung an, und dann wurde ihm eine vorschriftsmäßige Meldung erstattet. Derartige Soldaten, ob im Kampf oder verwundet, waren aber weder unbesiegbar noch absolut überlegen, sondern erschwerten nur die Aufgabe des Neuseeländischen Korps ungemein, so daß Freyberg selber die Erfolgschancen mit 50 : 50 einschätzte.

Solange es das Tageslicht am 16. März zuließ, bemühten sich die Neuseeländer erneut um die Säuberung der Trümmerstadt Cassino. Um 06.15 Uhr versuchte die Infanterie, die Deutschen aus einem nördlich der Straße Nr. 6 gelegenen Abschnitt nach Westen herauszudrücken. Hierbei hatte die »A« Company des 25 New Zealand Battalion aber nur wenig Erfolg und lag für den Rest des Tages bald im Feuer leichter Waffen und Granatwerfer fest. Ohne Panzerunterstützung sahen sich die Angreifer sofort als Ziel der Scharfschützen, sobald sie sich auch nur hinter dem Geröll oder aus den Trichtern hervorwagten. Auch jeder Versuch, eine feindliche Stellung mit einem koordinierten und geschlossenen Sprung in Besitz zu nehmen, scheiterte an dem unverzüglich einsetzenden Abwehrfeuer aus anderen deutschen Stützpunkten. Zwar kam die »B« Company des 24 New Zealand Battalion ein wenig voran, nachdem es zwei Zügen gelungen war, ein Haus zu besetzen, doch wurden sie bald abgeschnitten und eingeschlossen. Wohl gelang es, tagsüber mehrere deutsche Gegenstöße abzuwehren, bei denen die Kiwis von den Deutschen in englischer Sprache zur Übergabe aufgefordert wurden, doch blieb ihnen schließlich nichts anderes übrig, als sich nach Mitternacht wieder zurückzuziehen.

Das 26 New Zealand Battalion verbrachte einen unbefriedigenden Vormittag, obwohl die Ankunft von drei Panzern im Ostsektor der Stadt am späten Nachmittag sich günstig auf die Moral auswirkte und Gutes für die nahe Zukunft verhieß. Um diese Kampfwagen auch nur bis zu dem in der Stadt gelegenen Konvent zu schaffen, hatte es gewaltiger Anstrengung seitens der Pioniere bedurft, einschließlich der Errichtung einer Bailey-Brücke über den Rapido sowie der Überbrückung zweier riesiger, in der Nähe gelegener Bombenkrater. Nur in vielstündiger Arbeit war es dem 48

US Engineer Battalion sowie den Pionieren der 17 New Zealand Field Company gelungen, kümmerliche drei Panzer nach vorne durchzuschleusen, nur drei von dem großen gemischten Infanterie/Panzer-Verband, welcher vierundzwanzig Stunden nach dem Bombenabwurf zum Durchbruch antreten sollte. Die alliierte Panzerwaffe vermochte im Italienischen Feldzug keine entscheidende Rolle zu spielen, ein Umstand, den Winston Churchill leider nicht begriff, wie man aus seinem verärgerten Funkspruch an General Alexander ersehen kann: »Warum sitzen Sie tatenlos herum? Warum setzen Sie Ihre Panzer nicht zu einer großen Umfassungsbewegung durch das Gebirge an?« Alexanders Antwort war höflich und geduldig wie immer. Er verstand nur zu gut, wie das rastlose Gehirn Winston Churchills immer nur auf der Suche nach einer Beendigung der festgefahrenen Situation war, welche nun schon den ganzen Winter 1943/44 anhielt.
Die im Lauf des 16. März in der Stadt errungenen geringen Fortschritte veranlaßten Freyberg, seinen ursprünglichen Plan noch einmal zu verschieben, demzufolge die Kiwis die Bahnstation Cassino angreifen sollten, zusammen mit einem gleichzeitig geführten Stoß der 5 Indian Brigade auf das Kloster. Anstatt dieses Zangenangriffs sollte nunmehr von Caira aus ein Panzervorstoß in südwestlicher Richtung auf den Snakeshead Ridge zu erfolgen. Am 16. fand um 18.30 Uhr auf dem Gefechtsstand der New Zealand 6 Brigade eine Besprechung anhand aller eingegangenen Meldungen statt. Nach dem letzten Stand der Dinge befanden sich zwei Drittel des bebauten Stadtgebiets von Cassino in neuseeländischem Besitz, und insgesamt neun Panzer waren vorne verfügbar. Wie sich jedoch später herausstellte, konnten von diesen nur drei sich bewegen, während für die anderen noch erheblicher Pioniereinsatz erforderlich war. Das Zentrum des deutschen Widerstandes befand sich jetzt auf der Anhöhe um das Hotel Continental. Alles war sich einig, daß das nächste Angriffsziel die Bahnstation sowie das Gebiet um das Colosseum sein mußte, wo die Straße Nr. 6 in das Lirital einmündet. Allerdings gab es noch Meinungsverschiedenheiten über die Frage, inwieweit eine Verstärkung der Infanterie in der Stadt notwendig sei. Clark vertrat die Auffassung, daß weitere Bataillone erforderlich wären, Freyberg hielt die in dem engbegrenzten Raum eingesetzten für ausreichend, und Major General Galloway, welcher vorübergehend mit der Führung der Fourth

Indian Division betraut war, meinte: »Der beste Weg, Cassino zu säubern, ist, daß man so lange Infanterie hineinpumpt, bis alles klar ist.«

Freybergs Ansicht setzte sich durch, doch die später geäußerten Meinungen der Deutschen geben Clark und Galloway recht. Böhmler drückte es so aus: »Noch ein kleiner Stoß, und die Falle wäre zugeschnappt. Freyberg winkte schon der Sieg, aber er nahm die ihm gebotene einmalige Chance nicht wahr.« Stattdessen sollten die neuseeländischen Truppen in der Stadt weiter nach Norden angreifen, wozu die dort bereits vorhandene Infanterie eingesetzt wurde, welche ihre Vorstöße am 17. März bei Tage wieder aufnahm. Auf diese Weise verlief die Nacht vom 16. auf den 17. März für sie ruhig, während dafür bei der 5 Indian Brigade allerhand los war.

Das Geheimnis der vermißten »C« Company des 1/9 Gurkha-Battalions hatte eine unerwartete Aufklärung erfahren, nachdem endlich in den frühen Nachmittagstunden ein schwacher Funkspruch von ihr aufgefangen werden konnte. Bis dahin hatten die neuseeländischen Kanoniere zwar vereinzelte kleine Gestalten auf dem Hangman's Hill herumturnen sehen, doch war niemand auf den Gedanken gekommen, daß es sich hierbei um die »C« Company handeln könnte. Jetzt aber erfuhr das ganze Neuseeländische Korps, daß diese kleine Gurkha-Einheit infolge irgendeines Glücksfalls das zweite Angriffsziel der 5 Indian Brigade genommen hatte, während die Deutschen das an den Haarnadelkurven der zum Kloster führenden Straße gelegene erste noch immer hielten. Die »C« Company hatte die erreichte Stellung zu halten, und der Rest des 1/9 Gurkha sollte zu ihrer Unterstützung nachkommen, sobald die Dunkelheit das Überqueren des Hanges und den Aufstieg erlaubte.

Es wäre übertrieben gewesen, hätte man behaupten wollen, daß dieser Fußbreit Boden bereits ein großer Gewinn sei, aber er stellte doch einen Ansatzpunkt für den weiteren Vorstoß auf das Kloster dar, von dem aus das nachgesandte Bataillon es vielleicht schaffen konnte. Als Major Evans vom Regiment 9 das erfuhr, vermerkte er in sein Tagebuch: »Welche Erlösung, endlich aus der Stadt rauszukommen, wo wir nur Leute verlieren, aber nichts erreichen.«

Die Männer des 1/9 Gurkha setzten sich um 21.00 Uhr zum Entsatz der »C« Company in Bewegung.

Es war eine klare Nacht, und im Mondlicht zeichneten sich die Umrisse des Castle Hill und des Klosters ab. Es zeigte sich von neuem, daß nur in Reihe vorgegangen werden konnte, was den Aufstieg zu einem mühsamen und zeitraubenden Geschäft machte. Nachdem die Spitze die Außenbezirke der Stadt hinter sich gelassen hatte, mußte sie feststellen, daß der Weg zum Castle Hill von deutschen Scharfschützen unter Feuer gehalten wurde, weshalb erst ein Umgehungsweg gesucht werden mußte. Da der alte Schutzwall vom Kastell hangabwärts lief, mußte in ihm erst eine Bresche gefunden und durch diese dann das Kastell selber erreicht werden. Man schrieb daher schon den 17. März 04.00 Uhr, als die Masse des Bataillons endlich eingetroffen war, um von hier aus die letzte Etappe zur »C« Company auf dem Hangman's Hill in Angriff zu nehmen.
Im Verlauf der gleichen Nacht hatte das 1/6 Rajputana Rifles mit den Kompanien »A« und »B« einen Vorstoß auf den Punkt 236 unternommen, d. h. auf die obere der beiden Haarnadelkurven. Ein Hügel wurde auch genommen und bis zum Hellwerden gehalten, mußte dann aber nach einer Reihe feindlicher Gegenstöße infolge Munitionsmangels wieder aufgegeben werden. Die Inder setzten sich daraufhin auf der Höhe 165 provisorisch wieder fest. Die beiden anderen Kompanien des Bataillons erreichten planmäßig ihr Angriffsziel, den Punkt 202, den sie dann auch den ganzen Tag über zäh verteidigten. Fraglos war es diesem harten und erbitterten Kampf zu danken, wenn es den Gurkhas ohne böse Zwischenfälle gelang, sich unterhalb der Inder und oberhalb des Hotel Continental zum Punkt 435 hindurch zu schlängeln. Auf der steilen Bergflanke gelang es den drei Gurkha-Kompanien sogar, sich zu entwickeln und auseinandergezogen hangaufwärts zu steigen, wobei sie lediglich von der Besatzung eines alliierten Panzers hin und wieder unter Beschuß genommen wurden, welche in dem allgemeinen Durcheinander und aus Unkenntnis glaubten, daß oberhalb des Castle Hill die Deutschen säßen.
Bei Tagesanbruch erreichte als erste die »D« Company die Stellung der »C« Company und dies keinen Augenblick zu früh, da die Deutschen gerade zu einem heftigen Gegenangriff angetreten waren, welcher die ohnedies schwache Position der Gurkhas zu überrennen drohte. Mit der Pistole in der Hand hatte der verwundete Drinkall seine Männer so lange mitgerissen, bis schließlich das

ganze Bataillon eintraf. Die Deutschen wurden abgewiesen und zogen sich mit dem Bewußtsein zurück, daß sich nunmehr eine Gurkha-Einheit von beträchtlicher Stärke direkt unterhalb der Klostermauern eingenistet hatte. Sobald sich die Möglichkeit bot, baute Colonel Nangle mit seinem Bataillon einen kleinen Verteidigungsgürtel auf und machte sich für die nächste Angriffsphase fertig, die gemäß Plan der Brigade ja anschließend anlaufen sollte. Seine Gurkhas hatten ihre Angriffsziele nur unter Mitnahme ihrer Waffen und geringer Munitionsbestände erreicht, und niemand nahm etwas anderes an, als daß es sich hierbei nur um einen kurzen Zwischenaufenthalt handeln würde; keiner kam auf die Idee, daß man in diesen leichten Uniformen hier längere Zeit aushalten müßte.

»Jetzt begann unser neuntägiges Wunder!«, bemerkte Major Evans dazu.

13.

Die Dritte Schlacht – Der Höhepunkt

Würde man eine Lagekarte studieren mit den Einzeichnungen der Situation beider Gegner am Morgen des 17. März, müßte zwangsläufig ein ganz falscher Eindruck entstehen. Eine derartige Karte würde einen zu klaren und geordneten Eindruck machen. Der Kampf um den Monte Cassino – insbesondere während der dritten Schlacht – war aber zu keinem Zeitpunkt klar oder geordnet. Nur in den seltensten Fällen hatte ein Kommandeur seine Einheit in einem zusammenhängenden Einsatz unter seinem Befehl. Häufig kämpften vereinzelte Gruppen bei anderen Bataillonen oder waren ganz auf sich allein gestellt. Nach der Karte säßen die Rajputana Rifles vielleicht auf dem Punkt 202, doch in Wirklichkeit verteidigten Teile von ihnen den Castle Hill, Seite an Seite mit den Essex, oder hockten dann später auf dem Hangman's Hill gemeinsam mit den Ninth Gurkhas. Würde der Schüler einer Kriegsakademie je ein Planspiel nach Art der Dritten Schlacht anlegen, wären seine Beförderungsaussichten höchst zweifelhaft. Die Dritte Schlacht war eine blutige Auseinandersetzung ohne klare und geordnete Verhältnisse. Die Soldaten beider Seiten gerieten häufig völlig durcheinander, verloren den Überblick und ließen sich von dem Gefechtslärm überrollen, den die Gebirgsketten um den Monte Cassino zurückwarfen.

Viele örtliche Erfolge, die dann später in den Lagemeldungen auftauchten, waren der Initiative kleiner Gruppen zuzuschreiben und keineswegs geschlossenen Verbänden. Der normale Dienstweg, die Befehlskette funktionierte häufig nur schlecht oder überhaupt

nicht. Die jungen Truppenführer hatten überall mehr Einfluß auf die Entwicklung der Dinge und besseren Überblick als ihre Brigadekommandeure weiter hinten, die sich nur verzweifelt um Informationen von vorne bemühen und ihre Schäflein zusammensuchen konnten. In dieser rein infanteristischen Auseinandersetzung zwischen Deutschen, Neuseeländern, Indern und Nepalesen ging es aber auch den Generalen Freyberg und Heidrich nicht besser. Heidrich hatte alle seine Reserven eingesetzt und konnte jetzt nur noch beten, daß die Fallschirmjäger auch hielten.
Freyberg besaß noch Reserven, aber er zögerte mit ihrem Einsatz, bis es zu spät bzw. der Preis zu hoch war, den er bezahlen wollte. Als am 17. März der Tag anbrach, befanden sich der Hangman's Hill sowie die Punkte 202 und 165 im Besitz der 1/9 Gurkhas und 1/6 Rajputana Rifles. Da andererseits die Höhe 165 starkem deutschem Druck ausgesetzt war, konnte von gesicherten Verhältnissen noch nicht die Rede sein. Der Vorteil, daß die Gurkhas dicht unterhalb des Klosters saßen, wurde durch den Umstand wieder zunichte gemacht, daß sie praktisch in der Luft hingen. Die Bedeutung des Castle Hill hatten die Alliierten stets richtig eingeschätzt, und auch General Heidrich erkannte nur zu bald, daß sich hier die Hauptschlagader der 9th Gurkhas befand. Gelänge es, das 1/4 Essex vom Castle Hill zu vertreiben, würde dadurch auch jeder weitere Vorstoß des Neuseeländischen Korps vereitelt. Jeder erneute Angriff auf das Kloster durch die 9th Gurkhas oder andere Einheiten wäre zum Scheitern verurteilt, säßen die Deutschen wieder auf dem Castle Hill.
Die Aufgabenstellung für die Deutschen war am 17. März eindeutig: sie mußten die Neuseeländer in der Stadt zum Stehen bringen und dafür sorgen, daß jede Verbindung der 5 Indian Brigade vom Castle Hill zu den weiter oben gelegenen Stützpunkten unterbrochen wurde. Die Alliierten versuchten natürlich, genau das Gegenteil zu erreichen. Freyberg drängte seinen Untergebenen, Major General Parkinson, »mit größter Energie die Stadt auf breiter Front zu durchkämmen. Bis heute abend muß der Anschluß mit den Gurkhas hergestellt sein. Werfen Sie alles in die Stadt, was Sie haben«.
Während General Freyberg diesen Befehl um 08.00 Uhr gab, war das 25 New Zealand Battalion zusammen mit einem Zug des 19 New Zealand Armoured Regiment bereits damit beschäftigt, wei-

ter nach Westen vorzustoßen, um die Deutschen aus dem Stadtteil nördlich der Straße Nr. 6 zu vertreiben und Widerstandsnester in Gegend des Hotel Continental auszuräumen, welches für die Deutschen genauso wichtig war wie der Castle Hill für die Alliierten. Der Einsatz der Panzer machte sich bemerkbar, und trotz heftiger gegnerischer Artillerieabwehr näherten sich die Kiwis immer mehr ihrem eigentlichen Ziel.

Gegen 09.00 Uhr war zwar das Hotel Continental erreicht, aber rosig sah es deshalb noch lange nicht aus. Nichtsdestoweniger benutzte Freyberg diesen Teilerfolg, um seine Männer weiter anzuspornen. »Weiterstoßen – nicht nachlassen. Task Force B muß so rasch wie möglich durch.« Clark gegenüber, der ihn ständig drängte, noch mehr Infanterie nach Cassino hineinzuwerfen, äußerte Freyberg die Hoffnung, daß die Dinge langsam in Bewegung gerieten.

Etwa zur gleichen Zeit lagen auch bei den Stäben des XIV. Panzerkorps und der 10. Armee die ersten verarbeiteten Lagemeldungen vor. In dem allgemeinen Durcheinander hatte man die alliierten Erfolge zunächst für größer gehalten, als sie tatsächlich waren, und die 10. Armee räumte Kesselring gegenüber ein, daß die Dinge »nicht gerade zum besten« stünden. Die schweren Häuserkämpfe hatten kritische Verluste zur Folge, und die tatsächliche Kampfstärke des Fallschirmjägerregiment 1 war beträchtlich zusammengeschmolzen. General Heidrich machte sich ernstliche Sorgen, über die ihm jedoch die Tatsache hinweghalf, daß sich sowohl der Westteil der Stadt als auch das zerstörte Kloster auf dem Monte Cassino nach wie vor im Besitz seiner Fallschirmjäger befanden. Der Führer schickte Heidrich einen persönlichen Glückwunsch, und gleichzeitig wurden ihm auch zwei Bataillone des Panzergrenadierregiment 155 als Divisionsreserve unterstellt. Der erstere wurde quittiert und die Verstärkung dankend angenommen, um mit ihr Fallschirmtruppen an den weniger kritischen Stellen der Stadt abzulösen. Es war dies ein typisches Beispiel für die Haltung von Heidrich und seinen Männern, die es ablehnten, die Ehre des Einsatzes in Cassino mit anderen zu teilen, und das galt auch für die neu eingetroffenen Einheiten.

Der weitere Angriff des 26 New Zealand Battalion war, wie N. C. Phillips es formulierte »eine harte und mühselige Angelegenheit«. Da die Funkverbindungen nicht klappten, lief nichts, wie es sollte, was unter anderem dazu führte, daß ein heftiger Feuerschlag der Artillerie, welcher um 11.00 Uhr das Antreten der Panzer der A Squadron einleiten sollte, ohne Kenntnis der Infanterie erfolgte. Die Panzer setzten sich in Richtung Bahnstation in Marsch, fanden aber trotz vorangegangener Erkundung in dem unübersichtlichen Trümmerfeld die Straßengabel nicht wieder, von der aus der Weg zum Bahnhof abzweigte. So mußte ein Umgehungsweg gesucht und gefunden werden. Unter einem Hagel von MG-Geschossen setzte der Zug Panzer seinen Weg fort, bis zwei von ihnen durch deutsche Pak in Brand geschossen wurden. Zwei weitere erreichten schließlich gegen Mittag die Bahnstation, wo sie das Eintreffen des Bataillon 26 abwarten und dieses beim weiteren Vorgehen unterstützen sollten.

Die »C« Company des 26 Battalion erhielt den Befehl, den Panzern zu folgen, während Melder in der Stadt umherirrten, um den anderen Kompanien einen ähnlichen Auftrag zu übermitteln. Diese strömten daraufhin aus verschiedenen Richtungen zusammen, um sich in der Nähe des Convents, unweit des Bataillonsgefechtsstands, zum Angriff auf den 900 m entfernt gelegenen Bahnhof bereitzustellen.

Schließlich gelang es der »C« Company, die Verbindung mit den beiden einsamen Spitzenpanzern herzustellen und eine Sicherung 200 m darüber hinaus vorzuschieben. Die Stärke der Kompanie betrug zu diesem Zeitpunkt jedoch nur noch 40 Mann, und was vom Bataillon nachtröpfelte, war müde, erschöpft und durcheinandergewürfelt. Allerdings wurde das Durcheinander und die verlorengegangene Kontrolle in gewissem Maße durch die Initiative und Entschlossenheit junger Führer wieder wettgemacht, die ihre tapferen kleinen Einheiten fest in der Hand hatten. Mit Dunkelwerden hatten etwa einhundert Mann des Bataillons den Bahnhof genommen, doch zeigte eine später vorgenommene Verlustzählung, daß dieses Unternehmen immerhin über siebzig Mann gekostet hatte, von denen mehr als die Hälfte gefallen waren.

Die Eroberung der Bahnstation war ein Erfolg, selbst wenn man die vielen Ausfälle in Betracht zieht und den unerwartet hohen Zeitbedarf. Die anderen Bataillone der Neuseeländer, welche im Westteil der Stadt die deutschen Stützpunkte noch weiter berannten, hatten indessen nur geringe Fortschritte zu verzeichnen.

Der Widerstand rund um das Hotel Continental sowie das Hotel des Roses wurde nach wie vor entschlossen fortgesetzt, während das wichtige Straßenstück, dort wo die Via Casilina den scharfen Knick nach Süden macht, durch ein weiterhin heftig umkämpftes Gebiet führte. Freybergs Hoffnungen, welche am Morgen des 17. noch durchaus optimistisch auf eine Verbindungsaufnahme mit den Gurkhas auf Hangman's Hill abzielten, wurden mit fortschreitender Zeit mehr und mehr zurückgeschraubt. Dabei hatte es seinen Verbänden keineswegs an Luftunterstützung gefehlt. Über vierhundert Einsätze wurden geflogen, die Artillerie verschoß ungeheure Munitionsmengen, und in der Stadt machten Panzer den Weg für die drei Infanterie-Bataillone frei. Auf dem Hangman's Hill hielten die 1/9 Gurkhas ohne Verbindung nach rückwärts weiter aus und litten besonders unter dem fortgesetzten Nebelschießen der alliierten Artillerie, hinter dessen schützendem Vorhang die Kiwi-Pioniere an einer Brücke über den Rapido arbeiteten. Der vorgeschobene Artilleriebeobachter auf dem Hangman's Hill ärgerte sich darüber genauso wie die Gurkhas: »Unser Artilleriefeuer hielt den ganzen Nachmittag über an und lag derartig genau, daß allein der Sangar* des Chefs der Gurkhas drei direkte Treffer erhielt. Seine dringende Aufforderung zur Feuerverlegung konnte vom Batteriechef nicht befolgt werden. Sämtliche Funkverbindungen schienen überlastet zu sein.« Ein anderer Offizier fügte hinzu: »Wie immer wir auch schimpften und fluchten, wir konnten nichts daran ändern! Sogar einige Sprenggranaten lagen zu kurz und schlugen direkt zwischen uns ein, wodurch weitere Verluste entstanden.« Das Ärgerlichste an der ganzen Geschichte war aber wohl, daß niemand es für nötig gehalten hatte, Lieutenant Colonel Nangle oder seine Gurkhas von dem beabsichtigten Nebelschießen in Kenntnis zu setzen. Erst das plötzliche Einsetzen des Feuers und die fast pausenlosen Einschläge weiterer Granaten ließen erkennen, was hier gespielt wurde. Im weiteren Verlauf des Tages hatten jedoch die Beobachter auf dem Hangman's Hill wachsende Zweifel bezüglich des Sinns dieses Nebelschleiers, vor allem weil die wichtigste deutsche B-Stelle, welche in einem doppelt gezackten Mauerrest des Klosters lag, das Geschütz- und Granatwerferfeuer unverdrossen weiter auf die neuseeländischen Panzer lenkte, die sich infolge der Schuttberge und Trichter nicht von

---

* Sangar = aus Steinen geschichtete Brustwehr

der Stelle rühren konnten oder am Stadtrand aufmarschiert waren. Freyberg erhielt hinsichtlich der Gefechtsführung unterschiedliche Ratschläge. Seine neuseeländischen Untergebenen, Major General Parkinson und Brigadier Bonifant (Kommandeur der 6th Brigade), teilten seine Auffassung, daß weitere Verstärkungen in der Stadt nicht mehr benötigt würden. Die Generale Clark und Galloway hingegen fuhren fort, ihn zu drängen, noch weitere Infanterieverbände in die Stadt zu werfen, selbst wenn man dazu der 78th Division eine Brigade wegnehmen müßte, die bislang für den Durchbruch ins Liritai bereitgehalten wurde. Aber Freyberg – genau wie auch sein Vorgänger Keyes – haßte allein schon die bloße Vorstellung, daß das für die Verfolgungsschlacht notwendige Truppenkontingent vorzeitig verringert werden könnte. Anscheinend kreisten die Gedanken der beiden Korpskommandeure mehr um die zweite Phase des Operationsplans als um die erste, die sie noch zu bewältigen hatten. Mark Clark machte sich Freyberg gegenüber für einen Angriff auf das Kloster vom Hangman's Hill aus stark in Verbindung mit einem Panzervorstoß über die nordostwärts davon gelegenen Berge. Freyberg hatte hieran begründete Zweifel und wollte seine Verbände nicht eher einsetzen, als bis die Versorgungslinie zu den Ninth Gurkhas absolut klar war, und Galloway vertrat die Auffassung, daß die Nachschubverbindung erst dann gesichert werden könnte, wenn die Neuseeländer die Stadt gänzlich in Besitz hätten. In einem Punkt waren sich die vorne führenden Generale aber einig: wichtig war vor allem erst einmal, daß die Gurkhas auf Hangman's Hill versorgt wurden, und die Verbindung zwischen ihnen und dem Castle Hill gesichert zustande kam.

Die erste Aufgabe, d. h. die Versorgung der Gurkhas, erwies sich als durchführbar, nicht jedoch die zweite. An ihr biß man sich die Zähne aus, und so sollte schließlich die ganze Schlacht scheitern. Kurz nach Einbruch der Dunkelheit traf in Begleitung von zwei Kompanien 4/6 Rajputana Rifles eine Trägerkolonne auf dem Castle Hill ein. Ihr Weitermarsch wurde durch einen Angriff der Deutschen auf die untere Haarnadelkurve verzögert, den die Männer vom Essex-Regiment erst zurückweisen mußten. Aber der Gefechtslärm sowie das heftige Artilleriefeuer, welches bei den Trägern neunzehn Ausfälle verursacht hatte, brachte diese derart aus der Fassung, daß sie sich weigerten, bis zur Höhe 435 weiterzuge-

hen. Diese Haltung konnte nicht verwundern, da es sich bei ihnen um indische Pioniere handelte, die weder Waffen besaßen noch für eine solche Aufgabe vorgesehen waren. Dennoch mußte Verpflegung und vor allem Munition zu den 1/9 Gurkhas auf Hangman's Hill heraufgeschafft werden, hatten sie doch bei ihrem Aufstieg nur das Nötigste mitgenommen. Verschiedene Berichte behaupten, daß jetzt zwei Kompanien von den 4/6 Rajputana Rifles den Befehl erhalten hätten, die Trägerlasten zu übernehmen. Der Verfasser erinnert sich jedoch – und das wird von Freunden bestätigt, die sich s. Z. im Kastell befanden –, daß sich diese Kompanien unter ihrem Führer Captain French freiwillig meldeten, um den Weg nach oben zu machen bzw. sich notfalls durchzukämpfen. Sie brachen auf, und drei Stunden später traf die Meldung ein, daß die Inder bei acht Verlusten das Spießrutenlaufen erfolgreich hinter sich gebracht hatten. Eine Kompanie kam erst bei Hellwerden an, nachdem sie zuvor fast in das Kloster hineingestolpert wäre! Beim Schein der aufgehenden Sonne bezog sie am rechten Flügel der Gurkhas eine Abwehrstellung, entschlossen, bei den jetzt erwarteten Kämpfen auch ihr Teil beizutragen. Aus militärischen Gründen hatten die Traglasten vornehmlich aus Munition bestanden, so daß auf dem Hangman's Hill jetzt die Verpflegung äußerst knapp wurde. Auch Wasser war ein Problem: »Die auf dem Hang unterhalb von uns liegenden Kiwis (Punkt 202) ließen uns netterweise ihre Quelle erst benutzen, nachdem wir auf dem Grund der unseren ein totes Maultier gefunden hatten!«
Während der Nacht wurde bei der New Zealand Division ein Plan entworfen, der einen Angriff vom Punkt 202 auf die beiden von den Deutschen gehaltenen Hotels zum Ziel hatte.
Ein schneidiger Vorstoß der »C« Company 24 New Zealand Battalion erreichte das Hotel des Roses und brach eigentlich erst zusammen, nachdem der Spitzenzugführer tödlich getroffen war – buchstäblich vor der Hoteltür. Nachdem die Kompanie sechs Gefallene und fünf Verwundete hatte hinnehmen müssen und ein weiteres Vordringen sich als unmöglich erwies, setzten sich ihre Züge oberhalb der Stadt rund um den Punkt 202 fest.
Der erste deutsche Gegenschlag erfolgte am 18. kurz nach Hellwerden, als rund sechzig Mann des Fallschirm-MG-Bataillons (Kradschützenkompanie) zum Angriff auf die Bahnstation antraten. Er wurde mit größter Entschlossenheit geführt und konnte

erst nach hartnäckigem Kampf zurückgewiesen werden. Diese Angriffshandlung war insofern bezeichnend, als sie zu erkennen gab, daß die Deutschen ihr Gleichgewicht und Selbstvertrauen wiedergewonnen hatten. Nach der Bombardierung und auch vorher hatten sie hinhaltend gekämpft und nur da gehalten, wo es unerläßlich war. Jetzt aber, nachdem den Verteidigern in der Stadt Verstärkungen zugeführt worden waren – und dies zum Teil durch unterirdische Gänge aus dem Gebiet des Amphitheaters – gaben sie zu erkennen, daß von nun an mit Gegenangriffen und Offensivschlägen gegen das von den Neuseeländern gehaltene Dreieck gerechnet werden mußte: gegen die Höhe 193 (Castle Hill), wo das Essex-Regiment saß, die Höhe 435 (Hangman's Hill) mit den Gurkhas und gegen die von den Kiwis verteidigte Bahnstation. Von diesen drei Punkten war der Castle Hill der wichtigste. Solange die Alliierten diesen hielten, war auch ein Angriff auf das Kloster über den Hangman's Hill möglich. Ging er hingegen verloren, war es auch um die vorgeschobene Stellung auf dem letzteren geschehen. Auch der Griff der Neuseeländer um den Bahnhof mußte sich lockern, sofern es den deutschen Fallschirmjägern gelang, den Castle Hill wiederzunehmen, hatte man doch von dort einen beherrschenden Blick über die Stadt. Der Kampf um das Kloster hing vom Ausgang des Kampfes um den Castle Hill ab, und niemand begriff die Wichtigkeit dieser Höhe besser als General Heidrich.
Auch die deutsche Luftwaffe stattete Cassino am 18. März einen überraschenden Besuch ab, indem sie mit tief fliegenden Maschinen die eigenen Angriffe gegen den Bahnhof unterstützte. Zwar wogte der Kampf dort den ganzen Tag hin und her, doch konnte keine der beiden Seiten entscheidende Vorteile für sich verbuchen. Das 26 New Zealand Battalion hatte es mit Scharfschützen zu tun, war ständigem Artillerie- und Granatwerferfeuer ausgesetzt und wurde sogar verschiedentlich von der Luftwaffe bombardiert, deren Maschinen urplötzlich auftauchten und wieder verschwanden. Das benachbarte 25 New Zealand Battalion hatte den Befehl erhalten, die Scharfschützen und MG-Nester zu vertreiben, welche sich in den Häusern am Fuß des Castle Hill noch immer hielten. Vor allem die Scharfschützen erwiesen sich für die Briten auf dem Castle Hill als überaus unangenehm, da sie die Hauptzugangsstraße unter Kontrolle hielten. Ein ganzer Tag sollte vergehen, bis es der »C« Company gelang, auch nur ein Haus von ihnen zu

Ein Sturmgeschütz III mit 7,5-cm-Geschütz der 44. Infanteriedivision »Hoch- und Deutschmeister« in Lauerstellung am Rande eines kleinen Dorfes unweit von Cassino.

Jedes Haus in Cassino, das nicht vollständig zerstört war, diente den deutschen Verteidigern als Stützpunkt. Hier durchsucht ein britischer Infanteriestoßtrupp ein teilweise zerstörtes Haus nach deutschen Soldaten.

Funksprechkontakt mit den in Cassino fechtenden Truppen. Eine neuseeländische Funkstation oberhalb von Cassino am 26. März 1944.

Neuseeländische Soldaten bewachen einen Trupp gefangener Fallschirmjäger, die vor einem Sherman-Panzer zum Abmarsch ins Lager bereitstehen.

Soldaten des II. Bataillons des »Somerset-Regiments« auf dem Marsch auf einem schmalen Maultierpfad bei Sujo oberhalb des Nordufers des Garigliano am 20. März 1944.

Blick vom Nordrand der zerstörten Stadt Cassino auf die Trümmer des Klosters.

Blick auf den Klosterberg aus der Stellung des »Royal Sussex-Regiments«.

säubern, doch die Beschießung der Straße ging dann vom nächsten Haus weiter. Der Verfasser wird nie vergessen, wie er immer wieder hinter Felsen Deckung nehmen mußte, bevor der nächste Sprung gewagt werden konnte. Die dritte neuseeländische Einheit, das 24 Battalion, hielt derweil 200 m weiter südlich die erreichte Linie – »in respektvoller Entfernung vom Hotel Continental und dessen benachbartem Stützpunkt, dem Hotel des Roses«.
Ein geplanter weiterer Vorstoß nach Süden, auf den dort verlaufenden Abschnitt der Straße Nr. 6 zu, wurde durch den Zusammensturz eines Hauses unterbrochen, in dem sich gerade zahlreiche Neuseeländer aufhielten. Zu allem Übel folgte auf dieses Desaster dann auch noch ein Überfall durch Sturzbomber. Bis die Leute aus den Trümmern geborgen werden konnten und die ursprüngliche Ordnung wiederhergestellt war, verging so viel Zeit, daß das Vorhaben aufgegeben werden mußte.
Gegen Abend wurde es klar, daß die Deutschen das gesamte Kampfgeschehen beherrschten. Besonders ungünstig entwickelte sich dabei die Lage auf dem Castle Hill, da sich das auf dem Zugangsweg zum Kastell liegende gezielte Feuer mehr und mehr bemerkbar machte.
Die Erstarrung der Fronten in Cassino wirkte sich zugunsten der Verteidiger aus, deren wachsendes Selbstbewußtsein sich auch in einer ihrer Meldungen ausdrückt: »Die feindlichen Angriffe hielten den ganzen Tag über an, doch hielten die Fallschirmjäger stand und behaupteten ihre Stellungen ... die Artillerie hatte wieder einen großen Anteil am Abwehrerfolg, indem sie der hart bedrängten Infanterie Entlastung brachte und durch zusammengefaßtes Feuer gegnerische Bereitstellungen zerschlug. Frische Reserven wurden nach vorne gebracht und verstärkten die sehr schwache Besatzung der Stadt.« Nachdem die Krise vorüber war, zeigte sich General Heidrich voller Optimismus für die Zukunft.
Was die Deutschen gefürchtet hatten, war die plötzliche Zuführung weiterer Infanterie durch das Neuseeländische Korps, noch bevor die Löcher in der eigenen Abwehr gestopft waren. Aber erst nach vielen Erwägungen und dann auch erst am späten Nachmittag entschied sich Freyberg für den Einsatz eines frischen Bataillons. Das 28 (Maori) Battalion sollte in den frühen Morgenstunden des 19. gegen die deutschen Stützpunkte am Fuß des Castle Hill antreten. Freybergs Zögern war auf den Einfluß von Parkinson

zurückzuführen, der nach wie vor die Auffassung vertrat, daß genügend Truppen in der Stadt eingesetzt seien. Diese Unentschlossenheit und dieses Schwanken von General Freyberg wirkten sich leider zugunsten seines Gegners General Heidrich aus.
So verging denn die Zeit, und damit wurden die Chancen verpaßt, die Schlacht zu gewinnen. Am darauffolgenden Tag, dem 19. März sollte nach der Planung des Neuseeländischen Korps das Kloster fallen. Bis dahin, so hoffte man, würden die Maoris auch die Deutschen in und um das Hotel Continental geworfen und das Gelände unterhalb des Castle Hill gesäubert haben. Die Reste des 1/6 und 4/6 Rajputana Rifles, die jetzt zusammengeworfen worden waren, sollten das 1/4 Essex im Kastell ablösen, damit das britische Bataillon auf diese Weise zur Unterstützung der Gurkhas auf dem Hangman's Hill frei wurde. Beide zusammen sollten dann auch den letzten Sprung zum Sturm auf das Kloster wagen.
Der Plan war kühn und verzweifelt zugleich, so als ob dem Neuseeländischen Korps klar wäre, daß es sich hier um die letzte Gelegenheit zum Gewinnen der Schlacht handelte. Selbst wenn die Deutschen die Ausführung dieses Plans tatenlos abgewartet hätten, ist es höchst zweifelhaft, ob die übermüdeten und erschöpften Sturmkompanien der Essex und 9th Gurkhas stark genug gewesen wären, um den großen Ruinenkomplex zu nehmen und zu halten. Derartige Gedanken hatte sich natürlich auch Freyberg gemacht, aber er setzte großes Vertrauen auf den überraschenden gepanzerten Vorstoß einer kleinen Kampfgruppe der 7 Brigade Recce Squadron, welche, verstärkt durch einige Panzer des New Zealand Regiment, entlang der Cavendish Straße von Norden her das Kloster angreifen sollte. Wenn es gelang, dieses Ablenkungsunternehmen mit dem Einbruch in das Kloster vom Hangman's Hill aus zu koordinieren, hatte der Stab des Neuseeländischen Korps durchaus Grund zu gedämpftem Optimismus.
Ein solcher Plan setzte natürlich voraus, daß die 9th Gurkhas auf dem Hangman's Hill frisch versorgt wurden, sollten sie sich doch nicht nur an dem weiteren Angriff beteiligen, sondern den unter deutschem Druck stehenden vorgeschobenen Stützpunkt auch weiterhin halten. Man entschied sich für eine Versorgung aus der Luft, welche im Verlauf des Nachmittags des 18. März durch etwa fünfzig Flugzeuge vorgenommen wurde. Viele Versorgungsbehälter fielen hangabwärts in die Hände der Deutschen, aber ange-

sichts des äußerst begrenzten Zielgebiets war der Erfolg der Flugzeuge dennoch beachtlich und wird auch von Colonel Nangle und den Überlebenden vom Hangman's Hill nie vergessen werden. Die Auswahl der Rationen für dieses Bataillon, dessen Angehörige zumeist der hochstehenden Kaste der Chhettri angehörten, zeichnete sich nicht gerade durch besondere Phantasie aus, aber Hunger und das Gebot der Stunde überwanden alle religiösen Skrupel. Die kleinen Rumfäßchen, die hierbei ebenfalls vom Himmel fielen, wurden nicht nur von den Gurkha-Kämpfern, sondern auch von den vielen Verwundeten begrüßt, welche unterhalb des Bataillons-Gefechtsstands schutzlos in einem Graben lagen.

Die Hoffnungen auf einen siegreichen Ausgang der »Operation Revenge« – so hieß das Codewort für den 19. – schmolzen bereits dahin, noch bevor die ersten Sonnenstrahlen hervorgekommen waren. Ohne Wissen voneinander hatten sich beide Seiten entschlossen, noch vor Tagesanbruch eine Entscheidung zu erzwingen. Das Neuseeländische Korps führte die erste Bewegung aus, indem der zusammengesetzte Verband der Rajputana Rifles die Verteidigung des Kastells übernahm. Diese Ablösung ging zunächst ungestört vonstatten, und die beiden Spitzenkompanien der Essex konnten sich in Marsch setzen, um weiter oben zu den Gurkhas zu stoßen. Im Kastell selber hatten die beiden anderen Kompanien die Übergabe an die Inder fast beendet, als plötzlich ein wilder Hagel von MG-Garben gegen die Mauern klatschte. Ein heftiger Feuerschlag aus Geschützen und Granatwerfern leitete einen Angriff ein, in dessen Verlauf sich rund dreihundert Mann des I. Fallschirmjägerregiment 4 vom Kloster herunterstürzten, wobei die überraschten und geschockten Rajputana-Verteidiger des Punktes 165 sowie einer Stellung an der unteren Haarnadelkurve überrannt wurden. Die Sturmspitze erreichte nicht nur die Kastellmauern, sondern drohte auch die Verteidiger zu überwältigen, welche sich durch Schießscharten und hinter Trümmerbergen feuernd, der ungestümen deutschen Soldaten erwehrten.

Der Entschluß der Deutschen, die Lebensader zwischen dem Kastell und dem Hangman' Hill abzuwürgen, deutete darauf hin, daß es sich bei diesem mit äußerster Heftigkeit geführten Angriff um eine größere Aktion handelte. Die aus zwei Kompanien Essex, zwei Zügen der Rajputana Rifles sowie einigen Pionieren und Kanonieren bestehende Besatzung ging entlang der Mauern in Stellung, und was dann folgte, »ähnelte stark einer mittelalterlichen Belagerung«. Handgranaten flogen über die Mauern und erwischten auf der anderen Seite einige Fallschirmjäger, die mitten im Hof und nur wenige Meter vor ihrem Angriffsziel fielen. Die Deutschen erlitten schwere Verluste durch die flankierenden Vickers-MG der Essex, welche vom benachbarten Punkt 175 schossen, und wurden nach etwa zwanzig Minuten durch ein Leuchtzeichen zurückbeordert.

Die danach eintretende Pause sollte nur von kurzer Dauer sein, denn kurze Zeit darauf traten die Deutschen erneut zum Angriff an. Die Verteidiger unter Major Beckett wurden jedoch nicht überrascht: »Das Abwehrfeuer wurde daher ganz nah herangezogen, und mit Beginn des Angriffs der ganze Zauber von Artillerie, Granatwerfern, mittleren Maschinengewehren und leichten Waffen ausgelöst.« Im Verlauf dieses Angriffs stürzte ein Teil der Westmauer des Kastells ein und begrub unter sich über ein Dutzend Soldaten der kleinen britischen Besatzung. Anfänglich glaubte man, daß hieran eine britische Panzergranate schuld gewesen sei, doch später wurde bekannt, daß es sich um eine Sprengung durch die Pioniere der 1. Fallschirmjägerdivision gehandelt hatte, denen es zwar gelang, eine Bresche in die Mauer zu legen, nicht aber, durch diese hindurch in das Kastell auch einzudringen. Der zweimal verwundete Major Beckett gab seinen Männern ein hervorragendes Beispiel, und seine Führungspersönlichkeit war den ganzen 19. März hindurch von ausschlaggebender Bedeutung, währenddessen die Lage auf dem Castle Hill angespannt und ernst blieb.

Wäre der Castle Hill im Zuge dieser Kämpfe verlorengegangen, hätte das wahrscheinlich auch die Stellung auf dem Hangman's Hill gekostet. Ganz so viel erreichten die Deutschen zwar nicht, doch hatte ihr Gegenstoß zur Folge, daß der gemeinsame Angriff auf das Kloster durch die Essex und 9th Gurkha aufgegeben werden mußte. Obwohl sich die Deutschen nicht im Besitz des Bergteils oberhalb des Castle Hill befanden, verstanden sie es dennoch, durch Scharfschützen und gut liegendes Artillerie- und Granatwerferfeuer den Gurkhas das Leben schwer zu machen. Ein neuseeländischer Unteroffizier hat geschildert, wie sich eine solche Beschießung des Hangman's Hill vom Tag her ausmachte: »Artillerie- und Mörsergranaten hauten zwischen die Felsblöcke und

zerbarsten in sprühend roten Feuerbällen auf der kieselhaltigen Oberfläche, während die Detonationen von den umliegenden Bergen zurückgeworfen wurden. Unsere vor und hinter Trocchio in Stellung befindlichen Geschütze erwiderten das Feuer mit einem Hagel von Granaten, die dicht über unsere Köpfe rauschten und auf dem Hang südwestlich des Hangman's Hill einschlugen.
Mir schien, als könnte ich mitunter das Aufblitzen der krepierenden Granaten erkennen. Nachdem der Sturm sich wieder beruhigt hatte und verhältnismäßige Stille eingetreten war, hörte man nur noch hier und da die rasenden Feuerstöße der MG 42 – im Gegensatz zu dem langsamen Stottern der antwortenden Bren. Die Inder (Gurkhas) waren noch da.«
Die verworrenen und einander widersprechenden Meldungen über die Kämpfe auf den unteren Hängen des Monte Cassino führten auch zu den eigenartigsten Befehlen. Der Verfasser notierte damals folgendes in seinem Tagebuch: »Unten im Steinbruch warteten wir auf neue Befehle, welche uns zurückprallen ließen, als sie schließlich eintrafen. Wir sollten auf einen Berg mit Namen Castle Hill vorrücken, welcher sich unterhalb des Klosters erhebt, um von dort aus, mit der daselbst in Stellung befindlichen Essex-Kompanie als Ausgangsbasis, zum Angriff auf das Kloster anzutreten.«
Eine Eintragung in meinem Tagebuch lautete nur: »Gott möge uns allen helfen.«
»Und Gott half uns – indem er einen gewissen Major Denis Bekkett von dem 1/4 Essex zu seinem Werkzeug machte, der auf dem Castle Hill eine Kompanie Essex führte. Sie wurde von den deutschen Fallschirmjägern unter schweren Druck gesetzt, die sich allmählich und äußerst geschickt daranmachten, den Castle Hill von der darunter gelegenen Stadt abzuschneiden. Innerhalb des Kastells, welches in den vorangegangenen Wochen bereits stark gelitten hatte, war ein buntes Gemisch von Überlebenden versammelt: Briten, Gurkhas (1/9 GR), Sikhs und Inder. Andere hatten bereits versucht, sich einen Weg zum Kloster herauf freizukämpfen, waren aber jedesmal reumütig in die relative Sicherheit des alten Kastells zurückgekehrt. Denis Beckett setzte alles daran, daß nicht auch die ›A‹ Company 2/7 GR zu den Geschlagenen gehörte, weshalb er auch uns um Hilfe bei der Verteidigung des Berges bat. Er lehnte es ab, uns in den Tod zu schicken, und setzte auch eine diesbezügliche Meldung an die Brigade ab.«

Gegen 10.15 Uhr hatte Nangle die zugesagte Verstärkung in Gestalt der B- und C-Kompanien des 1/4 Essex erhalten, die vom Castle Hill aufgebrochen waren, bevor noch der deutsche Angriff anlief. An sich hatten diese Kompanien umkehren und die ahnungslosen Fallschirmjäger überraschend in der Flanke packen wollen, doch Brigadier Bateman von der 5 Brigade befahl ihnen, den Aufstieg fortzusetzen und sich mit den 1/9 Gurkhas zu vereinigen. Dieser Auftrag erwies sich indessen als äußerst gefährlich und nur rund 70 Mann erreichten den Hangman's Hill; dies allerdings auch erst nach heftigen Kämpfen, und nachdem viele unterwegs verwundet worden waren.

General Freyberg hatte sich entschlossen, den Angriff auf das Kloster bis 14.00 Uhr zu verschieben, weshalb er es auch für die beiden unten gebliebenen Essex-Kompanien bei dem ursprünglichen Befehl beließ, auf den Hangman's Hill nachzurücken. Hierbei ging er auch von der Hoffnung aus, daß die Stadt bis dahin durch die Neuseeländer gesäubert und die Lage auf dem Castle Hill wieder bereinigt sein würde. Doch selbst bei einer entscheidenden Verbesserung der Ausgangssituation erscheint es höchst zweifelhaft, ob Colonel Nangles Verband für einen Stoß in das Zentrum des deutschen Widerstandes stark genug gewesen wäre, wenn nicht gleichzeitig die übrigen Teile der Fourth Indian Division einen Unterstützungsangriff gegen die Höhe 593 geführt hätten.

Die Dritte Schlacht ist die interessanteste, gewiß die verworrenste und zweifelsohne die tragischste der vier Schlachten um Cassino. Sie steckt voller unverständlicher Entscheidungen, deren Aufklärung auch das Studium aller vorhandenen Unterlagen nicht einwandfrei ermöglicht. So geht aus ihnen zum Beispiel hervor, daß der Angriff auf das Kloster bis 14.00 Uhr verschoben wurde, während der gepanzerte Vorstoß von der Cavendish Road aus völlig unerfindlichen Gründen am Morgen des 19. März anlief, ohne die geringste Rücksicht auf den Schwerpunktangriff von der HÖhe 435 aus. In dem Kriegstagebuch der Fourth Indian Division heißt es, daß man es angesichts des für 14.00 Uhr festgesetzten Angriffs der 9th Gurkhas für ein durchaus zu rechtfertigendes Risiko hielt, wenn das Ablenkungsmanöver der Panzer bereits früher stattfand. Wie dem auch sei, der Panzervorstoß fand statt und kam völlig überraschend für die Deutschen.

Die 3. Cassino-Schlacht mit der Frontlage am 19. März 1944.

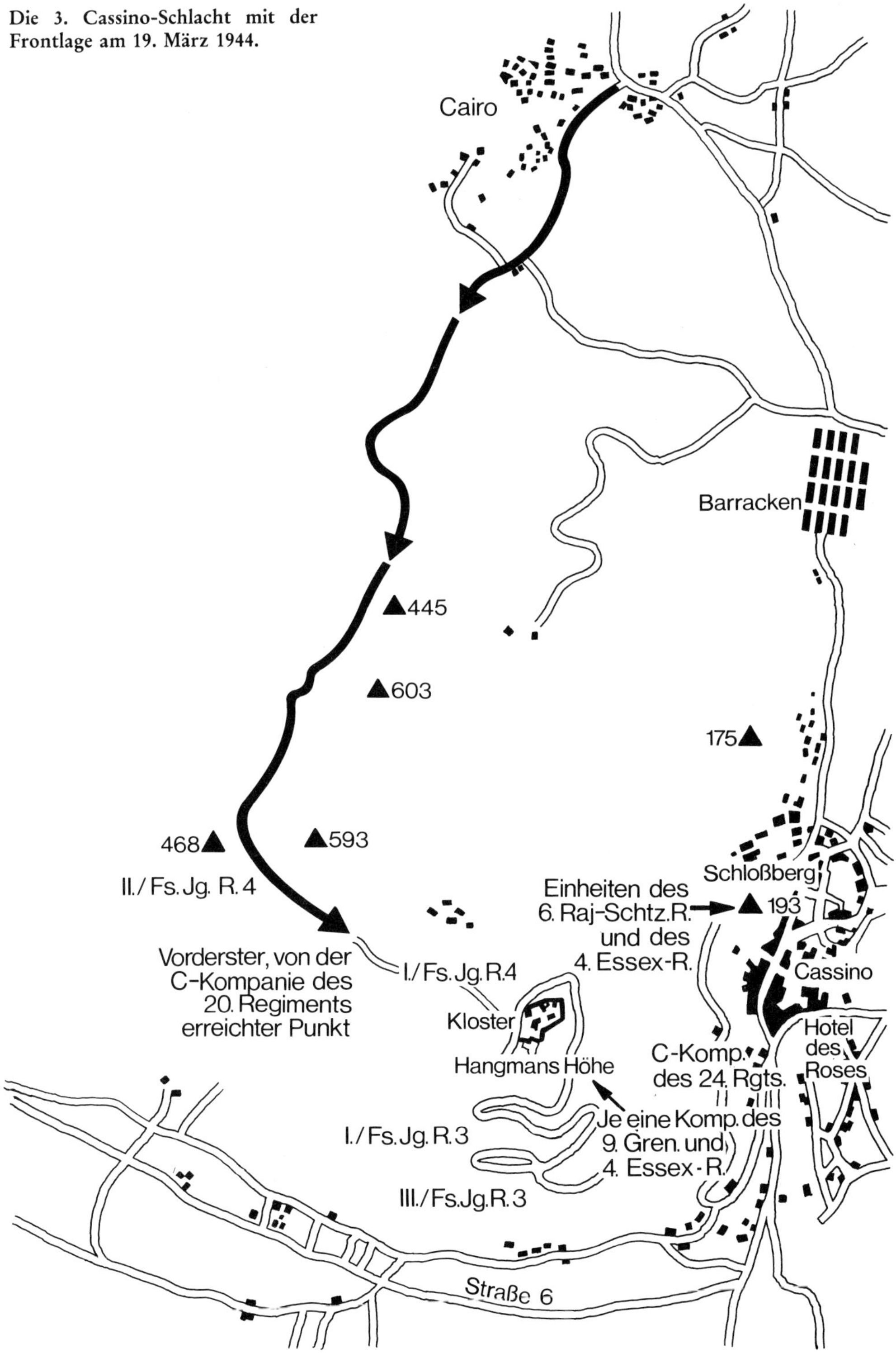

Leider rollten die Panzer ohne Infanterieunterstützung vor, da die geschwächte 7 Brigade bereits hinreichend mit dem Halten des gesamten Abschnitts bis hinüber zu den Bergen nordwestlich des Klosters beschäftigt war. Die Panzer hatten zwar beträchtliche Geländeschwierigkeiten zu überwinden, dennoch löste ihr Erscheinen einen ausgesprochenen Schock beim II. Bataillon Fallschirmjägerregiment 4 aus. Wilde Meldungen jagten zurück, und es verursachte ungläubiges Staunen, als die Panzer der »C« Squadron 20 Armoured Brigade zwischen der Farm Albanetie und der Südflanke der Höhe 593 auftauchten. Die Spitzenpanzer meldeten, daß vor ihnen ein grob geschotterter Weg zum Kloster hin führe, sie aber leider keine Infanteristen bei sich hätten. Das greifbar nahe Ziel vor Augen wurden die Kampfwagen jetzt nacheinander entweder abgeschossen oder fielen aus, so daß die letzten Wagen am späten Nachmittag zurückbeordert werden mußten.
Rückblickend besteht kein Zweifel, daß dieses kühne Unternehmen, welches überhaupt nur dank der großartigen Vorbereitungen durch die Pioniere und des gewandten und schneidigen Einsatzes der Panzerbesatzung möglich wurde, den Deutschen einen beträchtlichen Schock versetzte. Tragischerweise blieb es nur ein aussichtsloser Vorstoß ohne Einfluß auf die Gesamtlage – eine draufgängerische Geste ohne taktische Bedeutung.
Der dritte Rückschlag, den das Neuseeländische Korps im Laufe des 19. März hinnehmen mußte, war der mißglückte Versuch des Maori-Regiment 28, die deutschen Stützpunkte beim Hotel Continental auszuschalten. Die Panzer des 19 Armoured Regiment waren außerstande, gemeinsam mit der Infanterie vorzugehen, da die Gegend durch Trümmer und Bombenkrater unpassierbar war. Die Maoris kämpften tapfer, machten auch eine Handvoll Gefangene, vermochten das Zentrum des Widerstandes aber dennoch nicht auszuschalten. Es wurde immer offensichtlicher, daß deutsche Verstärkungen eingetroffen waren. So lange aber immer wieder Scharfschützen in »gesäuberte« Teile der Stadt einsickerten, fiel die Eroberung einzelner Häuser durch die Kiwis kaum ins Gewicht.
Das Ergebnis von General Freybergs Doppelangriff auf das Kloster war also ein abgewiesener Panzervorstoß sowie die abwartende Haltung eines zwar größeren, aber abgeschnittenen Verbandes auf dem Hangman's Hill.

Unter diesen Umständen hatte der Kommandierende des Korps keine andere Wahl, als jeden weiteren Angriff auf das Kloster so lange aufzuschieben, bis der Castle Hill und die Stadt fest in eigener Hand waren. Außerdem mußte er feststellen, daß General Galloway sich nach wie vor für den vermehrten Einsatz von Infanterie in Cassino einsetzte. Ohne eine solche Unterstützung, so behauptete er, sei seine Fourth Division außerstande, einen Sieg auf den Bergen zu erringen.

Tatsächlich standen Freyberg zwei Möglichkeiten offen. Einmal konnte er General Clark empfehlen, die Schlacht abzubrechen, bevor sie sich endgültig festfuhr. Nach allen unternommenen Anstrengungen des 19. März hätte dies jedoch verheerende moralische Auswirkungen gezeitigt, besonders, nachdem man den Erfolg ja schon fast in Händen hatte. Im zweiten Falle wäre es erforderlich gewesen, eine frühere Entscheidung zu widerrufen, wonach die 78 Division aufgespart werden sollte. Vielmehr hätte man durch sie die Stadt besetzen lassen müssen, um das Einsickern weiterer feindlicher Einheiten ein für allemal zu unterbinden.

General Freyberg entschloß sich für den letzteren Weg und befahl der 78th Division, Teile der Neuseeländer in der Stadt und mit einem Bataillon der 6 Royal West Kents die Besatzung auf dem Castle Hill abzulösen, um im Anschluß daran die Höhe 165 wiederzunehmen. Aufgabe der 5 New Zealand Brigade sollte dann die endgültige Säuberung der Stadt sowie eine Öffnung der Straße Nr. 6 nach Süden sein, damit auch die Verteidiger auf dem Hangman's Hill und der Höhe 202 nicht mehr in der Luft hingen.

Das XIV. Panzerkorps betrachtete die Lage zwar gelassen, doch keineswegs mit Zufriedenheit. Die Hauptbedrohung vom Hangman's Hill glaubte man durch den Gegenangriff auf die Höhe 193 (Castle Hill) ausgeschaltet zu haben. Am meisten zu schaffen machte im Augenblick das vermehrte Auftauchen alliierter Panzer in der Stadt. Auch wenn sie in der Schuttlandschaft auf einige wenige Fahrspuren angewiesen blieben, fügten sie den verteidigenden Fallschirmjägern doch schwere Verluste zu. Die Kämpfe in der Stadt waren nach wie vor zäh und verbissen, was am besten durch die geringe Anzahl von Gefangenen zum Ausdruck kommt, welche am 19. März gemacht wurden. Den Alliierten fielen lediglich 51 Deutsche in die Hände, und umgekehrt war das Ergebnis etwa gleich. Um jeden Meter Boden wurde gerungen und kein Pardon

gewährt; dennoch bleibt es erstaunlich, wie trotz äußerster Härte die Regeln eines anständigen Kämpfens gewahrt wurden.
Aus vielen Geschichten von Cassino-Kämpfern geht hervor, daß so etwas ähnliches wie Kameradschaft vorhanden war. Major Bekkett erinnert sich an folgenden Vorfall: »Einer unserer wenigen Gefangenen rettete mir das Leben, indem er mich packte und zu Boden drückte, als einer ihrer Scharfschützen auf uns schoß. Später, bevor er zurückgeführt wurde, gab er mir seine Überhandschuhe.« Und als auf dem Castle Hill die Mauer einstürzte und mehrere britische Soldaten unter sich begrub, halfen auch deutsche Fallschirmjäger beim Ausgraben der Verschütteten und beim Abtransport der Verwundeten. Eine dritte Geschichte betrifft den Regimentsarzt der 1/9 Gurkha Rifles, welcher dreimal auf den Hangman's Hill kletterte, um dort Verwundete zu versorgen und Gehfähige zurückzubringen. Er wurde jedesmal von deutschen Fallschirmjägern angehalten und durchsucht. Beim zweitenmal gab man ihm einen Zettel, auf dem stand, daß weitere Verwundetentransporte nicht mehr gestattet würden. Das hinderte den tapferen Captain Sonnie aber nicht, einen dritten Gang zu wagen. Obwohl man ihn erneut abfing, ließen die Deutschen den Arzt mit seinen Verwundeten ungehindert passieren. Auf der anderen Seite hielt sich Captain Sonnie aber auch strikt an die Bestimmungen der Genfer Konvention und weigerte sich, einem aufgebrachten britischen Brigadier Auskünfte über die Deutschen zu geben, die er bei seinen diversen Hangüberquerungen gesehen hatte. Derartige Phrasen, wie »fanatische Nazi-Fallschirmjäger« machten auf die Männer des Neuseeländischen Korps keinerlei Eindruck, vielmehr sahen sie in ihren Gegnern hervorragende Soldaten. Selbst in der Hitze des Gefechts verloren beide Seiten nicht die Achtung voreinander. Viele Verwundete überlebten nur deshalb, weil – wie im Falle Captain Sonnie – den Krankenträgern gestattet wurde, sich im Vorfeld zu bewegen und ihre Pflicht zu erfüllen.
Nachdem jetzt also auch Einheiten der 78 Division herangezogen werden durften, sah der neuseeländische Korpskommandeur wenigstens noch eine kleine Siegeschance. Allerdings mußte diese innerhalb von achtundvierzig Stunden genutzt werden, da sowohl die Gurkhas auf dem Hangman's Hill als auch die Neuseeländer auf der Höhe 202 nicht mehr länger alleine aushalten konnten. Freyberg begrüßte den 20. März mit einer ironischen Eintragung

in seinem Tagebuch: »Wieder ein lieblicher Tag – klimatisch.« Winston Churchill telegraphierte am gleichen Tag an Alexander: »Ich hätte gerne eine Erklärung, weshalb Sie immer nur auf den Engpaß am Klosterberg Cassino, also auf einer Breite von drei oder fünf Kilometern einhämmern müssen. Etwa fünf bis sechs Divisionen sind auf diese Weise bereits verheizt worden – es ist schwer zu verstehen, warum der einzige Weg nach vorne nur über diesen äußerst nachhaltig verteidigten Punkt führen soll ...«
General Alexander rechtfertigte sich, daß das Winterwetter bezüglich des Angriffsorts keine andere Wahl gelassen hätte, wies auf die unerwarteten Verzögerungen durch die vollkommen in Trümmer liegende Stadt hin und sprach in höchsten Tönen von den deutschen Fallschirmjägern: »Vergegenwärtigt man sich, daß sie dem Bombardement der Kampffliegerverbände des gesamten Mittelmeerkriegsschauplatzes ausgesetzt waren sowie dem Beschuß von annähernd 800 Geschützen, d. h. einer bisher beispiellosen Feuerkraft, die sechs Stunden anhielt, so bezweifle ich sehr, ob auf der ganzen Welt eine gleichwertige Truppe nochmal zu finden ist, die das aushält und dann anschließend mit einer derartigen Entschlossenheit weiterkämpft.« Jedoch war aus Alexanders Funkspruch bereits ersichtlich, daß er nicht mehr an einen Erfolg der Schlacht glaubte.
Auch hatte er bereits Befehl für die Verlegung der Eight Army in den Cassino-Abschnitt gegeben, »um den entscheidenden Schlag in der nächsten Schlacht zu führen«.
General Freyberg war nicht der einzige höhere General, dem das Abbrechen der Dritten Cassino-Schlacht gegen den Strich ging. Sein direkter Vorgesetzter, General Mark Clark, hatte sich nach Überwindung der Krise bei Anzio und den zur Zeit dort erstarrten Fronten viel mehr dem eigentlichen Kampfabschnitt der Fifth Army widmen können. Nichts hätte er lieber gesehen, als einen Sieg bei Cassino noch vor Eintreffen der britischen Eighth Army. Seine Fifth Army war zweimal zurückgeschlagen worden und stand jetzt an der Schwelle einer dritten Niederlage.
Daß die Truppen, welche hierbei seit Februar nicht vorangekommen waren, aus Neuseeland, Großbritannien und Indien und nicht aus Amerika stammten, focht ihn nicht an, da die Führung in seinen Händen gelegen hatte. Als Armeeoberbefehlshaber wünschte sich Clark sehnlichst einen Erfolg, hatte aber – genau

wie Alexander – nach dem 19. März seine gewissen Zweifel. Zu Freyberg sagte er: »Ich glaube, ihr und der ›Boche‹ seid beide groggy.« Trotzdem wurde Freyberg noch einmal eine Frist von sechsunddreißig Stunden eingeräumt, wobei Alexander keinen Zweifel ließ, daß er weitere Angriffe nur unter der Voraussetzung genehmigen würde, daß alle Umstände für einen raschen Erfolg sprachen. Er hatte sich im Grunde bereits damit abgefunden, General Heidrich jetzt lieber einen zeitweiligen Erfolg zu überlassen, anstatt den eigenen großen Sieg im Frühjahr zu gefährden: einen Sieg, der zum Zusammenbruch des deutschen Widerstands südlich von Rom führen konnte.

Im gleichen Sinne hatte sich auch General Juin General Clark gegenüber geäußert: »Es schiene nicht ratsam, sich zu sehr auf örtliche Kämpfe einzulassen, welche sich bereits als kostspielig erwiesen hätten und von Tag zu Tag mehr Opfer fordern würden, und das nur eines bescheidenen Gewinns wegen. Ich erwähnte erneut meine eigene Auffassung bezüglich großer Umfassungsmanöver als der einzigen Möglichkeit zur Erreichung eines tiefen Durchbruchs und zur Ausschaltung derartiger Widerstandszentren wie Cassino ...

Ich kann nur hoffen, daß die ganze Angelegenheit zu einem guten und baldigen Ende geführt wird, denn im Hinblick auf die Gesamtlage kann ich nicht umhin mich zu fragen, in welcher Verfassung die britischen Truppen wohl aus der Schlacht kommen mögen.«

In der Nacht vom 20. auf den 21. März begann der Versuch des Neuseeländischen Korps, das Gefechtsfeld gegen das Einsickern weiterer deutscher Verstärkungen abzuriegeln. Sollte dies von Erfolg begleitet sein, wollte man eine erneute Anstrengung unternehmen, um die Stadt vor dem Antreten zum endgültigen Durchbruch vollends zu säubern. Eine Kompanie der 2/7 Gurkha Rifles der 7 Brigade erhielt den Auftrag, die Höhe 445 in Besitz zu nehmen, damit die Deutschen nicht mehr länger Verstärkungen durch die Schlucht zwischen Castle Hill und der Höhe 175 einschleusen konnten. Die Gurkha-Kompanie griff zwei Stunden lang an, war aber außerstande, die letzten Meter bis zum Ziel zu überwinden. Das heftige Abwehrfeuer kostete sie rund zwanzig Ausfälle und zwang schließlich zum Rückzug.

Oberhalb des Kastells befand sich noch ein weiteres »Loch«,

durch welches die Fallschirmjäger am Castle Hill südlich vorbei in die Stadt gelangten: die Höhe 165. Eine Kompanie des 6 Royal West Kent bekam daher den Befehl, aus dem Kastell heraus die untere Haarnadelkurve an dem zum Kloster führenden Weg anzugreifen. Kaum hatte man sich in Bewegung gesetzt, als die Spitze auch schon in ein frisch verlegtes Minenfeld geriet, welches sofort Verluste forderte. Da jetzt auch an keine Überraschung mehr zu denken war und das deutsche Feuer obendrein sehr genau lag, wurde der Angriff der Royal West Kents ebenfalls abgeblasen.

Innerhalb der Stadt versuchten die neuseeländischen Bataillone jetzt noch einmal, bis auf die Hänge des Klosterberges vorzustoßen, um die Verbindung mit den vorgeschobenen Teilen auf den Höhen 146 und 202 herzustellen. Bei Tagesanbruch hatten sie aber noch nicht viel erreicht. Die beherzten Verteidiger des Hotel Continental bildeten den Kern des Widerstands und vereitelten alle ihre Anstrengungen.

Mit dem Problemen des Straßenkampfes in einer zerstörten Stadt wurden die Kiwis nie so ganz fertig, egal, wie schneidig sie auch kämpften. Dafür lernten sie in der Dritten Schlacht, daß eine in Trümmer gelegte Stadt dem Verteidiger und vor allem den Scharfschützen Vorteile bietet.

Was gegen Ende des 21. März so an Meldungen durchsickerte, war nicht dazu angetan, im alliierten Hauptquartier neuen Optimismus auszulösen. Die gemachten Fortschritte bestanden in ein oder zwei eroberten Häusern. Nachdem sich Freyberg einen persönlichen Eindruck von der Lage verschafft und unter anderem auch mit dem Kommandeur des 21 New Zealand Battalion gesprochen hatte, entschloß er sich, auf Alexander einzuwirken, damit dieser die Fortführung des Angriffs um weitere vierundzwanzig Stunden genehmigte. Auch in London fragte sich Churchill, ob man die Entscheidung zum Abbrechen der Schlacht nicht noch verschieben sollte: »Bestimmt steht auch der Gegner unter hartem Druck«, endet sein Funkspruch an Alexander.

Beide Männer, der Soldat sowie der Politiker, seit Jahren einander freundschaftlich verbunden, spürten, daß zwischen Sieg und Niederlage nur noch wenige Meter lagen, ein paar Häuser, zur Verteidigung bestens eingerichtet und von Soldaten wirkungsvoll verteidigt, die nicht an Kapitulieren dachten, die zwar in einer verdammten Klemme saßen, nicht jedoch am Rande der Niederlage.

Pläne zur Wiederaufnahme des Angriffs am 22. wurden vom Fallschirmjägerregiment 1 vereitelt, welches eine von Pionieren verstärkte Kompanie gegen die Royal West Kents im Kastell ansetzte. Das britische Bataillon, in dessen Händen die Abwehr lag, wußte sich indessen zu behaupten und fügte den Angreifern nicht nur schwere Verluste zu, sondern machte obendrein auch noch rund dreißig Gefangene. Dennoch ließ diese Kampfhandlung zunächst einmal alle weiteren Angriffsgedanken vom Castle Hill aus in den Hintergrund treten.

Auch anderswo zeigten sich die Verteidiger erfolgreich, nur handelte es sich bei ihnen um Deutsche und nicht um Briten oder Neuseeländer. Trotz hervorragender Unterstützung durch Panzer des 19 Armoured Regiment und verschwenderischem Artillerieeinsatz, waren die in der Stadt kämpfenden erschöpften neuseeländischen Bataillone außerstande, den Osthang des Castle Hill zu durchkämmen. Wie am Tag zuvor wurden auch diesmal wieder nur ein oder zwei Häuser erobert, doch der deutsche Widerstand ließ in keiner Weise nach, und am späten Nachmittag mußte jedes weitere Vorgehen bloß mit sinnlosen Opfern erkauft werden. Ein enttäuschender Tag ging zu Ende, ohne daß Freyberg oder seine Kommandeure auch nur den geringsten Anlaß zum Frohlocken gehabt hätten.

Am 23. März fand eine abschließende Lagebesprechung statt, bei der die Probleme und Realitäten sorgfältig dargelegt wurden und alle Anwesenden ihre Meinung äußern konnten. Eine Tatsache, die sich nicht verleugnen ließ, war der Zustand des Neuseeländischen Korps: beide Divisionen waren abgekämpft und am Ende ihrer Kraft. Sie hatten über sechs Wochen im Freien zugebracht, waren den Unbilden der Witterung, dem Staub, Dreck und Regen ausgesetzt und umgeben von einem unaufhörlichen Gefechtslärm. Offiziere wie Mannschaften waren müde und glaubten nicht länger an einen Sieg durch bloßes Bolzen gegen den Monte Cassino und durch stundenlange Nahkämpfe, bei denen es nur darum ging, fanatische Verteidiger aus ihrem Stützpunkt zu vertreiben. Sechs Bataillone hatten schwer gelitten und das Korps insgesamt über 2000 Mann an Toten, Verwundeten und Vermißten zu beklagen. Noch bevor die Besprechung zu Ende war, gab es für Freyberg keinen Zweifel, daß die Schlacht abgebrochen werden mußte. Alexander war einverstanden, wobei er die gleiche Lageeinschätzung schon zwei Tage vorher gehabt zu haben scheint, auch wenn er dies nicht zum Ausdruck brachte. Auch das ist eines der unverständlichen Rätsel, von denen die Schlachten um Cassino umgeben sind, und mit denen sich die Historiker auseinandersetzen müssen.

Die jetzt fälligen Entscheidungen ließen nicht lange auf sich warten und wurden rasch in die Tat umgesetzt. Das Neuseeländische Korps sollte die Kämpfe einstellen, ohne daß der Gegner daraus bestimmte Schlüsse ziehen konnte.

Die isolierten Stellungen auf dem Hangman's Hill und der Höhe 202 gab man auf, nicht hingegen die Stellungen in der Stadt, auch wenn sie taktisch gesehen nicht günstig verlaufen mochten. Um diesem Nachteil zu begegnen, waren die Stützpunkte zu verdrahten und mit Minen zu sichern. Das Neuseeländische Korps selber sollte aber nach der Ablösung durch das 13 Corps der British Eight Army aufgelöst werden, d. h. nach einem Bestehen von nur sechs Wochen, in denen es zwar tapfer, aber verlustreich und ohne Erfolg gekämpft hatte.

Die Entflechtung der Truppen auf der Bergflanke oberhalb der Stadt bereitete insofern besondere Sorgen, als diese seit dem 19. März nur noch aus der Luft versorgt worden waren. Zwar hatten die Deutschen ihre Gegenstöße inzwischen eingestellt, doch verursachten ihre Scharfschützen und Granatwerfer laufend Ausfälle bei den 1/9 Gurkhas. Die Verwundeten gelangten unter dem Schutz einer Rote-Kreuz-Fahne wohl hier und da zu Tal, aber an einen Abtransport der schweren Fälle war nicht zu denken. Zwei junge Sanitäter des Essex-Regiment blieben bis zum Schluß oben auf dem Hangman's Hill, versorgten die Verwundeten, führten Operationen durch und nahmen in dringenden Fällen sogar auch Amputationen vor.

Die Geschichte von der Übermittlung des Rückzugsbefehls ist in vielen Cassino-Berichten erzählt worden. Man entschloß sich aus Sicherheitsgründen, die Anweisung durch freiwillige Offiziere mündlich übermitteln zu lassen. In der Nacht vom 24. auf den 25. März machten sich drei Freiwillige auf den Weg, von denen jeder eine Brieftaube bei sich trug.

Major Mallinson (1/4 Essex) und Captain Normand (1/9 GR) erreichten den Hangman's Hill, doch Lieutenant Jennings (4/6 Rajputana Rifles) kam nicht durch und mußte zum Kastell zurück-

kehren. Die beiden Brieftauben, welche Mallinson und Normand in ihren Kampfanzügen befördert hatten, wollten aber nicht zurückfliegen, als man sie in den frühen Morgenstunden freigab. Erst nachdem es heller geworden war und man sie durch Schießen gehörig verschreckt hatte, kehrten diese wichtigen Melder zum Gefechtsstand der 5 Brigade zurück.
Das neuseeländische Kommando auf der Höhe 202 war durch Melder inzwischen anderweitig verständigt worden.
Das Absetzen vom Hangman's Hill begann am 25. März nach Einbruch der Dunkelheit. Nach Verminung der zurückgelassenen Stellung machten sich die todmüden Männer talabwärts auf den Weg, wobei sie den Pfad der Melder benutzten. Als Ablenkungsmanöver unternahmen gleichzeitig die Royal West Kents einen Vorstoß vom Castle Hill aus, belegte die Artillerie einige deutsche Stützpunkte mit heftigen Feuerschlägen und zogen in der Stadt die neuseeländischen Panzer mit viel Lärmaufwand die Aufmerksamkeit der Deutschen auf sich. Der Abstieg erwies sich für die erschöpften Kämpfer als ungemeine Nervenprobe, verlief aber ohne große Zwischenfälle. Böhmlers Schilderung von der Aufgabe des Hangman's Hill findet weder von deutscher noch alliierter Seite eine Bestätigung. Seine Geschichte, derzufolge sich die Gurkhas gruppenweise und unter dem Schutz einer Rote-Kreuz-Flagge absetzten, bezieht sich zweifelsohne auf die drei oder vier Vorfälle, die bereits im Zusammenhang mit Captain Sonnie erwähnt wurden. Tatsächlich scheinen die Deutschen über die beiden vorgeschobenen alliierten Stellungen wenig Bescheid gewußt zu haben, hauptsächlich wohl deshalb, weil sie sich entschlossen hatten, diese »im eigenen Saft schmoren« zu lassen. So wurde dem XIV. Panzerkorps die Absetzbewegung vom Hangman's Hill offenbar auch erst am 26. März gemeldet, d. h. vierundzwanzig Stunden nach ihrer Beendigung.
Nangle unternahm den nächtlichen Abstieg mit acht Offizieren und 177 Gurkhas des 1/9 GR, zwei Offizieren und 50 Soldaten des Essex-Regiments und 40 Angehörigen der Rajputana Rifles. Ungeachtet aller durchgemachten Strapazen hatten die Gurkhas gegen die Aufgabe des Hangman's Hill ohne eine entsprechende Ablösung aufbegehrt. Böhmler zufolge zählten deutsche Spähtrupps später 185 gefallene Gurkhas in und um die Hangman's Hill-Stellung. Es war dies der Preis, den das Bataillon für sein neuntägiges

Ausharren im Schatten des Klosters bezahlen mußte. Nangle war voll des Lobes über die Feuerunterstützung durch die Artillerie, im besondern des 1 Field Regiments: »Nach dem Hangman's Hill waren wir dicke Freunde«, pries die Nachrichtenleute und Träger und vor allem die unglaubliche Tapferkeit, die Geduld und den Mut der Verwundeten, die tagelang im Freien lagen und auf ihren Abtransport warteten – oder auf den Tod.

Für Nangle und seine Ninth Gurkha Rifles kamen Glückwünsche von allen Seiten, und General Freyberg meinte unter anderem: ». . .besonders schätzte ich an den 9 GR, daß sie niemals gemecäkert haben.«

Auch der von der »C« Company 24 Battalion gestellte Vorposten auf der Höhe 202 kehrte ungehindert zurück. Die allgemeine Aufmerksamkeit hatte sich zwar auf die Gurkhas in ihrer exponierteren Stellung unterhalb des Klosters konzentriert, doch darf man darüber nicht die Leistungen der Männer der »C« Company vergessen, die ebenfalls Großes leisteten. Allein ihrer Gegenwart war es zu danken, daß die schwierige Versorgung des Hangman's Hill vom Castle Hill aus einigermaßen aufrecht erhalten werden konnte, genauso wie auch die Trinkwasserbevorratung für die weiter oben kämpfenden Gurkhas. Auch sie waren müde, hungrig und steif, aber genau wie die Kameraden vom 9 GR hätten auch sie weitergemacht, wäre dies als Voraussetzung für den Gesamterfolg notwendig gewesen.

Die Ablösung erfolgte ebenfalls für die 7 und 11 Indian Brigades in den Bergstellungen nahe der Höhe 593, wo sie geduldig warteten, bis der anderweitig erfolgende Durchbruch auch sie wieder in Bewegung brächte. Das Leben in den zurückliegenden Wochen, in denen sie den Deutschen auf den höher gelegenen Gebirgskämmen gegenüber lagen, war voller Härte und Anspannung gewesen. Ständiges Störungsfeuer hatte Tag für Tag neue Opfer gefordert, während die Ausfälle durch die Elemente, durch Erfrierungen und Erkältungen nicht geringer waren. Als sich die erschöpften Männer nach Übergabe ihrer Stellungen an Einheiten der 78 Division auf das andere Ufer des Rapido zurückbewegten, waren sie von Müdigkeit gezeichnet.

Ein junger Offizier schrieb: »Die Entfernung betrug wahrscheinlich keine acht Kilometer, doch hatte der überwiegende Teil des Bataillons seit über sechs Wochen die Füße nicht mehr bewegt.

Die Männer waren steif und verkrampft, seelisch erschöpft und ohne jegliche Willenskraft. Obschon das Schlimmste jetzt vorüber war, schienen sie es nicht zu begreifen ... Nie werde ich das Quälende dieses Marsches vergessen. Offiziere – Briten sowie Gurkha – schrien und schimpften, halfen Zusammengebrochenen und redeten ihnen gut zu. Mitunter mußten wir einzelne Soldaten sogar schlagen, nur weil sie völlig lethargisch und selbst am Weiterleben desinteressiert waren. Durch alle diese Maßnahmen gelang es uns schließlich, daß die meisten bis zum Hellwerden ihre Lkw erreichten – um weiter zu leben und weiter zu kämpfen.«

Am 26. März war dann auch den Deutschen klar, daß die Schlacht zu Ende ging. General von Senger schrieb: »Diese Schlacht ist zu unseren Gunsten ausgegangen, aber der Gegner wird wahrscheinlich nur zu bald einen weiteren Großangriff im Korpsabschnitt starten. Er kann kaum tatenlos hinnehmen, daß sein Prestige angeschlagen ist ... doch läßt sich vorerst noch nicht sagen, wo der nächste Angriff stattfindet.«

General von Sengers zurückhaltendes Urteil über den Sieg wurde den Tatsachen gerecht, denn die Verteidiger hatten ohne Zweifel die Schlacht gewonnen. Aber es war ein teuer erkaufter Sieg, denn die ungeheure Bombardierung vom 15. sowie das nachfolgende ungewöhnlich schwere Artilleriefeuer hatten sehr hohe Verluste verursacht. Im Kriegstagebuch des XIV. Korps ist unterm 23. März festgehalten, daß die Gefechtsstärke der vorne eingesetzten Bataillone zwischen 40 und 120 Mann lag, Einheiten also, die eigentlich nur dem Namen nach existierten und doch Aufgaben zu bewältigen hatten, die eine volle Kampfstärke erfordern.

Inzwischen hatte General Tuker im Lazarett erfahren, daß er zwecks anderweitiger Verwendung nach Indien zurückkehren sollte und mithin seine geliebte Fourth Division nicht mehr wiedersehen würde.

Er schrieb, daß er niemals »die Tapferkeit, den Schwung, die äußerste Hingabe und das Ausharren dieser Division bis zum Tode vergessen würde«. Seine anschließenden Äußerungen über die Dritte Schlacht machen aber seinen Kummer über deren Ausgang offenkundig: »Die Fourth Division verlor mehr als eine Schlacht, sie verlor viele ihrer besten Männer, welche sie erst zu dem gemacht hatten, was sie war.«

Die gleichen Worte waren auch auf die Neuseeländische Division anwendbar. Aber Mut und selbstlose Pflichterfüllung hatten sich gegenüber den entschlossenen Kämpfern der 1. Fallschirmjägerdivision als nicht ausreichend erwiesen. Zahlenmäßig weit unterlegen, ohne auch nur die annähernd gleiche Anzahl von Geschützen, mit einigen wenigen Panzern und lediglich hier und da ein bißchen kümmerlicher Luftunterstützung, waren die Deutschen auch in der Dritten Cassinoschlacht die Sieger geblieben.

14.

Die Dritte Schlacht in der Rückschau

Nie zuvor wurde eine Schlacht mit einem derartigen Aufwand von Lärm und Zerstörung eingeleitet wie die, zu welcher das Neuseeländische Korps am 15. März antrat. Warum aber, so fragt man sich, hat der Schmiedehammer nicht ausgereicht, um den Kern der deutschen Cassino-Verteidigung zu zerschlagen? Geschichtsschreiber und Soldaten, vor allem die Cassino-Kämpfer, werden sich noch in späteren Jahren darüber streiten und den Kopf zerbrechen. Der Verfasser kann daher nur seine persönliche Interpretation der bereits geschilderten Tatsachen geben.

Die Ursache der Niederlage ist nicht in den Ereignissen des 15. März oder kurz davor zu suchen, sondern in den Entscheidungen, die sechs oder sieben Wochen vorher fielen. In der Vergangenheit haben die Kommentatoren der Cassino-Schlacht eigentlich immer nur herausgestellt, daß der Oberbefehlshaber der Fifth Army, General Mark Clark, oder der Korpskommandeur während zweier Schlachten, General Sir Bernard Freyberg, bei der Koordinierung gewisser Maßnahmen versagt bzw. in einer bestimmten Krisensituation nicht enschlossen genug gehandelt hätten. Gleichzeitig wurde immer eine auffallende Zurückhaltung an den Tag gelegt, wenn es darum ging, General Alexander mit irgendwelchen wichtigen Entscheidungen in Zusammenhang zu bringen – ausgenommen die Bombardierung des Klosters im Februar und den humanen und vernünftigen Entschluß, die Zweite sowie auch die Dritte Schlacht in dem Augenblick abzubrechen, als sie sich festgefahren hatten. Tatsächlich war es aber Alexander, der entschied, wann die

Schlachten beginnen sollten, der für den gesamten operativen Ansatz verantwortlich war und mit den Geschehnissen in direktem Kontakt blieb. Natürlich führte er nicht persönlich und leitete nicht die täglichen Einsätze, aber trotzdem hätte er jederzeit eingreifen und sagen können: »Ein Frontalangriff auf den Monte Cassino hat keine Erfolgsaussichten, wir müssen es daher anderswo versuchen und unsere Taktik ändern.«

Die stärksten Verteidigungsanlagen Europas wurden von einem einzigen Korps berannt, welches aus nur zwei Divisionen bestand. Und diese Angriffe fanden mitten im Winter und auf engstem Raum statt, ohne daß im Bereich der Fifth Army auch nur der Versuch von Ablenkungsmanövern unternommen wurde.

Die Entscheidung hierzu fällte letzten Endes auch General Alexander. Wie also konnte ein erfahrener und fähiger Befehlshaber immer wieder einen Sieg bei Cassino erzwingen wollen, nachdem es bereits den Amerikanern nicht gelungen war, das Kloster in direktem Anlauf zu nehmen? Eine teilweise Beantwortung dieser Frage ist in der britischen Gesamtstrategie zu suchen, in deren Verfolgung Churchill ständig nach Wegen und Möglichkeiten suchte, um die Deutschen bis zur Eröffnung der Zweiten Front voll in Atem zu halten.

Churchills Behauptung, daß es sich bei dem Italienischen Feldzug bereits um die »Dritte Front« gehandelt hätte, besagte nicht viel, nachdem die Kämpfer beider Seiten sich von der Adria bis zum Tyrrhenischen Meer bewegungslos gegenüber lagen. Den Bundesgenossen, welche an dem Nutzen dieses Feldzugs sowie seinen positiven Auswirkungen zweifelten, mußte daher mit Taten imponiert werden. Nur wenn man ständigen Druck ausübte, ließ sich die Behauptung aufrecht erhalten, daß hier die deutschen Elitedivisionen festgehalten würden. Derartige Anstrengungen mußten aber unternommen werden, noch bevor sich die Möglichkeiten für eine groß angelegte Frühjahrsoffensive boten. Der Druck auf Cassino wurde also nicht nur aus taktischen Gründen beibehalten, obwohl man auch nicht den unbedingten Glauben an die grenzenlosen Möglichkeiten der Luftwaffe übersehen darf, von der man sich einen Erfolg im Alleingang versprach. Aber so furchtbar die Bombardierungen auch waren, sie brachen weder den Widerstandswillen der deutschen Verteidiger, noch öffneten sie den Weg ins Lirital. Im Gegenteil, die schrecklichen und umfangreichen

Zerstörungen setzten die Verteidiger in die Lage, den Angreifern unter gleichen Bedingungen zu begegnen. Diese Tatsache wurde den alliierten Generalen spätestens vierundzwanzig Stunden nach dem ersten Luftangriff bewußt; da aber keinerlei Erfahrungen über die Wirkung eines taktischen Bombenabwurfs dieser Größenordnung vorlagen, vermochte man sie nicht folgerichtig einzuordnen. Alexander und seine nachgeordneten Generale setzten auf einen schnellen und schmerzlosen Sieg. Diese Taktik führte jedoch zu einer kostspieligen Erstarrung der Fronten in Verbindung mit einer Aufsehen erregenden Niederlage, ohne daß die nur geringen Gewinne den entrichteten hohen Blutzoll gerechtfertigt hätten. Die Ereignisse hatten wieder einmal gezeigt, daß ein direkter Angriff auf den Monte Cassino zum Scheitern verurteilt war, sofern er nicht gleichzeitig auch an anderen Stellen vorgetragen wurde, um die deutschen Flanken zu bedrohen und Kesselring zur Verzettelung seiner Reserven zu zwingen.
Im Verlauf der drei Cassinoschlachten hatten die Verteidiger den Vorteil des Geländes, die Angreifer dagegen die Materialüberlegenheit. Allerdings muß man richtigerweise hinzufügen, daß das materielle Übergewicht sich nicht in Infanterie ausdrückte, sondern in Panzern, Flugzeugen und Kanonen. Um Anhöhen zu nehmen und Straßenkämpfe erfolgreich zu bestehen, bedarf es indessen einer Überlegenheit von 3 : 1 für den Angreifer. Das Neuseeländische Korps hatte zeitweilig bis zu 24 Bataillone im Einsatz und die deutsche 1. Fallschirmjägerdivision maximal 14. Eine derart geringe infanteristische Überlegenheit reicht jedoch nicht aus, vor allem dann nicht, wenn die eigene Stärke an Panzern, Flugzeugen und Artillerie nicht genügend zum Tragen gebracht werden kann. Mehr Infanterie wäre erforderlich gewesen, nicht mehr Kanonen!
Es besteht kein Zweifel, daß die Entscheidung, Cassino auch weiterhin anzugreifen, von Alexander gut geheißen wurde, selbst wenn man unterstellt, daß er von Churchill aus gesamtstrategischen und politischen Gründen in diese wenig beneidenswerte Lage »hineingeritten« wurde. General Alexanders besondere Fähigkeit, aus vielen Nationalitäten ein Team zusammenzuschweißen und zu führen, wurde vor allem durch seinen Charme sowie das ausgeglichene Temperament und seine umgängliche Art unterstützt. Trotzdem zeigten diese Tugenden auch Ansätze von Schwä-

che, und es gab Gelegenheiten, bei denen er es nicht über sich brachte, über die Köpfe seiner Untergebenen hinweg zu handeln oder sich in deren Gefechtsführung einzumischen.
Eine solche Situation entstand, als Alexander am 22. März das Scheitern der Dritten Schlacht erkannte und Anweisung für die Umgruppierung zu einer Frühjahrsoffensive gab. Trotzdem konnten ihm die unterstellten Generale die Zustimmung abgewinnen, den Würfel vor dem endgültigen Abbrechen der Schlacht noch einmal rollen zu lassen.
Wenn nun die stärkste Stellung der deutschen Gustavlinie schon einmal angegriffen werden mußte – aus anderen als militärischen Gründen –, wäre dann ein Erfolg vielleicht möglich gewesen, wenn man einen anderen Plan als den des Neuseeländischen Korps verfolgt hätte?
Zugegeben, niemand wußte über die Auswirkungen der Bombardierung im voraus Bescheid. Deshalb wird die Nachwelt auch akzeptieren müssen, daß man sie als wichtigen Faktor in die Erwägungen einbaute. Was aber in Frage gestellt werden muß, ist die Entscheidung, derart starke Verbände für den späteren Stoß ins Lirital zurückzuhalten. Diese Einheiten saßen untätig hinten herum, während vorne in Cassino die deutschen Überlebenden mühselig die Verteidigung improvisierten, der Bombenschock ihnen noch in den Knochen saß und General Heidrich nicht wußte, woher er Reserven nehmen sollte. Erst nach langem Drängen gelang es, Freyberg dazu zu überreden, Teile der 78 Division ebenfalls in Cassino einzusetzen; da war es aber bereits zu spät. Die Fallschirmjägerdivision hatte sich inzwischen wieder gefangen und war Herr des Straßenkampfes.
Die entscheidenden Stunden lagen zweifelsohne zwischen dem 15. und dem 17. März, als sich lediglich zwei neuseeländische Bataillone mit den Deutschen in der Stadt herumschlugen. Der Optimismus bezüglich des Bombardierungserfolgs scheint bei Freyberg und seinen Divisionskommandeuren bis zum 16. März einschließlich angehalten zu haben. Die anfänglichen Verluste waren keineswegs schwerwiegend, und an kommende harte Kämpfe dachte niemand. Dennoch hätte die Zuführung weiterer Infanterie noch vor dem 17. März den Kampf möglicherweise entschieden.
Nach diesem Datum wurden die sehr viel höheren Verluste unvermeidlich, selbst wenn man in dem Trümmerschutt von Cassino

noch weitere Infanterie-Bataillone eingesetzt hätte.
Nachdem der Standpunkt vertreten worden ist, daß rechtzeitig eingesetzte zusätzliche Infanterie den Ausschlag hätte geben können, muß man aber im Rückblick auf die Schlacht auch einen Umstand erwähnen, der Freybergs und Parkinsons Einstellung rechtfertigt. Bei dem Gefechtsfeld handelte es sich um einen äußerst begrenzten Raum, was Berichte über die Kämpfe um Cassino meist nicht genügend herausstellen. Die 1/9 Gurkha Rifles saßen zwar völlig isoliert auf dem Hangman's Hill, aber alle im vorangegangenen Kapitel geschilderten Kämpfe spielten sich keine eineinhalb Kilometer von ihnen ab, wobei sich die Gurkhas am äußersten Rande des Kampfgeschehens befanden. In einer Lage, in der der Fortschritt anhand der Einnahme einzelner Häuser und meterweise gemessen wurde, war es nicht möglich, einfach zu sagen: »Schicken Sie eine weitere Brigade oder ein neues Bataillon nach Cassino.« Es war ungemein schwierig zu entscheiden und festzulegen, wo solche Verbände inmitten der in kleine Gruppen aufgesplitterten Angreifer eingesetzt werden sollten. Auf alle Fälle wurde es niemals versucht, weshalb es auch müßig ist, hierüber jetzt Spekulationen anzustellen.
Sowohl Angreifer als auch Verteidiger sahen sich in der Dritten Schlacht Problemen von ungewöhnlichem Ausmaß gegenüber, doch können die Deutschen trotz anfänglicher Rückschläge für sich in Anspruch nehmen, die meisten überwunden und dafür den Sieg errungen zu haben. Die große Schlagkraft der Fallschirmjägerdivision ist bereits erwähnt worden und auch die gekonnte Führung durch General Heidrich. Auch über seinen intelligenten Einsatz von Artillerie und Granatwerfern ist gesprochen worden und über die Art, wie er örtliche Gegenangriffe an bedrohten Punkten organisierte und ansetzte. Der Anteil des Neuseeländischen Korps kann am besten durch ein Zitat von N. C. Phillips ausgedrückt werden:
»Wo so vieles im dunkeln liegt, ist nur klar, daß es für die Angreifer keine einfache Lösung gab. Die Kritiker der tatsächlich gefällten Entscheidungen müssen daher erst einmal eine bessere Lösung anbieten.«
Gab es eine bessere Lösung, wenn man in Cassino unbedingt angreifen mußte? Vielleicht sollte man einmal über die Worte nachdenken, die General Tuker in seinem Buch »Approach to Battle«

geschrieben hat: »Eigenartigerweise scheinen die britischen Kommandeure von der Vorstellung besessen zu sein, daß man die Stärke des Gegners herausfordern müsse, anstatt seine Schwäche auszunutzen. Im Spiel mag das akzeptabel sein, aber Krieg ist weder Spiel noch Sport, es sei denn, daß man den Einsatz von Menschenleben als Sport betrachtet ... hierüber sollte jeder einmal nachdenken, bevor er Verantwortung übernimmt ... das sinnlose Einhämmern auf die stärkste gegnerische Stellung wurde in seiner extremsten Form später in Italien demonstriert, während der Schlacht um Cassino im Frühjahr 1944, wo Männer immer wieder gegen eine Bergstellung vorgejagt wurden, welche den Angreifern bereits seit Jahrhunderten getrotzt hatte und nicht nur als stärkster Sperriegel Italiens galt, sondern auch noch von den besten Truppen gehalten wurde, welche die Deutschen da unten zur Verfügung hatten. Die Schlachten waren ganz eindeutig militärische Sünden, nichts anderes.«

15.

Die Vierte Schlacht: Operation Diadem

In den nun folgenden sechs Wochen nach dem 23. März erschien der Name Cassino nur noch selten in den alliierten Frontberichten. Die deutsche Seite hingegen erging sich in Lobpreisungen der Verteidiger und verhieß den Briten und Amerikanern blutige Köpfe, falls sie ihre Angriffe erneuern sollten. Derartige Propagandasprüche lösten ungute Gefühle bei Kesselring aus, hoffte er doch einerseits, daß Alexander Cassino auch weiterhin frontal berennen würde und wußte er anderseits nur zu gut, welche neuen Möglichkeiten das Frühlingswetter zu Lande und in der Luft eröffnen mußte. Göbbels mochte leichten Herzens erklären, daß die Wehrmacht unbesiegbar sei, aber Kesselring sah voraus, daß seine erschöpften Soldaten bis zum Ende des Sommers in kombinierte Großangriffe verwickelt sein würden. Ein weiteres Problem war die mangelhafte Feindaufklärung durch die eigene Luftwaffe. Kesselring wußte nur wenig über die feindlichen Absichten und konnte vor allem nicht feststellen, wo der nächste Schlag fallen würde. Diese Situation gestattete Alexander und seinem Stab, die künftigen Pläne in aller Ruhe und bis in alle Einzelheiten vorzubereiten und gleichzeitig die feindlichen Agenten durch gezielte Indiskretionen in die Irre zu führen. Täuschung war ein wichtiger Faktor vor Beginn der nächsten Schlacht.
Kesselring sah sich nach Beendigung der Dritten Schlacht mit diversen Schwierigkeiten konfrontiert. Seine gesamten Divisionen, egal ob im Cassino-Abschnitt oder bei Anzio eingesetzt, waren abgekämpft und personell weit von ihrer Sollstärke entfernt. Eine

Ruhepause wäre ihnen zu gönnen gewesen, hing aber gänzlich von den alliierten Plänen ab. Eine noch ernstere Angelegenheit war die ständige Bedrohung der rückwärtigen Verbindungslinien durch die Allied Air Forces. Eisenbahnen, Brücken, Hauptstraßen und Depots wurden sowohl bei Tage als auch bei Nacht bombardiert, um auf diese Weise das gesamte Versorgungs- und Verwaltungssystem zum Zusammenbruch zu bringen. In Norditalien wurden die Alpenpässe mit gleichförmiger Regelmäßigkeit angegriffen.
Daß der Nachschub für die kämpfende Truppe überhaupt noch klappte, war nicht zuletzt der Vorsorge zu danken, daß man große Munitionslager in Mittelitalien angelegt hatte, und daß nächtliche Anlandungen mit kleinen Schiffen gelangen. Außerdem standen an den potentiellen »Gefahrenpunkten« Einsatzkommandos zur Verfügung, welche unmittelbar nach der Bombardierung mit Improvisationskunst und Energie die an Schienen und Straßen angerichteten Schäden reparierten.
Die unter Feldmarschall Kesselring stehende deutsche Luftwaffe war nur noch ein Schatten ihrer selbst. Sie vermochte weder eine erneute Invasion von See her zu stoppen noch festzustellen, aus welcher Richtung eine solche Gefahr überhaupt drohte. Kesselring war überzeugt, daß die festgefahrene Situation bei Cassino nur bedeuten konnte, daß die Alliierten ihre unangefochtene Überlegenheit zur See und in der Luft dann eben an anderer Stelle einsetzen würden, um den Italienfeldzug auf diese Weise zu einem siegreichen Ende zu bringen. Diese ständige Furcht veranlaßte ihn auch, die beweglichen Reserven der Heeresgruppe stets weit im Hinterland bereitzuhalten, damit einer neuen Landung sofort begegnet werden konnte. Wäre also eine weitere amphibische Operation durchgeführt worden, hätte diese mit Sicherheit große Opfer gefordert. Entschieden sich hingegen die Alliierten, an der Hauptfront wieder anzutreten – mit oder ohne Unterstützung aus dem Anzio-Landekopf –, dann konnten ihnen die anderswo stehenden deutschen Reserven nur recht sein.
Das Kernstück des alliierten Täuschungsplans bestand darin, die Deutschen glauben zu machen, daß eine weitere Landung unvermeidlich und direkt bevorstehend sei. Nach Kesselrings Lagebeurteilung bot sich den Alliierten das Gebiet La Spezia-Leghorn für eine Landung an: »Eine derartige Operation hätte den Zusammenbruch der Front in Mittelitalien zur Folge gehabt und der Heeres-

gruppe einen tödlichen Schlag versetzt.« Was er jedoch nicht wußte, war der Umstand, daß sich die Vereinigten Stabschefs bereits auf einen früheren Plan geeinigt hatten, welcher »Anvil« (einer Landung in Südfrankreich) den Vorrang im Mittelmeerraum einräumte.

Alexanders Vorgesetzte hatten sich mithin gegen eine Landung an einer anderen Stelle der italienischen Küste entschieden, weshalb ihm nichts anderes übrig blieb, als sein Glück erneut durch eine Landoffensive zu erzwingen. Ein derartiges Unterfangen hatte aber nur dann Aussicht auf Erfolg, wenn die Deutschen bereits in der Eröffnungsphase völlig überrascht wurden. Kesselring mußte nicht nur seine Divisionen im Hinblick auf eine erneute Invasion disponiert haben, sondern auch völlig im dunkeln bezüglich der Umgruppierung und des gegnerischen Aufmarschs bleiben. Diese Voraussetzungen wurden von Alexander und seinem Chef des Stabes, General John Harding, nebst dessen Mitarbeitern in vorzüglicher Weise geschaffen, wodurch die Zeichen bereits auf Sieg standen, bevor die Operation Diadem überhaupt begann. Trotzdem muß man sich aber die deutschen Maßnahmen noch einmal vor Augen halten, ehe auf die Einzelheiten der alliierten Planung eingegangen werden kann.

Obwohl Feldmarschall Kesselring zu dem Schluß gekommen war, daß die nächste Landung im Gebiet La Spezia-Leghorn stattfinden würde, hielt er es dennoch für möglich, daß die Hauptoffensive durch einen Vorstoß durch die Aurunci-Berge auf Cassino eingeleitet werden könnte, noch vor Beginn des eigentlichen Einbruchsversuchs in das Lirital. Außerdem konnte und wollte er die Möglichkeit einer Luftlandeoperation irgendwo nördlich des Liritals nicht ausschließen. Als fähiger und phantasiebegabter Heerführer vermochte sich der Feldmarschall durchaus in die Lage seines Gegners zu versetzen, doch gab ihm der Mangel an zuverlässigen Feindnachrichten keine eigentliche Handhabe, um die wirksame Verteidigung der Gustavlinie und Roms planen zu können.

So verschwand zum Beispiel das Französische Expeditionskorps aus dem Raum nördlich Cassino, aber über seinen Verbleib war nichts zu erfahren. In Kesselrings eigenen Worten: »Der Standort des Französischen Korps war für mich eine Quelle ständiger Unruhe. Die 10. Armee sowie deren nachgeordnete Kommandostellen hatten Anweisung, jede diesbezügliche Information als vordringlich zu behandeln und unverzüglich der Heeresgruppe mitzuteilen, deren Entschlüsse letzten Endes davon abhängen konnten.«

Man versuchte hinter der Hauptfront eine Reserve aufzubauen, was angesichts der ohnehin schon überdehnten Divisionsabschnitte keine leichte Aufgabe war. Aufgeteilt wurde die Hauptkampflinie zwischen dem LI. Gebirgskorps unter General Valentin Feuerstein und General von Sengers XIV. Panzerkorps. Hierbei mußte General v. Senger zu seiner bitteren Enttäuschung feststellen, daß der Cassino-Abschnitt nunmehr zum LI. Gebirgskorps gehörte, obwohl er nach wie vor von Heidrichs Fallschirmjägerdivision verteidigt wurde. Nachdem er vier Monate lang für die gesamte Abwehr am Monte Cassino verantwortlich gewesen war, kann man seine Verärgerung gut verstehen, doch Kesselring glaubte nicht, daß die nächsten entscheidenden Kämpfe unbedingt im Raume Cassino stattfinden müßten. Ausschlaggebend war aber vor allem, daß die Divisionen der Heeresgruppenreserve so lange in der Hinterhand gehalten wurden, bis sich der feindliche Angriffsschwerpunkt abzeichnete, und man nicht mehr Gefahr lief, sie an der falschen Stelle einzusetzen. Als Schutz gegen eine Landung von See her standen die 92. I.D. und die Hermann-Göring-Division im Raum von Civitavecchi-Leghorn. Weiter südlich hielten sich die 26. und die 29. Panzer-Division bereit, um sowohl als Reserve als auch gegen neue Anlandungen bei Anzio eingesetzt werden zu können. Die Möglichkeit einer alliierten Landung aus der Luft hatte den deutschen Oberkommandierenden veranlaßt, die 90. Panzergrenadierdivision in die Gegend von Frosinone zu verlegen. Unter den gegebenen Verhältnissen und angesichts der geringen Informationen, die ihm zur Verfügung standen, hätte Kesselring seine Truppen kaum besser aufstellen können, zumal er fest an eine bevorstehende neue Landung glaubte.

Während die Umgruppierung der deutschen Großverbände bis Mitte Mai beendet sein sollte, bemühten sich die Divisionen selber, ihren Einheiten durch interne Regelungen eine kleine Verschnaufpause nach den harten Winterkämpfen zu gewähren. Zwar entstanden hierdurch in der Offiziersstellenbesetzung gewisse Lükken, die durch Vertretungen und Improvisation gestopft werden mußten, doch sah die Urlaubsplanung vor, daß bis Mitte Mai alles wieder auf seinem Posten zu sein hatte.

Feldmarschall Kesselring hatte auch General von Senger nach Deutschland in Urlaub geschickt. Dieser ließ vor seiner Abreise einen Tagesbefehl an sein Korps ergehen, in welchem er vor einem gegnerischen Angriff warnte, mit dem nach dem 24. Mai jederzeit zu rechnen wäre – ein Zeitpunkt, zu dem er längst zurück zu sein gedachte.

»Diadem« lief am 11. Mai an und täuschte die Deutschen vollkommen in bezug auf Zeit, Ort und die für den Hauptstoß eingesetzten Kräfte. Der Sieg war bereits zur Hälfte gesichert, bevor noch kurz vor Mitternacht des 11. Mai die ersten Granaten einschlugen.

Die Deutschen tappten bezüglich der gegnerischen Absichten völlig im dunkeln. Sie konnten nicht wissen, daß die Voraussetzungen des Erfolges bereits dadurch gegeben waren, daß General Alexander die Vernichtung des rechten Flügels der deutschen 10. Armee sowie das Zurückdrängen der Reste der deutschen 14. Armee über Rom hinaus als operatives Ziel gesetzt hatte. Das Ganze beruhte auf einer glänzenden Lagebeurteilung durch den Chef des Stabes, General John Harding, welche bereits im Februar verfaßt und einen Monat später von den Vereinigten Stabschefs gebilligt worden war. Der daraus resultierende Plan sah einen Angriffsverband von zwölf Divisionen vor, so daß erstmals seit der Winterschlacht 1943/44 eine örtliche Überlegenheit von 3 : 1 erreicht werden konnte.

Um ein derartiges Übergewicht aufbauen zu können, bedurfte es umfangreicher Umgruppierungen sowie der Zuführung neuer Divisionen, und während der hierzu erforderlichen Zeit von sechs bis sieben Wochen mußten sich die beiden Armeen passiv verhalten. General Sir Maitland Wilson, der Oberkommandierende im Mittelmeerraum, hielt eine derartige Inaktivität für fragwürdig. Seiner Auffassung zufolge durfte der Druck auf die Deutschen nicht nachlassen, wollte man ihnen nicht eine Erholungspause gönnen und ihnen ermöglichen, Truppen von Italien abzuziehen, um der bevorstehenden Invasion Frankreichs zu begegnen. Glücklicherweise konnte Alexander seinen Vorgesetzten davon überzeugen, daß weder die Vorbereitungen für die Frühjahrsoffensive überstürzt, noch die vorgesehenen Angriffskräfte geschwächt werden durften, wollte man sich nicht der Gefahr eines neuerlichen Fehlschlags aussetzen. Nachdem die beiden britischen Generale ihre Meinungsverschiedenheiten auf diese Weise gütlich beigelegt hatten, mußten sie sich daran machen, irgendwo im Mittelmeerraum sieben oder acht verfügbare Divisionen aufzutreiben. Derartige Divisionen gab es schon, nur waren sie alle für »Anvil« vorgesehen, d. h. für die Landung in Südfrankreich. Wäre es denkbar, daß die Stabschefs sie erst für »Diadem« freigeben würden, auf die Gefahr hin, daß dann eventuell »Anvil« verschoben werden müßte? Wieder einmal wurde der amerikanische Verdacht in bezug auf die britische Mittelmeerpolitik wach, doch erfolgte am 24. März dann schließlich der Segen von oben: »Anvil« sollte erst nach der Einnahme von Rom steigen; mit der angefangenen eingehenden Planung durfte fortgefahren werden.

General Alexander war sich darüber im klaren, daß die umfangreichen generalstabsmäßigen Vorbereitungen sowie die logistischen Probleme noch vor Beginn der eigentlichen Umgruppierung angepackt werden mußten, daß er mithin nicht auf die formelle Zustimmung zu seinem Plan warten konnte. Er erwies sich als echter Heerführer, indem er sich in seiner langfristigen Strategie nicht von den Ärgernissen und Rückschlägen des Alltags beeinflussen ließ, auch nicht von denen bei Cassino während der Dritten Schlacht. In zwei Lagebesprechungen, am 28. Februar und 2. April, machte er den hohen Kommandeuren seines Befehlsbereichs klar, wie sich aus der Embryo-Operation »Diadem« eine Großoffensive entwickeln würde, mit dem Ziel, die Deutschen aus Süd- und Mittelitalien zu verdrängen. Ein genaues Eingehen auf die Planung der »Operation Diadem« ist im Rahmen der Schilderung der vier Cassinoschlachten nicht möglich, ebenfalls unmöglich ist es aber auch, die letzte Schlacht zu beschreiben, ohne auf die Absichten der Frühjahrsoffensive hinzuweisen. Der erhoffte Fall von Cassino und die Einnahme des Klosters waren natürlich die Ziele der beteiligten Soldaten. Doch Cassino war nur ein Schritt, wenngleich auch ein entscheidender, auf einem Weg, den General Alexander gemeinsam mit seinen Armee-Oberbefehlshabern, deren Stäben und Soldaten zurückzulegen hatte.

Alexanders Plan sah die Zusammenfassung der Masse der Fifth und Eighth Armies auf einer Frontbreite von 32 km zwischen Cassino und dem Tyrrhenischen Meer vor, von wo aus die Verteidigungsstellungen der deutschen 10. Armee durchbrochen werden sollten. Auf Grund der gewaltigen Überlegenheit an Infanterie, Kanonen und Panzern sowie in Anbetracht des guten Wetters,

welches Einsätze bei Tag und Nacht zuließ, glaubte man, die 10. Armee in völliger Unordnung aus der Gustavlinie werfen zu können. Den Alliierten war bekannt, daß die Deutschen weiter rückwärts weitere Auffanglinien ausgebaut hatten, so die Adolf-Hitler-Linie bei Piedimonte, etwa 13 km hinter Cassino, und die Caesar-Linie in den Albanerbergen nördlich des Landekopfs Anzio. Es war daher erforderlich, daß bereits der erste Stoß mit einer derartigen Wucht geführt wurde, daß der Gegner sich nicht erneut festsetzen konnte. Man hoffte sogar, die 10. Armee derartig schlagen und in nordwestlicher Richtung verfolgen zu können, daß General Truscotts VI Corps imstande wäre, ihr den Weg zu verlegen und die zurückflutenden Deutschen in den Albanerbergen anzugreifen.
Ein derartig umfangreicher Aufmarsch brachte für den Stab erhebliche Probleme, von denen das der Geheimhaltung der Bewegungen das schwierigste war. Über die Verlegung der Eighth Army vom Adria-Abschnitt an die Cassino-Front wurde eine völlige Nachrichtensperre verhängt. Die hierzu getroffenen Maßnahmen, wie Nachtmärsche, Funkstille, umfangreiche Tarnung etc. waren bemerkenswert erfolgreich und stellten eine vorzügliche Generalstabsarbeit dar.

Hand in Hand mit den strikt eingehaltenen Geheimhaltungsbestimmungen ging der einfallsreiche Täuschungsplan, welcher sich auf Kesselrings Furcht vor einer weiteren Landung im Gebiet von Civitavecchia aufbaute. So führten weiter rückwärts, im Raum Neapel/Salerno, das Canadian Corps und die 36 (U.S.) Division das Unternehmen »Nunton« durch, d. h. eine Operation, welche alle Merkmale einer Versammlung zu einer erneuten amphibischen Landung aufwies.

Diese Maßnahme sollte lediglich Kesselrings ursprüngliche Auffassung bestätigen, wonach die Alliierten eine Fortsetzung des Frontalangriffs gegen die Gustavlinie aufgegeben hätten und eine weitere Großlandung an der italienischen Westküste planten.

Das Ergebnis war, daß die kostbaren beweglichen Reserven in Räume verlegt wurden, welche weit entfernt von der eigentlichen Front lagen, wodurch Alexanders Hoffnungen voll und ganz erfüllt wurden. Die geistige Auseinandersetzung wurde also bereits gewonnen, bevor »Diadem« überhaupt anlief. General Alexander hatte, darüber besteht kein Zweifel, seinen fähigen Gegner, Feldmarschall Kesselring, überlistet. Zugunsten des letzteren muß je-

Verwundete deutsche Soldaten, die am 18. Mai 1944 bei Cassino in britische Gefangenschaft gerieten.

Pioniere des 214. »Staffordshire«-Pionierbataillons der 78. britischen Division beim Bau einer Behelfsbrücke aus Bohlen, nachdem sie soeben in zwei Tagen eine Behelfsbrücke für Panzer fertiggestellt hatten. Diese Behelfsbrücken lagen in einer Entfernung von ca. 915 m neben der zerstörten Garibrücke.

Ein Gefechtsstand im Freien. Von links nach rechts: Oberstleutnant Hodgson, Brigadegeneral Thrith, Generalmajor Keightles (Kommandierender General des V. britischen Korps), General Anders (Kommandierender General des II. polnischen Korps), ein Dolmetscher.

Ein Sherman-Panzer schießt mit seiner 7,5-cm-Kanone auf ein deutsches Widerstandsnest in Cassino.

Gefangene Neuseeländer im Erdgeschoß eines zerstörten Hotels in Cassino, das als vorläufige Sammelstelle dient.

Transport eines Schwerverwundeten durch die zerstörten Straßen und Häuser von Cassino zum nahen Hauptverbandsplatz.

Das Kloster Montecassino nach der Einnahme durch die Alliierten im Mai 1944.

doch hinzugefügt werden, daß die Alliierten trotz ihrer ungeheuren Überlegenheit zur See, zu Lande und in der Luft und ungeachtet der totalen Überraschung in bezug auf Zeitpunkt und Ort des Angriffs nicht in der Lage waren, die Deutschen vernichtend zu schlagen und aus Italien zu vertreiben.
Eine wahrhaftig internationale Armee harrte dem auf den 11. Mai festgesetzten X-Tag entgegen. Dieses Datum gestattete die reibungslose Heranführung der benötigten Divisionen, versprach eine mondhelle Nacht und strebte politisch eine frühzeitige Einnahme Roms an, um das Interesse der Weltöffentlichkeit von den letzten Vorbereitungen und möglichen Verzögerungen der Invasion Frankreichs abzulenken. Die Soldaten Großbritanniens und der United States sahen sich gegenüber den Kontingenten ihrer Bundesgenossen in der Minderzahl, von denen jedes unter dem Befehl eines Generals stand, mit direkter Verbindung zu seiner jeweiligen Regierung. Nie zuvor kann ein Oberbefehlshaber eine derartig zusammengewürfelte Koalitionsarmee unter seinem Kommando gehabt haben. Zum Glück für die alliierte Sache besaß General Alexander aber die große Gabe, gewisse Maßnahmen vorzuschlagen, anstatt sie zu befehlen, was im Zusammenwirken mit seiner ausgeprägten Offenheit und Ehrenhaftigkeit dazu führte, daß sowohl in der Fifth als auch in der Eighth Army ein prächtiges Zusammengehörigkeitsgefühl entstand.
General Mark Clarks Führereigenschaften waren bereits zwischen Salerno und Anzio auf die Probe gestellt worden. Seine Fähigkeiten waren bekannt, und ein sehr aktives Public-Relations-Team arbeitete Tag für Tag mit großem Eifer an seinem »Image«. Seiner Fifth Army unterstand nach wie vor das bei Anzio kämpfende VI Corps, welches jetzt General Truscott führte. Anfänglich hatte der Gesamtplan für »Diadem« vorgesehen, daß aus dem Landekopf angetreten werden sollte, noch bevor der eigentliche Schlag an der Hauptfront erfolgte, doch Alexander entschied sich dann zu einer umgekehrten Lösung, die den Ausbruch aus dem Landekopf am X+4-Tag festlegte. Aufgabe des VI Corps war es, die deutsche 14. Armee anzugreifen und die Straße Nr. 6 in der Gegend von Valmontone zu unterbrechen, um auf diese Weise der im Süden stehenden 10. Armee den Rückweg zu verlegen. Die Masse der Fifth Army sollte sich mittlerweile in den Besitz der Enge von Ausonia setzen und von da aus mit beiden Korps auf gleicher Höhe weiter

vorrücken. Das hierbei links eingesetzte U.S. II Corps brauchte in seinem Bewegungsstreifen entlang der Küste mit keinen großen Schwierigkeiten zu rechnen, während sein rechter Nachbar, das Französische Expeditionskorps, in den Bergen um das Ausoni-Tal auf ganz erhebliche Hindernisse stieß. Juin war jedoch zuversichtlich, daß seine im Gebirgskrieg erfahrenen Marokkaner das Tal öffnen und von Süden her in das Lirital einbrechen würden. Seine Sorge galt eigentlich mehr der Eighth Army, von der er glaubte, daß sie mit seinem Korps nicht Schritt halten würde. Er sagte voraus, daß die Briten und Polen an seiner rechten Flanke infolge schwerer Kämpfe zurückhängen würden, was dann später tatsächlich auch eintraf. Glücklicherweise stützte sich General Mark Clarks Angriffsplan aber auf Juins Überzeugung, daß das schwächste Glied in der deutschen Verteidigungskette das Petrelle-Massiv sei. Juins Vertrauen auf die Leistungen seiner Truppe wurde mehr als gerechtfertigt, weshalb man seiner Stimme im alliierten Rat auch größeres Gewicht hätte geben sollen.
Ende Januar wurde der Vorschlag des französischen Generals, ihn mit seinem verstärkten Korps Cassino im Norden umgehen zu lassen, mißachtet. Als sich die Franzosen dann aber aufmachten, um über die Aurunci-Berge auf Rom vorzustoßen, hatten sie es mit weitaus größeren Geländeschwierigkeiten zu tun als im Januar/Februar. Trotzdem waren weder steile Berge noch die heftigen Widerstand leistenden Deutschen in der Lage, am 11. Mai und den nachfolgenden Tagen die Marokkaner und Goum-Einheiten aufzuhalten.
Die Verlegung der Eighth Army von der Ostküste nach dem Cassino-Abschnitt war den Deutschen nicht entgangen. Auch sie hatten ihre Verbände an der Adria verdünnt und teilweise abgezogen, so daß beide Seiten die Möglichkeit einer Flankenbedrohung offenbar ausschlossen. Auch der Truppenaufmarsch südlich des Liritals konnte dem Feind nicht gänzlich verborgen bleiben, zumal es hin und wieder einem hoch fliegenden Aufklärungsflugzeug eben doch gelang, unentdeckt in das feindliche Hinterland einzudringen. Was den Deutschen hingegen fehlte, waren zuverlässige Informationen bezüglich Zeitpunkt und Ort des Einsatzes dieser Truppen. Im Gegensatz hierzu besaß der neue Oberbefehlshaber der Eighth Army, General Sir Oliver Leese, sehr genaue und eingehende Kenntnis von der Verteilung der deutschen Verbände,

einschließlich der Stellungen der Artillerie und Nebelwerfer. Trotzdem sah sich General Leese keiner leichten Aufgabe gegenüber, nicht zuletzt deshalb, weil er Feldmarschall Montgomerys Nachfolger war. Dieser hatte ihn zwar immer als seinen Erben behandelt, doch läßt sich kaum ein größerer Unterschied denken, als der zwischen diesen beiden Männern. Feldmarschall Montgomerys Fähigkeiten und Methoden sind bereits oft beschrieben und analysiert worden. Leese war ein robuster und fähiger General, der, wie die meisten zeitgenössischen Befehlshaber, durch seinen Stab führte. Was ihm jedoch, abgesehen von seinen gediegenen und Vertrauen einflößenden Qualitäten, fehlte, war die magnetische Ausstrahlung seines alten Kommandeurs.

Die Eighth Army hatte in der Eröffnungsphase der Offensive die Hauptlast zu tragen.

Ihre Divisionen sollten nicht nur über den Rapido setzen und in das Lirital vorstoßen, sondern vor allem auch das Cassino-Massiv nehmen, koste es, was es wolle. Mit dem Frühlingswetter stellte sich auch der Optimismus ein, und kaum einer zweifelte noch, daß ein Aufrollen der Gustavlinie von den Flügeln her möglich wäre. Trotzdem ließ sich nicht daran deuteln, daß der kürzeste Weg nach Rom durch das Lirital führte, an dessen Eingang der Monte Cassino mit seinem Kloster Wache stand. General Leese hatte sich mithin mit der gleichen Lage auseinanderzusetzen wie seine Vorgänger Keyes und Freyberg: deutsche Fallschirmjäger hielten ein Drittel der Stadt Cassino, und ihre Gebirgsstellungen waren so stark wie je. Aber dort, wo die Amerikaner und Neuseeländer nur zwei Divisionen einsetzen konnten, stand der Eighth Army die doppelte Anzahl zur Verfügung, ungeachtet einer beweglichen Reserve zur Ausweitung eines eventuellen Durchbruchs.

Zwischen dem Gari und Cassino war General Kirkmans XIII Corps mit seinen vier Divisionen aufmarschiert: 6 Armoured, 4 und 78 (Britisch) und 8th Indian Divisions. General Kirkmans Verbände sollten in der gleichen Stoßrichtung angreifen wie seinerzeit die American 36 Division im Januar und einen Brückenkopf über den Rapido bilden. Zwar war damit zu rechnen, daß das aus diesem Brückenkopf weiter antretende XIII Corps nunmehr auf entschlossenen deutschen Widerstand und starke Artillerieabwehr stoßen würde, doch rechtfertigte die Wucht des eigenen Stoßkeils in Verbindung mit einem wohl vorbereiteten Feuerplan

einen vollen Optimismus. Hinzu kam ferner, daß im Bedarfsfall das I Canadian Corps unter General Burns nachgezogen oder am linken Flügel eingesetzt werden konnte. Die Sperriegel vor dem Lirital sollten nicht nur einem massiven und koordinierten Angriff seitens des XIII Corps ausgesetzt werden, sondern Hand in Hand damit war auch ein Angriff des Polnischen Korps unter General Anders auf den Monte Cassino vorgesehen, der für die deutschen Artilleriebeobachter von unschätzbarem Wert war.
Am rechten Flügel des alliierten Aufmarschs, im Abschnitt nordostwärts des Monte Caira, stand schließlich das X British Corps mit einer zahlenmäßig schwachen neuseeländischen Division und zwei Fallschirmjägerbrigaden. Seine Aufgabe zu Beginn der Offensive war der Schutz der linken Flanke sowie die Vortäuschung eines Angriffs auf den linken deutschen Flügel in Richtung Atina. Alexander strebte von Anfang an eine Überdehnung der gegnerischen Verbände an, damit nicht wieder Reserven zur Abriegelung örtlicher Einbrüche eingesetzt werden konnten, wie s. Z. bei den vorangegangenen Cassino-Schlachten. Die deutschen Korpskommandeure besaßen keine verfügbaren Reserven, und die der Heeresgruppe standen nördlich des Tiber und starrten auf eine Invasionsflotte, die nicht vorhanden war.
Die Vierte Schlacht um Cassino konnte beginnen; nicht als Versuch, ein einzelnes Sperrfort auszubrechen, sondern als Teil einer glänzend geplanten und sorgfältig vorbereiteten Großoffensive. Das Polnische Korps war insofern besser dran als seine Vorgänger, auch wenn ihm nach wie vor die Fallschirmjäger General Heidrichs gegenüberlagen. Das zerstörte Kloster, der berüchtigte Kalvarienberg (Höhe 593), die Stützpunkte um das Hotel Continental – sie alle mußten erst erstürmt werden, bevor sich die Polen die Herren von Cassino nennen konnten.
Sehen wir uns also an, wie sie vorgingen, um da erfolgreich zu sein, wo andere scheiterten.

16.

Die Polen kommen nach Cassino

Polen hatte sich 1939 entschieden, die deutsche Tyrannei zu bekämpfen, anstatt sich ihr zu unterwerfen. 1944 befand sich das Land noch im eisernen Griff der Nazis. Geist und Willenskraft des Volkes hatten einen fürchterlichen Schlag erlitten, als im Herbst 1939 Sowjetrußland und Deutschland gemeinsame Sache machten. Wenige Monate später wandte sich Hitler auch gegen Rußland, wodurch die Ausblutung und das Ende des Dritten Reichs eingeleitet wurde. Ungeachtet der Tatsache, daß die Sowjets nun im Kampf für das gleiche Ziel ein, wenn auch nicht leicht zu behandelnder, Bundesgenosse der Westmächte geworden waren, hielten sie dennoch Tausende von Polen in Arbeits- und Gefangenenlagern zurück, welche sich über ganz Rußland verteilten. Schließlich wurde aber eine Amnestie erlassen, welche es den Polen ermöglichte, unter dem großen Patrioten und Soldaten General Anders eine eigene Armee aufzustellen.

Trotz der russischen Versprechungen und Zusicherungen kamen aber viele hundert polnische Gefangene weder in den Genuß der Freiheit, noch hatten sie die Chance ihrem Vaterland zu dienen, da ihr Gesundheitszustand während des Aufenthalts als »Gäste« der Sowjetunion total zerrüttet worden war. Für die aber, welche wie durch ein Wunder aus Rußland zurückkehrten, eröffnete sich die Möglichkeit, die Deutschen zu bekämpfen, welche ihr Land nicht nur militärisch niedergeworfen, sondern auch der Zivilbevölkerung gegenüber grausam gehaust hatten. Es bedurfte keiner Anfeuerung, um diese Männer zu einer harten Ausbildung oder völligen Hingabe zu bewegen, und auch ihren Haß gegen die Deutschen mußte man nicht eigens anstacheln. Viele von ihnen hatten die ganze Familie verloren und besaßen jetzt nur noch das Vaterland, für das sie kämpften. Die Liebe für Polen und den Haß gegen die Deutschen waren ihre Devise. Die Tragik dieser unter General Anders kämpfenden Polen war jedoch, daß sie nur eine Gegenwart besaßen, aber wenig Hoffnung für die Zukunft.

Bereits die Teheran-Konferenz legte fest, daß die Heimstätten von vielen dieser Soldaten künftig hinter der Curzon-Linie liegen würden, d. h. im sowjetischen Einflußgebiet. Die Masse von ihnen, angefangen von General Anders bis zum jüngsten Rekruten, hatte aber russische Gastfreundschaft am eigenen Leibe kennengelernt und war mißtrauisch gegenüber Stalins Plänen für Polen. Sie konnten nur hoffen und dafür beten, daß ihre britischen und amerikanischen Bundesgenossen nicht zulassen würden, daß Polen allein deshalb von den Nazis befreit worden war, um es anschließend dem Kommunismus zu überlassen.

Verwirrt und von einer heftigen sowjetischen Propaganda als britische Söldner verdächtigt, verdrängte das II Polish Corps alle Zweifel und Befürchtungen und bereitete sich zum Kampf vor, um für die Erneuerung des Vaterlandes zu siegen oder notfalls zu sterben.

Das II Polish Corps, etwa 50000 Mann stark, war im Februar 1944 der Eighth Army unterstellt worden, hatte aber während der Kämpfe zwischen Freybergs New Zealand Corps und den deutschen Fallschirmjägern kaum im Einsatz gestanden. Man hatte General Anders wissen lassen, daß der Ausgang der Schlacht um Cassino darüber entscheiden würde, wann und wo seine Männer in Italien Verwendung fänden. Ein oder zwei Tage vor dem 23. März bot General Leese den Polen die Aufgabe an, den Monte Cassino zu nehmen und anschließend die Stadt Piedimonte. General Anders griff ohne Zögern zu, obwohl er sich hinsichtlich der Schwierigkeiten und der hohen Verluste keinen Illusionen hingab. Später, als der Krieg vorüber war, vertrat Anders seine Entscheidung, indem er schrieb: »Ich stimmte mit General Alexander überein, daß der Weg nach Rom nur durch die Einnahme des Monte Cassino geöffnet werden könnte.« Nachdem der Entschluß gefaßt war, verloren der General und sein Stab keine Zeit, um den nächsten Angriff gegen Ziele zu planen, die seit Ende Januar allen Angriffen getrotzt hatten.

Anders weiß sich General Sir Bernard Freyberg sehr zum Dank verpflichtet, der ihm aufgrund seiner zweimonatlichen Kampferfahrung bei Cassino manchen nützlichen Ratschlag gab.
Diesen Informationen sowie den vorhandenen Unterlagen fügten der General und seine Mitarbeiter noch eigene Aufklärungsergebnisse sowie Beobachtungen von vorgeschobenen Geländepunkten hinzu, von denen aus man das gesamte Gefechtsfeld überblicken konnte. Auf diese Weise kam allmählich ein sehr genaues Bild der gegnerischen Verteidigungsaufstellung zustande, an Hand dessen General Anders den Ansatz seines Korps planen konnte.
Im Grunde boten sich vier Möglichkeiten zum Angriff auf den Klosterberg; alle waren sie kostspielig, und bei keinem ließ sich der sichere Erfolg mit Bestimmtheit voraussagen. Ein Angriff von Süden, mit gleichzeitigem Vorstoß auf das Kloster sowie die Höhen 593 und 575, setzte einen großangelegten Flußübergang über den Gari und Rapido voraus. Diesen Nachteil überwog die verlokkende Aussicht auf einen gemeinsamen Vorstoß gegen die vorerwähnten drei Ziele. Das Neuseeländische Korps hatte im Verlauf der Dritten Schlacht auch den Angriff von Osten her versucht, doch war inzwischen nichts geschehen, was hier die Chancen der Polen gegenüber den Kiwis und Indern verbessert hätte. Die Stützpunkte um das Hotel Continental hielten nach wie vor entschlossene Kämpfer besetzt, und die steilen Hänge des Klosterbergs stellten auch weiterhin ein nur schwer zu überwindendes Hindernis dar. Auch der Angriff von Norden her hatte sich als verheerend erwiesen, als die Fourth Indian Anfang Februar in ihrem schneidigen aber erfolglosen Versuch gescheitert war, die Höhe 593 in Besitz zu nehmen. Mithin blieb nur eine Möglichkeit offen: ein Angriff auf breiter Front von Nordosten. General Anders und sein Stab sahen hier den Ansatzpunkt zum Sieg. Anders war es nur recht, daß die Anfangsphase dieses Plans den direkten Angriff gegen das Kloster zunächst nicht vorsah. Gelang es seinen Divisionen, sich erst in den Besitz von Snakeshead Ridge und Colle San Angelo zu setzen, dann beherrschten sie auch die Straße Nr. 6 und saßen im Rücken von General Heidrichs Verteidigern auf dem Klosterberg und in der Stadt Cassino. Ein solcher Versuch war zwar von der Fourth Indian Division schon einmal unternommen worden, doch unter sehr viel ungünstigeren Umständen.
Während die Inder nur eines dieser Ziele anzugreifen vermochten

und dies bloß mit einer Brigade, konnten die Polen mit zwei Divisionen beide Stützpunkte gleichzeitig attackieren, wodurch es den Deutschen verwehrt wurde, sich gegenseitig zu entsetzen, Reserven zu verschieben und somit den Widerstand zu versteifen. Um die Furcht der deutschen Fallschirmjäger vor einem Eingeschlossenwerden noch zu erhöhen, sollte der Hauptstoß des British XIII Corps über den Rapido und gegen den Westteil der Stadt führen. Die Polen konnten daher von der berechtigten Annahme ausgehen, daß ein Angriff aus Nordosten ihnen die besten Möglichkeiten zum Einsatz aller Verbände und zum Umfassen der Eckpfeiler der deutschen Verteidigung bot.

Leider bestand das Polnische Korps nur aus zwei Infanteriedivisionen zu je zwei Brigaden, der 3. Carpathian-Division und der 5. Kresowa-Division, unterstützt durch die 2 Polish Armoured Brigade. Eine der bitteren Lektionen der zurückliegenden Schlachten war jedoch, daß stets noch weitere Truppen zur Hand sein mußten, um entweder Erfolge ausnutzen oder aber Geländegewinne gegen die heftigen Gegenstöße halten zu können, in deren Organisation und Ausführung die Deutschen Meister waren. General Anders mußte also eine Reserve ausscheiden, indem er jeder Brigade ein Bataillon wegnahm und dieses der jeweiligen Division direkt unterstellte. Dieser Mangel an Infanterie bedeutete, daß im Falle auftretender schwerer Verluste die eine oder andere Division vorübergehend nicht einsatzfähig sein würde. Ein solches Risiko mußte aber in Kauf genommen werden. Die Vorbereitungen zum Angriff wurden durch den Umstand erschwert, daß die Truppe keine eigene Feindaufklärung vortreiben konnte. Die Deutschen durften unter keinen Umständen einen Gefangenen machen und dadurch vorzeitig erfahren, daß sich hier das gesamte II Polish Corps zum Angriff auf den Monte Cassino bereitstellte. Die Führer der vorderen Einheiten hatten daher keine Gelegenheit, sich rechtzeitig mit der genauen Lage der deutschen Vorposten sowie den besten Annäherungswegen vertraut zu machen.

Strikteste Geheimhaltung war das Gebot der Stunde, und alle nur erdenklichen Maßnahmen galten der Angriffsverschleierung. Sobald die Dunkelheit hereinbrach, begann allerorts eine hektische Geschäftigkeit. Nachschub wurde nach vorne gebracht und gestapelt, neue Wege angelegt und vorhandene ausgebaut und ganze Ströme von Panzern, Kanonen und Soldaten in die Bereitstellungsräume dirigiert. Ging die Sonne dann erneut auf, rührte sich weit und breit nichts mehr. Die Augen der wachsamen deutschen Vorposten glitten über eine harmlos erscheinende Landschaft, über die menschlicher Einfallsreichtum einen Tarnschleier gebreitet hatte. Auch der Funkabhördienst vernahm außer englischen Lauten nichts, was auf die Anwesenheit der Polen hätte schließen lassen. Man hatte dem Polnischen Korps zu Täuschungszwecken britische Funker beigegeben.

Die Frage, welche der beiden Divisionen die undankbarere Rolle übernehmen und am rechten Flügel den Colle San Angelo angreifen mußte, bzw. wem die Ehre zuteil werden sollte, über die Höhen 593 und 569 auf das Kloster vorzustoßen, wurde durch das Los entschieden. Der 5th Kresowa-Division fiel die Aufgabe zu, zunächst den Bergrücken rings um den Colle San Angelo in Besitz zu nehmen und anschließend von dort aus den Vorstoß der 3rd Carpathian-Division auf das Kloster zu decken. Der Gesamtplan sah zwar ein gleichzeitiges Antreten beider Divisionen vor, doch sollte die Kresowa-Division an einem Zwischenziel so lange verhalten, bis der Schutz ihrer linken Flanke gesichert war. Dies bedeutete, daß die Carpathian-Division frühzeitig die berüchtigte Höhe 593 nehmen mußte, welche dadurch einmal mehr zum Angelpunkt der kommenden Schlacht wurde. Das zur Verfügung stehende Gelände ließ den Polen keine große Wahl bezüglich Bereitstellungsraum, Angriffsrichtung und anzuwendender Taktik. Was ihr Selbstvertrauen jedoch stärkte, war die gewaltige Feuervorbereitung und -unterstützung, mit welcher sie rechnen konnten. Es handelte sich, um mit den Worten von Fred Majdalany zu sprechen, um »eine Operation in C-majeur mit großem Orchester«.

Am 11. Mai erließ General Anders seinen Tagesbefehl: »Soldaten, die Stunde des Kampfes ist gekommen. Lange haben wir auf diesen Augenblick der Rache und Vergeltung unserem Erbfeind gegenüber gewartet. Schulter an Schulter mit uns werden britische, amerikanische, kanadische und neuseeländische Divisionen kämpfen, gemeinsam mit französischen, italienischen und indischen Truppen. Die uns gestellte Aufgabe wird den Namen des polnischen Soldaten in der ganzen Welt mit Ruhm bedecken. In diesem Augenblick weilen die Gedanken und Herzen unserer gesamten Nation bei uns, und im Vertrauen auf die Gerechtigkeit der göttlichen Vorsehung werden wir mit dem geheiligten Wahlspruch im Her-

zen vorrücken: Gott, Ehre, Vaterland.«
Die Tragödie war nur, daß General Anders, ein Mann, den die Russen in dem berüchtigten Moskauer Gefängnis Lubianka wie einen Verbrecher behandelt hatten, gar keine andere Wahl hatte, als mit dem Westen zu paktieren. Er mußte dieses Vertrauen auch haben, denn ohne es hätte der tapfere Befehlshaber seine Männer nie zu einer derartigen Leistung aufrütteln können. Und diese wiederum würden die Deutschen nicht mit einer derartigen Begeisterung angegriffen haben, hätten sie geahnt, daß die Hälfte ihres Landes von den Westmächten bereits Stalin versprochen war. In wohltuender Unkenntnis ihrer trostlosen politischen Zukunft sahen die Soldaten des Polnischen Korps dem Angriff entgegen. Alles war bis zur geringsten Kleinigkeit vorbereitet, die Artillerie hatte riesige Vorräte an Nebel- und Sprengmunition bereitgestellt, nichts war dem Zufall überlassen. Unerbittlich rückte der Uhrzeiger weiter, näherte sich der festgelegten X-Zeit: 23.00 Uhr, in der Nacht des 11. Mai.

17.

Die Vierte Schlacht: Der Erfolg bahnt sich an

Oben in den Bergen waren die Deutschen damit beschäftigt, einige Männer aus den vorgeschobenen Stellungen abzulösen. Es herrschte Feuerpause, um keinen Vergeltungsschlag des Gegners zu provozieren. Es war eine der ruhigsten Nächte überhaupt. Doch um 23.00 Uhr brüllten an der Cassinofront plötzlich 1600 Geschütze auf, stand der Horizont im Flammenmeer der Abschüsse und ging alles in einem ohrenbetäubenden Krachen unter. Die Artillerie der Fifth und Eighth Armies überschüttete die Verteidiger mit Tausenden von Granaten, wobei der Schwerpunkt vor allem auf erkannten deutschen Geschützstellungen zwischen dem Tyrrhenischen Meer und weiter landeinwärts lag. Das Trommelfeuer hielt etwa vierzig Minuten an, bevor es auf die ersten Angriffsziele zurückverlegte. Das Heulen und Krachen in den Bergen wurde zu einem Feuerorkan ohnegleichen, und allein die Kanonen der Fifth Army verschossen innerhalb der ersten vier Stunden 170 000 Granaten. Die Überraschung war vollkommen, und die Feuervorbereitung hätte nicht besser sein können. Jetzt war die Infanterie an der Reihe: die Amerikaner an der Küste, die Franzosen auf den Höhen des Monte Faito, die vor dem Gari stehenden Briten und vor allem die Polen, die nun vom Monte Castellone aus über das mit Felsbrocken übersäte Schlachtfeld antraten, welches bereits das Blut so vieler alliierter Soldaten getrunken hatte. Jedes der vier Korps hatte eine wichtige Aufgabe zugewiesen bekommen, aber am meisten unter Zeitdruck stand das British XIII Corps. Gelang es seinen beiden Angriffsdivisionen, d. h. der 4th

British und der 8th Indian nicht, bis zum Hellwerden einen Brückenkopf zu bilden, der auch die Nachführung von Panzern gestattete, so hatten die Deutschen vierundzwanzig Stunden Zeit gewonnen, um sich vom ersten Schock zu erholen und Gegenangriffe zu führen. Der frühere Versuch der 36 Division, das gleiche Flußhindernis zu überwinden, war allen beteiligten Generalen noch lebhaft in Erinnerung.

Das entlang der Küste vorgehende II Corps von General Geoffrey Keyes setzte sich nur langsam in Bewegung, teilweise deshalb, weil die beteiligte 85 und 88 Division nur über wenig Kampferfahrung verfügten.

Die 94. Infanteriedivision unter General Steinmetz wehrte sich entschlossen gegen einen übermächtigen Angriff, dem reichlich Unterstützung durch Schiffsgeschütze und Schwärme von Jagdbombern zuteil wurde. Bis zum 14. Mai gelang es den Deutschen, den amerikanischen Vormarsch zu stoppen, doch mußte dann die 94. I.D. ihre gut ausgebauten Stellungen räumen, da sich der französische Druck auf das Lirital bemerkbar machte. Juins Korps vermochte innerhalb der ersten vierundzwanzig Stunden der Offensive überraschende Erfolge zu erzielen.

Die französischen Kolonialtruppen warfen sich auf die 71. Infanteriedivision am oberen Garigliano und eroberten den Monte Faito (825 m). Zwar versteifte sich der deutsche Widerstand, doch gelang es ihnen nicht, die 4. Marrokanische Gebirgsdivision an der Einnahme des Monte Maio zu hindern. Juin hatte behauptet, daß dieser Pfeiler des Einfallstors nach Cassino durch einen kühnen Vorstoß über das Gebirge in Besitz genommen werden könnte. Seine Voraussage wurde durch die Franzosen am 13. Mai bestätigt, welche von da aus weiter nordwestlich vorstießen und noch am gleichen Abend das Lirital südlich Cassino erreichten. Damit war eine entscheidende Bresche in die Gustavlinie geschlagen, doch konnte sie nicht ausgenutzt werden, weil der rechte Flügel zurückhing, wie Juin ebenfalls vorausgesagt hatte. Das British XIII Corps kam nur mühsam vorwärts, und auf den Höhen nördlich Cassino holten sich die Polen blutige Köpfe. Auf deutscher Seite vertritt Böhmler die Auffassung, daß die Polen nutzlos geopfert wurden, nachdem es den Franzosen gelungen war, die Gustavlinie aufzureißen. Ob die polnischen Anstrengungen ein entscheidender Faktor bei der schließlichen Einnahme von Cassino und dem späteren Fall

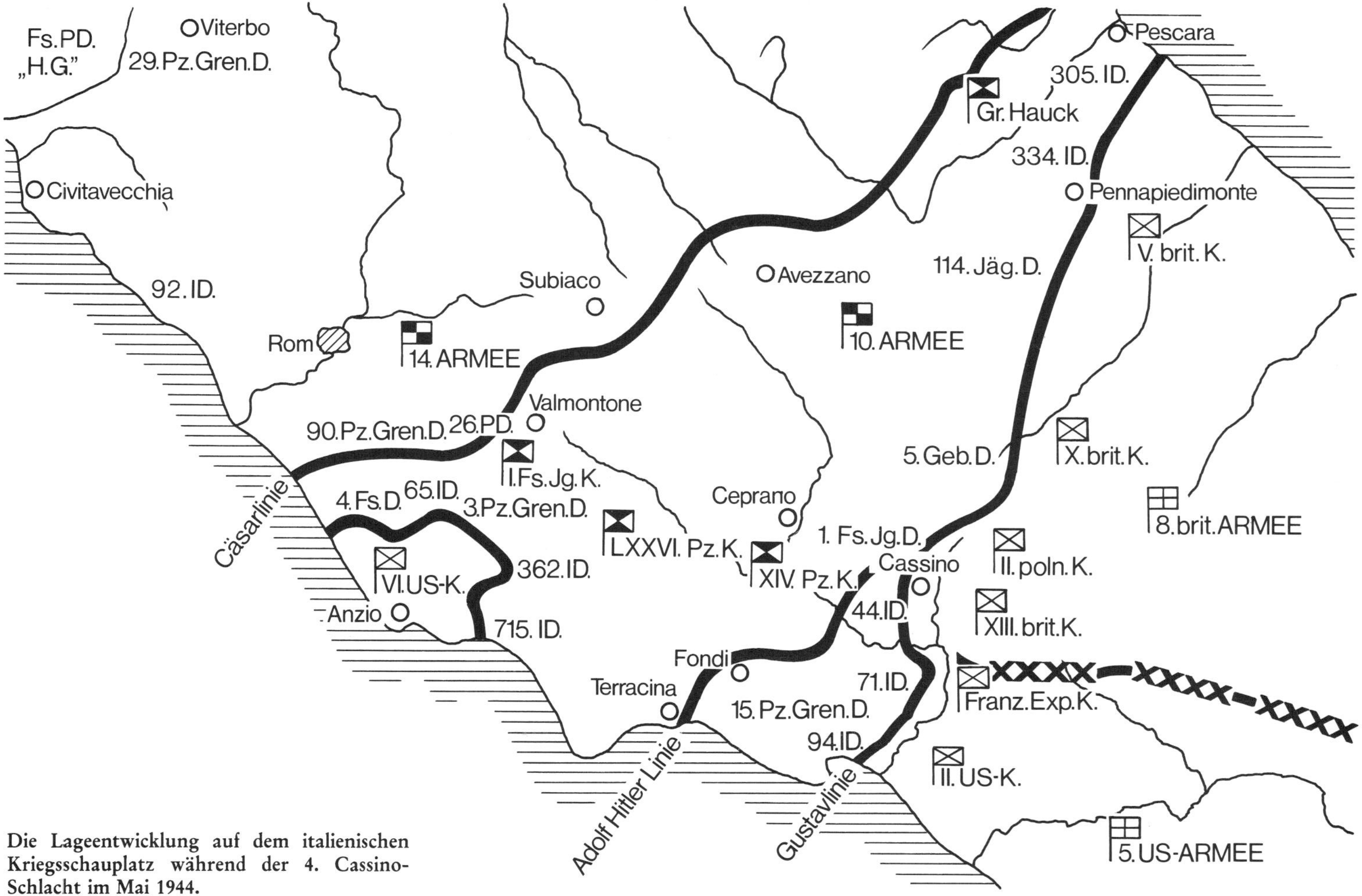

Die Lageentwicklung auf dem italienischen Kriegsschauplatz während der 4. Cassino-Schlacht im Mai 1944.

von Rom waren, soll später untersucht werden.
Im Abschnitt des XIII Corps begannen die 4th British und 8th Indian Division mit dem Übergang über den Gari/Rapido, indem sie jeweils zwei Brigaden vorne einsetzten. Dichter Nebel lagerte im Tal und wurde im Zuge des anhaltenden beidseitigen Artilleriefeuers immer undurchdringlicher.
Die deutschen Geschütze waren durch die kurz vor Mitternacht einsetzende Feuervorbereitung böse mitgenommen, und konnten nicht mehr so genau und wirkungsvoll eingreifen, wie im Januar gegen die Texas-Division. Die deutsche Infanterie hingegen kämpfte verbissen wie immer und hielt ihre Stellungen, wobei sie von Minenfeldern, Stacheldraht und betonierten Stützpunkten wirkungsvoll unterstützt wurde. Als am 12. Mai die Sonne aufging, konnte von einem Brückenkopf noch nicht die Rede sein, obwohl die 4th Division einen schmalen Uferstreifen in Besitz hatte. Einer ihrer Brigaden, der 28th, war es indessen nicht gelungen, sich am Westrand des rasch dahinfließenden Flusses endgültig festzusetzen. Zwei ihrer Bataillone, das 2 Kings gefolgt vom 2 Somersets, wurden durch das geschickt geleitete deutsche Abwehrfeuer derartig eingedeckt, daß sie sich bei einsetzender Dunkelheit wieder auf das andere Ufer absetzen mußten, unter Zurücklassung einer starken Kompanie als vorgeschobener Sicherung.
General Kirkman war sich bewußt, daß nur verstärkte Anstrengungen zur Errichtung von Brücken sein Korps wieder in Gang bringen konnten. Nach verzweifelten Bemühungen durch die Pioniere und unter Inkaufnahme hoher Verluste gelang schließlich der Brückenschlag, so daß Teile der 4th Division am Morgen des 14. San Angelo nehmen konnten, das Ziel, welches die 36th Division im Januar vergeblich zu erreichen versucht hatte. Damit stand das XIII Corps bereit, um sich einen Weg ins Lirital zu erzwingen. Die Deutschen aber waren entschlossen, auch die letzten Reserven der 10. Armee in die Schlacht zu werfen. Zusammengewürfelte Einheiten aller möglichen Korps und Dienststellen rückten in die Bresche ein, um dem Britischen Korps am Eingang des Liritals den Zugang nach Rom zu verwehren. Gleichzeitig setzten wagemutige deutsche Flugzeugführer alles daran, um in schneidigen Tiefangriffen die neu gebauten Brücken über den Fluß zu zerstören. Obwohl die Infanterieverbände der 10. Armee nach wie vor Wider-

stand leisteten und den Versuch des XIII Corps verzögerten, in das Lirital einzudringen, war ihr rechter Flügel unter dem Druck der Franzosen und Amerikaner doch praktisch zusammengebrochen. Dort, wo noch vier Tage zuvor die 71. und 94. I.D. verteidigt hatten, war jetzt ein großes Loch entstanden.

Nur an zwei Stellen gelang es den Deutschen, ihre Stellungen zu behaupten und die Angreifer unter schweren Verlusten abzuweisen: auf den Höhen westlich des Monte Cassino und in der Stadt selbst. Wieder einmal zeigten sich General Heidrichs Fallschirmjäger entschlossen, die ihnen anvertrauten Stützpunkte mit Zähnen und Klauen zu verteidigen. Am 16. Mai, d. h. am X+5-Tag, konnte General Alexander den Ausbruch aus dem Landekopf Anzio noch immer nicht freigeben, da erst noch die Eighth Army den »Korken aus dem Flaschenhals« entfernen mußte, welcher in das Lirital einmündete.

Die Soldaten der beiden polnischen Divisionen erhoben sich am 12. Mai um 01.00 Uhr aus ihren Sturmausgangsstellungen, in denen sie den Deutschen teilweise auf Hörweite gegenübergelegen hatten. Die um 23.00 Uhr einsetzende Artilleriefeuervorbereitung beschrieb ein Zugführer wie folgt: »Außer den 1100 Geschützen feuerten gleichzeitig noch die Granatwerfer und die Panzerabwehrkanonen. Ein betäubender Lärm. Wir hatten keine Ahnung, wie lange die Beschießung dauern würde, doch fürchtete ich verrückt zu werden, wenn es noch lange so weiterging ... Alle waren wir überzeugt, daß kein Deutscher ein derartig verheerendes Feuer überleben könnte.« General Duch's Carpathian-Division hatte auf die beiden wichtigsten Angriffsziele je ein Bataillon angesetzt: eines sollte Massa Albaneta und das andere die Höhe 593 nehmen. Das II. Bataillon benötigte kaum zwanzig Minuten, um sich in den Besitz des größten Teils der Höhe 593 zu setzen, und binnen einer Stunde kämpften seine Soldaten auch schon am Nordhang der Höhe 569. Doch dann war kein Vorwärtskommen mehr, da das rechts angelehnte I. Bataillon von einer Schlucht aufgehalten wurde, die etwa 360 m vor Massa Albaneta verlief. Von der eigenen Artillerie gut unterstützt, hatte es nach schweren Nahkämpfen bei Anbruch der Helligkeit den Nordrand der Schlucht erreicht, wurde hier aber von den deutschen Beobachtern aus Massa Albaneta und vom Colle San Angelo entdeckt und mit gut gezieltem Feuer niedergehalten.

In der Schlucht verlegte Minen brachten auch die zur Unterstützung nachgesandten Panzer zum Stehen, so daß sich die überlebenden Infanteristen nach schweren Verlusten schließlich wieder in die Ausgangsstellung zurückziehen mußten. Ihre Tapferkeit hatte nicht ausgereicht, um die Verteidiger zu werfen.
Inzwischen ging der Kampf um die Höhen 569 und 593 weiter. Auf 593, dem Kalvarienberg, häuften sich die Ausfälle des II. Bataillons in alarmierender Weise. Angriffe wechselten mit Gegenangriffen ab. Hier sprang plötzlich eine Gruppe Deutscher auf und säuberte mit Handgranaten und Maschinenpistolen eine polnische Stellung, dort tauchte urplötzlich eine Handvoll Polen auf und vertrieb die Deutschen in der gleichen Weise. Bei Sonnenuntergang arbeiteten sich die polnischen Überlebenden, ein Offizier und sieben Mann, zu den eigenen Linien zurück, während die Fallschirmjäger erneut die Höhe 593 besetzten und mehrere Gefangene einbrachten. Ein Zugführer, der vier Tage später wieder befreit werden konnte, gab an, daß die Deutschen genauso erschöpft wären wie die Polen: »Als ich in der Höhle die eingefallenen Gesichter der Deutschen betrachtete, bestand für mich kein Zweifel, daß die Verteidiger des Monte Cassino bereits geschlagen waren.« Die höheren Offiziere teilten den Optimismus dieses zeitweilig gefangen gewesenen Zugführers allerdings nicht. Der Angriff der Carpathian-Division war fehlgeschlagen oder in General Anders' Worten: »Nur zu bald wurde klar, daß es einfacher war, ein Angriffsziel zu nehmen als es zu halten«, eine Lektion, welche die vorangegangenen Kämpfe um den Kalvarienberg bereits gelehrt hatten. Vom rechten Flügel, dort wo die Kresowa-Division eingesetzt war, erreichten den Korpskommandeur sogar noch düstere Nachrichten.
Die auf den Colle San Angelo angesetzte Angriffsspitze, die 5 Vilna Brigade, hatte den Phantom Ridge genommen, wurde dann aber beim weiteren Vorstoß auf den Punkt 517 vom Unglück ereilt. Vom II./Fallschirmjägerregiment 3 schlug ihnen heftiges Feuer entgegen, welches im Zusammenwirken mit gut liegenden Feuerschlägen der deutschen Artillerie die Polen in Deckung zwang.
Das feindliche Feuer konnte durch die eigene Artillerie nicht ausgeschaltet werden, da die mit der Infanterie vorgehenden vorgeschobenen Beobachter einer nach dem anderen ausfielen. General

Anders sah sich daraufhin veranlaßt, die Überlebenden am Abend des 12. Mai im Schutze der Dunkelheit auf die Ausgangsstellung zurückzubeordern.
Die Deutschen hatten die erste Runde im Kampf um den Monte Cassino auch diesmal wieder gewonnen, ein Umstand, den General Leese rasch erkannte, als er Anders in dessen Gefechtsstand aufsuchte. Die Polen hatten schwere Schläge einstecken müssen, doch ließ sich Leese in seiner Auffassung nicht irre machen, daß ohne ihre Anstrengungen das XIII British Corps außerstande gewesen wäre, einen Brückenkopf am Rapido zu errichten. Der polnische Angriff hatte in einem entscheidenden Augenblick das Artilleriefeuer auf sich gezogen und Reserven gebunden, welche andernfalls den Briten den Übergang über den Rapido streitig gemacht hätten. Trotzdem war klar, daß weitere polnische Angriffe den Gang der Schlacht wenig beeinflussen würden, es sei denn, daß es zu einer Koordinierung mit dem britischen Vorgehen käme.
Das Polnische Korps hatte General Heidrich und seinen Fallschirmjägern, die dem Ansturm zweier Divisionen widerstehen mußten, bisher auch nicht einen Meter abgerungen. Der Monte Cassino schien weiterhin unbezwingbar, auch wenn die Deutschen in der kurzen Verschnaufpause erkennen mußten, daß die Briten massenweise Panzer und Geschütze aus dem Brückenkopf in Richtung Lirital anrollen ließen. Die Falle begann sich hinter dem Monte Cassino zu schließen, und die Verteidiger in der Abtei konnten hierbei nur als Zuschauer mitmachen. Wie sollte man hier je wieder rauskommen? Die Polen nutzten die Zeit bis zum nächsten Angriff, indem sie die Nerven der Deutschen durch örtliche Unternehmungen, Stoßtrupps und Störungsfeuer auf die Schlüsselstellungen in höchster Anspannung hielten. General Anders aber und seine beiden Divisionskommandeure versuchten die Ursachen ihres fehlgeschlagenen Angriffs vom 12. Mai zu analysieren.
Warum hatten sie mit einer derartigen Übermacht die Deutschen nicht zu schlagen vermocht? Drei Hauptgründe ließen sich aus den gemachten Erfahrungen ableiten: der erste war, daß die Artilleriefeuervorbereitung auf erkannte Stützpunkte weit weniger Schaden angerichtet hatte, als optimistischerweise angenommen wurde. Das Ergebnis war, daß sich die polnischen Infanteristen schon in der ersten Angriffsphase blutige Köpfe holten. Der zweite Grund

war die mangelnde örtliche Feindaufklärung, wodurch sich die vorne eingesetzten Kommandeure und Chefs mit unbekannten Minenfeldern und unerwarteten Stützpunkten auseinandersetzen mußten. Die Polen hatten vor Angriffsbeginn weder Spähtrupps ansetzen noch Geländeerkundung treiben dürfen. Aus Geheimhaltungsgründen war das richtig, taktisch gesehen aber falsch und kostspielig. Der dritte Grund war der Zeitpunkt des Antretens. Als die Polen um 24.00 Uhr ihre Deckungen verließen, führten die Deutschen gerade ihre Ablösungen durch. Es waren also mehr Kämpfer da als normalerweise. Diese standen nun zusätzlich zur Verteidigung und für Gegenstöße zur Verfügung, bevor noch die Polen imstande waren, ihre Geländegewinne zu sichern.

Die polnischen Generale bemühten sich also, den Artilleriefeuerplan für den nächsten Angriff abzuändern und ließen auch das gesamte Vorgelände eingehend erkunden und aufklären. Was die Stärke der deutschen Stützpunkte anbelangte, so waren sie personell noch weiter geschwächt worden. Die alliierte Aufklärung ergab, daß man Fallschirmjägereinheiten nach dem 13. Mai von den Höhen abgezogen und im Tal unten eingesetzt hatte, um die gefährliche Ausbuchtung in der Gustavlinie abzustützen. Mithin bestand im Hinblick auf den nächsten Angriff, der unter dem Befehl von General Leese stattfinden sollte, durchaus Grund für einen gedämpften Optimusmus.

Am 16. Mai kam General Leese zu der Auffassung, daß das XIII Corps die Gustavlinie nahezu durchbrochen hätte, so daß nun der Augenblick für einen gemeinsamen Angriff mit den Polen auf Cassino gekommen sei.

Die 78th Division sollte in nördlicher Richtung angreifen, die Straße Nr. 6 blockieren und die Stadt im Rücken abschneiden. Am Morgen des 17. Mai hatte die 4th Division die Eisenbahnlinie unweit der Straße Nr. 6 erreicht und diese damit praktisch unterbrochen. Nachdem die Artillerievorbereitung um 07.20 Uhr beendet war, trat auch das Polnische Corps zum zweiten Mal an. Trotz verbesserter Feuerpläne und eingehender Aufklärung mußten die Angriffsverbände auch diesmal wieder schwere Schläge von Heidrichs Division einstecken. Wieder rangen dieselben Divisionen um die Brennpunkte 593 (Kalvarienberg) und Colle San Angelo.

Diesmal hatte man die Bataillone nach vorne genommen, welche am 12. Mai geschont worden waren. Der Angriffsplan entsprach im wesentlichen dem vorangegangenen, und wieder wurden die Polen von den Deutschen erwartet. Im letzten Augenblick trat dann allerdings eine entscheidende Lageänderung für die Kresowa-Division ein. Eine in der Nacht vom 16. Mai auf den Phantom Ridge angesetzte Aufklärung durch eine Kompanie des 16 Battalion stieß unerwartet nur auf schwache Sicherungen. Diese wurden überwältigt und das gesamte Bataillon nachgeführt. Ein deutscher Gegenangriff schlug fehl, so daß für den am nächsten Morgen stattfindenen Eröffnungsangriff des 17 Battalion auf den Colle San Angelo eine gute Ausgangsbasis vorhanden war. Diesem gelang denn auch innerhalb einer halben Stunde ein Einbruch in das Verteidigungssystem des Colle San Angelo, wo bis auf einige Bunker am Westrand alle Stellungen schließlich genommen werden konnten. Die Deutschen, als bewährte Meister des Gegenstoßes, waren aber auch hier sofort wieder zur Stelle. Unterstützt von Artillerie, Granatwerfern und heftigem Gewehrfeuer vom Basso Corno, erfolgten von den Südwesthängen energische Gegenangriffe. Im Laufe des zehn Stunden anhaltenden Kampfes erlitt das polnische Bataillon schwere Verluste und hatte sich fast gänzlich verschossen. Um die ungemein schwierige Situation zu retten, mußte General Anders einen Verband aus Teilen des 16 und 18 Battalions nach vorne schicken. Hierdurch wurde den weiteren deutschen Angriffsversuchen ein Riegel vorgeschoben und zugleich die vorderste Linie der 5th Kresowa-Division konsolidiert. Die Carpathian-Division trat erneut gegen Massa Albaneta und den Kalvarienberg an, diesmal unterstützt durch Panzer der 2 Armoured Brigade. Die Panzer sollten das Dörfchen Massa Albaneta ausschalten und die Deutschen auf dem Westhang der Höhe 593 durch Feuer niederhalten, während gleichzeitig der Sturm der 5th Division auf dieses Angriffsziel einzusetzen hatte. Dem sich vorarbeitenden 6 Battalion gelang es gegen heftigen Widerstand die Schlucht zu überwinden, an der am 12. Mai der Angriff steckengeblieben war. Einige Panzer konnten daher weiter vorziehen und wirkungsvolle Feuerunterstützung gewähren – vornehmlich gegen die 3. Kp. Fallschirmjägerregiment 3, welche hierbei nahezu aufgerieben wurde. Dem 6 Battalion gelang es, unter Ausnutzung dieses Feuerschutzes sich bis auf hundert Meter an Massa Albaneta heranzuarbeiten, wo es jedoch vor der fachkundig angelegten und entschlossen verteidigten Stellung liegenblieb. Jetzt war das 4 Bat-

talion mit dem Angriff auf die Höhe 593 an der Reihe.
Für den Rest des Tages ging das Ringen um die Höhen 593 und 569 mit unverminderter Heftigkeit weiter. Beide Seiten erlitten schwere Verluste, während Schläge und Gegenschläge einander ablösten und einen ständigen Wechsel der Lage mit sich brachten. Der größte Teil der Höhe 593 befand sich in polnischem Besitz, war aber nur hauchdünn abgesichert, und die Höhe 569 wurde bei Anbruch der Dunkelheit noch immer von den Fallschirmjägern gehalten. Anders bemerkte hierzu: »Die Krise der Schlacht war eingetreten, nachdem sich beide Seiten im Zustand äußerster Erschöpfung gegenüberlagen.«
Für die Polen ging der Tag mit einigem Geländegewinn zu Ende, aber die Deutschen hatten sich mit großer Wendigkeit und Entschlossenheit des zahlenmäßig weit überlegenen Gegners erwehrt.
Böhmler versicherte, daß die Polen am Abend des 17. Mai weder den ganzen Weiler Massa Albaneta noch den Kalvarienberg genommen hätten. Nach den alliierten Unterlagen befanden sich aber die Polen am 17. mit anbrechender Dunkelheit im Besitz der Höhe 593. Wie dem auch sei, auf alle Fälle veranlaßte die Lageentwicklung unterhalb des Klosters das deutsche Oberkommando, Heidrichs Division herauszuziehen, bevor die Falle zuschnappte. Da das Kloster abgeschnitten war, konnte diese Entscheidung nicht länger hinausgezögert werden.
Die Fallschirmjäger, welche ihre Stellungen räumten, taten dies schweren Herzens. Sie mußten so viele Tote zurücklassen. Besonders schwer waren die Verluste beim I. Bataillon Fallschirmjägerregiment 3, dessen 1. Kompanie die Höhe 593 verteidigt hatte und am 17. Mai um Mitternacht noch drei überlebende Kämpfer aufwies. Aus der Stadt setzte sich das II. Bataillon über die Hänge des Monte Cassino nach rückwärts ab. In aller Stille überließen die Deutschen Cassino den Polen und – den Toten. Zurück blieben lediglich einige nicht gehfähige Verwundete.
Am nächsten Tag begannen die Polen mit der Säuberung der letzten Widerstandsnester auf den Höhen 593, 569 und in Massa Albaneta. Vereinzelte kleine Trupps von Deutschen waren zurückgeblieben, um den Rückzug zu decken. Das Finale von Cassino stand in krassem Gegensatz zur grandiosen Eröffnung der Kämpfe fünf Monate zuvor. Anstelle zäher und verbissener Kämpfe

herrschte jetzt Friede und Schweigen rund um das Kloster. Eine Schilderung des Endes stammt vom Artilleriekommandeur der 3rd Carpathian-Division: »Von meiner Beobachtungsstelle aus sah ich, wie auf den Trümmerresten eine weiße Fahne gehißt wurde. Ich rief daraufhin über die Leitung des Artillerieregiment 1 sofort den Kommandeur der 2nd Brigade an, um ihm die Neuigkeit mitzuteilen. Zunächst wollte er die deutsche Übergabe nicht glauben. Nachdem ich ihn schließlich davon überzeugt hatte, bat ich ihn, einen Spähtrupp mit unserer Nationalflagge zum Kloster zu schikken, wurde aber abschlägig beschieden, da die Infanterie dazu zu erschöpft sei. Darauf nahm ich Verbindung mit unserem Kavallerieregiment auf der benachbarten Höhe auf und bat, jemanden mit der polnischen Fahne zum Monte Cassino zu entsenden.«

Eine zwölfköpfige Patrouille des Podolski-Lancierregiments begab sich zum Kloster, ohne daß ein Schuß fiel. Die dreißig deutschen Soldaten, die sich ergaben, waren fast alle verwundet. Um 10.20 Uhr flatterte der rotweiße Wimpel mit dem Polenadler über der Ruine.

Um das zu erreichen, hatte das Polish 2 Corps in nicht ganz einer Woche nahezu 3000 Mann verloren.

Aber auch im Augenblick des Triumphs fand General Anders noch Zeit zur Ernüchterung und zum Nachdenken: »Die Hänge des Berges, vor allem dort, wo nicht so starkes Feuer gelegen hatte, waren über und über mit roten Blumen bedeckt – eine unheimlich passende Szenerie.«

Das Kloster enthüllte den Polen auch seine Geheimnisse. Sie konnten feststellen, daß der Hauptkeller selbst durch die schwere Bombardierung und die heftige Beschießung nicht zusammengestürzt war. Stellenweise wurde seine Decke durch herabgefallenes Mauerwerk sogar noch verstärkt. Die deutschen Fallschirmjäger hatten in die stehengebliebenen Mauerreste Schießscharten gebrochen, von denen aus sie in alle Himmelsrichtungen wirken konnten. Außerhalb der Umfassungsmauern war ringsum alles mit Minen und getarnten Sprengkörpern verseucht. Eine riesige Anzahl von Kellern und Höhlen hatte es den Deutschen ermöglicht, an den Verteidigungsschwerpunkten auch die nachhaltigsten Beschießungen und Bombardierungen zu überstehen und anschließend wieder zu den Waffen zu greifen. Selbst im Zerfall und inmitten der unnatürlichen Stille wirkte der Monte Cassino noch immer wie eine uneinnehmbare Festung. Und das war er auch gewesen. Er wurde weder im direkten Angriff genommen, noch unterlag er der ungeheuren Feuerkraft, welche die Alliierten aufzubringen vermochten. Jetzt war er nicht mehr wichtig. Der Krieg brandete weiter in das Lirital hinein, und die Polen nahmen auf der Straße Nr. 6 Verbindung mit der 78th Division auf, bereit für die nächste Phase von Alexanders Großoffensive.

Die Polen wurden für ihre Tapferkeit und Opferbereitschaft mit Recht weltweit gefeiert. General Anders erhielt Botschaften in glühenden Redewendungen, so die von General Leese: »Diese bemerkenswerte Heldentat wird meiner Überzeugung nach als eine ungeheure Leistung der polnischen Waffen in die Geschichte eingehen.« Noch wohltuender war aber wohl ein einfacher Glückwunsch aus dem polnischen Untergrund in Warschau, wo Anders' Landsleute sich ebenfalls mit den Deutschen herumschlugen und voller Unruhe der Ankunft der Russen entgegensahen.

Die Fifth und Eighth Armies setzten ihren Vormarsch auf Rom fort. In diesem Augenblick waren Cassino und das Kloster vergessen. Wie bereits früher dargestellt, hatte es sich bei beiden nur um einen Abschnitt im Rahmen der »Operation Diadem« gehandelt, wenngleich auch um einen außerordentlichen wichtigen. Nachdem Alexander bekanntgegeben hatte, daß die Briten Cassino und die Polen die Abtei genommen hätten, fügte er hinzu: »Nach dem unvergleichlich kühnen Durchbruch der Fifth Army durch die Gustavlinie am 14. Mai und dank der stürmisch vorrückenden französischen und amerikanischen Truppen in den Bergen ist der in Italien stehende Gegner durch die alliierten Armeen völlig ausmanövriert worden ... Die 1. Fallschirmjägerdivision, der beste Kampfverband des deutschen Heeres, hat mehr als die Hälfte ihres Bestand verloren.« Vielleicht enthüllt aber auch ein weiterer Funkspruch die wahre Bedeutung der vorangegangenen Fehlschläge der Alliierten bei Cassino, welchen Alexander an Churchill schickte: »Die Einnahme von Cassino bedeutet für mich und meine beiden Armeen außerordentlich viel. Abgesehen davon bietet sich damit für das Foreign Office offenbar eine großartige Propagandamöglichkeit.«

Aus dem Abstand, den ein Vierteljahrhundert gewährt, kann man die Tragödie von Cassino wohl so sehen: Cassino war für beide Seiten zu wichtig. Für Hitler und das deutsche Oberkommando

bedeutete seine Verteidigung eine innere Verpflichtung, eine Möglichkeit, der Welt noch einmal die Unbesiegbarkeit der deutschen Wehrmacht vor Augen zu führen. Für Churchill und Alexander war es geradezu eine Prestigeangelegenheit, diese Festung zu erobern, bevor der allierte Siegeszug in Italien wieder in Gang kommen konnte.
Am 18. Mai schien ein großer Gesamtsieg in Italien in greifbare Nähe gerückt zu sein.

18.

Rom und der letzte Sieg

Der Fall von Cassino brachte hinsichtlich der Bedeutung des Liritals für den Gesamterfolg eine radikale Änderung mit sich. Für die 10. Armee bestand nun kein Grund mehr, südlich der Adolf-Hitler-Linie stehenzubleiben, um so mehr, als sich angesichts der raschen Entwicklung der Dinge auch diese Stellung bereits in akuter Überflügelungsgefahr befand. Die deutsche Feindaufklärung hatte erst mit einigen Tagen Verspätung bemerkt, daß vier der alliierten Divisionen, welche sie nicht im Einsatz, sondern weiter rückwärts vermutete, in der Eröffnungsphase von *Diadem* eine wichtige Rolle gespielt hatten. Kesselring erkannte daher nicht sogleich, daß es sich bei dem Angriff zu Lande um die Großoffensive handelte, und daß mit einer weiteren Landung von See her nicht mehr gerechnet zu werden brauchte. Kesselrings mißliche Lage war vor allem durch das rasche Vorrücken der französischen und amerikanischen Korps zustande gekommen, von denen insbesondere die französischen Goumiers schon am 19. Mai Pico bedrohten.
Zu diesem Zeitpunkt hatte Kesselring die Führung der Schlacht persönlich in die Hand genommen, und durch zeitgerechtes Verschieben von Reserven die Lage im Verlauf der Adolf-Hitler-Linie wieder einigermaßen unter Kontrolle. Besonderes Kopfzerbrechen bereitete ihm der rechte Flügel der 10. Armee, weshalb die bei Anzio kämpfende 14. Armee die Weisung erhielt, zur Entlastung der Schwesterarmee eine ihrer Reservedivisionen, die 29. Panzergrenadierdivision, abzugeben. Da die Durchführung dieser Maßnahme beim Stab der 14. Armee zunächst durch allerlei Ausflüchte

verzögert wurde, hatte die Eighth Army Zeit, ihre Panzer, Geschütze und Fahrzeuge gegen die vorgeschobenen Verteidigungsstellungen der Adolf-Hitler-Linie aufmarschieren zu lassen. Trotzdem wurde es den Angreifern nirgends leicht gemacht. Die polnische Carpathian-Division nahm zwar Piedimonte am 20. Mai, wurde aber durch den Gegenangriff eines Bataillons der nicht klein zu kriegenden Fallschirmjäger wieder herausgeworfen. Die Kresowa-Division stieß im Gebiet des Monte Caira auf entschlossenen Widerstand. Die Fortschritte der Eighth Army waren bis zum 23. Mai auch weiterhin nur mäßig. Zu diesem Zeitpunkt war General Leeses Armee noch nicht einmal ganze sechzehn Kilometer über die Gustavlinie hinaus vorgestoßen, im Gegensatz zu dem spektakulären Geländegewinn von General Keyes II Corps (dieses hatte Terracina erreicht, 40 km jenseits der Gustavlinie) und Juins Männern, die bereits Pico angriffen. Die riesige Fahrzeugansammlung an der Spitze der Eighth Army, mit welcher sich diese die Via Casilina (Straße Nr. 6) entlangquälte, bereitete dem Stab nicht nur erhebliche Verkehrsprobleme, sondern wurde auch als Grund für die Verzögerung angegeben.

Am 23. Mai war General Leese aber ebenfalls so weit, um mit der Eighth Army die vorgesehene Rolle in der nächsten Phase der Schlacht zu spielen. Pico, der Schlüssel zur Adolf-Hitler-Stellung, war von der 26. Panzergrenadierdivision, welche bislang als Reserve für den Anzio-Landekopf zur Verfügung gehalten worden war, äußerst wendig und entschlossen verteidigt worden, doch schließlich eroberte General Juins Korps die Stadt in den Mittagsstunden des 22. Mai. Damit war auch für General Truscotts VI Corps der Augenblick zum Ausbruch aus dem Anzio-Landekopf gekommen. In dieser Situation konnte die 14. Armee auch ihre beiden Panzerdivisionen abschreiben, die 26. und 29., welche sich weiter südlich verzweifelt um die Rettung der 10. Armee bemühten. Der von Alexander ungemein günstig gewählte Zeitpunkt zum Ausbruch aus dem Landekopf sah die 10. Armee von der Vernichtung bedroht und die 14. Armee ohne Panzer: der Höhepunkt der Operation Diadem war somit erreicht.

Die Kanadier gingen gegen Pontecorvo vor und nahmen die Stadt am Abend des 26. Die Polen griffen erneut Piedimonte und den Monte Caira an und konnten beide nach schweren Verlusten am 25. Mai nehmen. Der gleiche Tag brachte auch die Verbindungsaufnahme zwischen Truscotts VI Corps und der entlang der Küste vorstoßenden Fifth Army – eine Vereinigung, welche eigentlich bereits im Januar hätte stattfinden sollen, als die Erste Cassinoschlacht begann und das VI Corps am 25. Januar seinen Fuß auf den friedlichen Strand von Anzio setzte. Drei Stunden nach erfolgter Kontaktaufnahme wurde die Szene auch für die Nachwelt festgehalten: mit General Mark Clarks strahlendem Gesicht auf dem Titelblatt aller alliierten Tageszeitungen.

Kesselring mußte erkennen, daß die 14. Armee auch weiterhin nicht in der Lage war, sich mit eigenen Kräften zu halten, weshalb er ihr von der Adria die 334. Infanteriedivision als Unterstützung zuführte. Natürlich begriff er auch, daß Alexander einen Stoß auf Valmontone vorhatte, um auf diese Weise die 10. Armee abzuschneiden und einen allgemeinen Zusammenbruch der Front einzuleiten. Das war in der Tat auch Alexanders Absicht und hatte auch seinerzeit der Anzio-Landung als Plan zugrunde gelegen. Am 25. Mai war der Fall von Rom nur noch eine Frage von wenigen Tagen; noch nicht entschieden war hingegen, mit welchen Teilen die 10. Armee nach Norden entkommen würde, bevor Truscotts VI Corps sie endgültig abschnitt. General Alexander winkte nicht nur ein großer Sieg, vielmehr bot sich ihm die Möglichkeit, einen beträchtlichen Teil jener Armee zu vernichten, die ihm Monate hindurch getrotz hatte. Die Falle mußte hinter dem Gegner in dem Augenblick zuschlagen, wo Truscotts Spitze sich am Abend des 25. Mai Valmontone näherte.

Die Hintergründe für die danach erfolgte überraschende Planänderung sind Gegenstand heftiger Auseinandersetzungen gewesen. Die hierbei ins Feld geführten Argumente bringen sowohl Soldaten als auch Historiker in Wallung, sobald sie sich mit dem Italienfeldzug befassen. Wieder einmal wirkte sich Mark Clarks persönliche Eigenart auf die Entwicklung der Lage aus, welche Alexander für eine kurze, aber entscheidende Periode hatte aus seiner Hand gleiten lassen. Hierbei ist jedoch die Frage nur schwer zu beurteilen, inwieweit Alexander seinem Untergebenen seinen Willen hätte aufzwingen können, ob es seine angeborene Abneigung gegen eine Einmischung war, oder aber ob ein zu starker politischer Druck auf ihm lag, als es zur Kraftprobe mit dem Oberbefehlshaber der Fifth Army kam. Was immer der Grund gewesen sein mag, zwei Tatsachen lassen sich nicht aus der Welt schaffen, erstens: General

Mark Clark war fest entschlossen, mit seiner Fifth Army als erster in Rom einzumarschieren, und zweitens: den beiden deutschen Armeen gelang es, der Vernichtung zu entgehen und durch das von den Alliierten geknüpfte Netz zu schlüpfen, um sich im Verlauf des Jahres dann später wieder an der Gotenlinie zu stellen.
Es mag eine zu starke Simplifizierung sein, Mark Clark als den einzigen Sündenbock hinzustellen, obwohl seine Sucht, Rom für sich zu beanspruchen, zweifelsohne die Hauptrolle spielte. Er schrieb: »Uns gelüstete nicht nur nach der Ehre, Rom einzunehmen, sondern wir glaubten auch, dies mehr als verdient zu haben. In gewisser Weise sollte es uns für die Kämpfe und die Rückschläge entschädigen, die wir während des Winters durch ständige Druckausübung auf die Deutschen auf uns nehmen mußten. Meiner persönlichen Auffassung nach gab es nichts, was unseren Stoß auf die italienische Hauptstadt aufhalten konnte. ... wir wollten, daß unsere Leute zu Hause wüßten, daß die Fifth Army der Sieger war, und sie sollten auch den Preis dafür kennen.« Diese Worte waren für die Nachwelt zu Papier gebracht, und niemand ist im Zweifel, welche Gefühle Mark Clark mit dem Wunsch verband, Rom als erster zu befreien. In welcher Hinsicht handelte er nun aber den Befehlen zuwider, die er von seinem Vorgesetzten, General Alexander, erhielt?
Über das, was sich auf höchster Kommandoebene abspielte, gibt es keine Unterlagen. Hingegen liegen die Berichte dreier amerikanischer Generale vor, aus denen sich einiges folgern läßt. Alexander gab damals weder Anzeichen der Verärgerung noch Enttäuschung zu erkennen, und auch nach dem Kriege lehnte er es ab, sich über die Kontroverse zu äußern. Mark Clarks Buch – »Calculated Risk« –, das bereits erwähnt wurde, zeigt deutlich, wie aufgebracht und mißtrauisch er auf Alexanders Wunsch reagierte, mit der Fifth Army nach Norden einzudrehen. Eine derartige Schwenkung hätte nicht nur der Eighth Army geholfen, sondern auch den Angriff von Leeses Armee auf die Adolf-Hitler-Linie nötig gemacht. In Clarks Augen bedeutete eine solche Richtungsänderung aber eine Verzögerung der Einnahme von Rom, und außerdem hätte er das Leben von Amerikanern riskieren müssen, um Briten zu helfen. Zu Clarks Stolz über den raschen Vormarsch seiner beiden Korps kam ferner noch der Ärger über das langsame Vorankommen der Briten im Liretal.

Der Eighth Army hatte man die Chance gegeben, Cassino zu nehmen, nachdem die Fifth Army das Stigma dreier Niederlagen hatte tragen müssen. Berücksichtigt man außerdem, daß auch in der Gesamtplanung von »Diadem« Rom von Anfang an zum amerikanischen Abschnitt gehörte, so wird verständlich, daß Mark Clark in diesem entscheidenden Augenblick des italienischen Feldzugs Alexander nicht traute und überdies der Verlockung nicht widerstehen konnte, welche von der publicityträchtigen Befreiung der italienischen Hauptstadt ausging.
General Lucian Truscott, der Kommandierende General des VI Corps, war ein Mann, dem nicht nur Winston Churchill und die britischen Stabschefs, sondern auch die eigenen Landsleute voll vertrauten. Wie in seinem Buch »Command Missions« zum Ausdruck kommt, war er wie vor den Kopf geschlagen, als er am 26. Mai Clarks Befehl erhielt, den Vorstoß auf Valmontone einzustellen: »Das war nicht der Augenblick, um weiter nach Nordwesten zu rollen, während der Gegner nach wie vor stark war. Wir mußten uns mit allem, was wir taten, auf die Enge von Valmontone werfen, um die Vernichtung der auf dem Rückzug befindlichen deutschen Armee sicherzustellen.« Auch Truscott hatte schon zuvor bemerkt: »Mark Clark befürchtete eine Abänderung der Pläne durch die Briten, die als erste in Rom sein wollten.« Und Truscott blieb der festen Überzeugung, daß die durch Anzio ursprünglich verfolgte strategische Absicht voll und ganz erreicht worden wäre, hätte Clark nicht Alexanders Weisungen umgestoßen.
Major General Fred Walker, dessen 36th Division bei Anzio als Reserve ausgeschieden worden war, traf Mark Clark am 23. Mai. Clark machte nicht gerade schmeichelhafte Bemerkungen über die britische Eighth Army und sagte, daß man lediglich eine einzige kanadische Division zur Einnahme von Ponte Corvo eingesetzt hatte, anstatt nunmehr mit allen Verbänden zur Verfolgung anzutreten. Alexander war an dieser zögernden Entwicklung nicht ganz unschuldig, da er die Via Casilina bisher nur für die Eighth Army freigegeben hatte, obwohl sie später ostwärts Rom vorbeistoßen sollte.
Es ist bedauerlich, daß General Mark Clarks emotional gefärbte Äußerungen in seinem Buch auch den einen oder anderen militärischen Grund überschattet haben, welcher für einen Abbruch des Vorstoßes das VI Corps auf Valmontone sprachen. Die Sperrung

der Straße Nr. 6 hätte nämlich nicht das Entkommen sämtlicher Teile der 10. Armee verhindert. Außerdem kommt hinzu, daß das Gelände hinter Valmontone nur schwer passierbar ist. Truscott und seine Männer hätten entgegen dem Verlauf der Gebirgsketten weiter vorrücken müssen. Die VI Corps wäre dadurch weit auseinandergezogen und der Gefahr von Gegenangriffen ausgesetzt gewesen, zu denen der Gegner bei jeder sich bietenden Gelegenheit nach wie vor in der Lage war. Alexanders Argumente für den Angriff der Anzio-Verbände auf Valmontone waren aber fraglos die stärkeren und basierten auf der strategischen Gesamtlage. Clark hingegen wollte nicht aus militärischen Gründen nach Rom. Die Einnahme der Stadt war für ihn die gerechte Belohnung für seine Armee, die sie angesichts all der Mühen und Enttäuschungen seit Salerno mit Recht verdient hatte.
Die Änderung der Stoßrichtung wurde am Abend des 26. durch Mark Clark befohlen, und dank der vorzüglichen Arbeit seitens des Stabes des VI Corps konnte es bereits zwölf Stunden später in nordwestlicher Richtung weitergehen. Alexander wurde praktisch vor vollendete Tatsachen gestellt, aber mit der ihm eigenen Selbstbeherrschung akzeptierte er die Situation und ließ Clark sein geändertes Vorhaben durchführen. Die einzige Alternative wäre anderseits eine Konfrontation mit einem mißtrauischen und widerspenstigen amerikanischen Armee-Oberbefehlshaber gewesen. Im Interesse der alliierten Einigkeit und in der Erkenntnis, daß Clarks Plan einen Erfolg trotzdem nicht ausschloß, ließ Alexander den Dingen ihren Lauf. In London war Churchill mit dieser Lageentwicklung keineswegs einverstanden: »Wichtiger als alles andere erscheint von hier aus gesehen das Abschneiden der feindlichen Rückzugsstraße ... eine Einkesselung ist wichtiger als Rom, welches uns dann anschließend sowieso in den Schoß fällt.« Die unguten Gefühle des britischen Premierministers kamen auch in seinem nächsten Telegramm an Alexander zum Ausdruck: »Der Erfolg dieser Schlacht, so groß er auch bereits ist, wird nicht an der Besetzung Roms oder der Vereinigung mit dem Landekopf gemessen werden, sondern an der Zahl der eingekesselten Deutschen.« Diese Chance aber war verspielt: die Amerikaner hatten sich nach Norden gewendet.
In der Nacht vom 30. auf den 31. Mai führte die US 36 Division den entscheidenden Schlag. Mit dem 142nd Regiment als Vorhut,

welches die steilen Hänge des Monte Artemiso erklomm, erreichte die ganze Division die Via Velletri im Rücken der deutschen Verteidigungsstellung. Hierbei kommt das Verdienst vor allem General Walker zu, hatte er diesen kühnen Plan doch General Truscott vorgeschlagen. Auf der anderen Seite war Kesselring über die Untätigkeit der 14. Armee äußerst aufgebracht und bemerkte: »Jetzt reichte es mir, und ich entschloß mich, Hitler eine Absetzung des Oberbefehlshabers (von Mackensen) vorzuschlagen.«

Der Erfolg der 36th Division entblößte auch die Flanke des I. Fallschirmjägerkorps, und Clark befahl nunmehr das Vorrücken der gesamten Armee. Zwischen den Amerikanern und Rom lag nichts mehr, was sie hätte aufhalten können. Die 14. Armee zog sich hinter den Tiber zurück, und Kesselring erklärte Rom zur offenen Stadt. Alle deutschen Verbände mußten sie verlassen, und keine der vielen Tiberbrücken durfte gesprengt werden. Diese Anordnung rettete die Stadt vor der Zerstörung, ein Umstand, für den man Kesselring in seinem Kriegsverbrecherprozeß wenig Dank wußte. Wenngleich auch verspätet, so soll man sich doch wenigstens heute dieser humanen Tat des deutschen Oberbefehlshabers in Italien erinnern, der die ehrwürdige alte Stadt Rom vor den Schrecken des Krieges bewahrte und ihr eine sinnlose Vernichtung ersparte.

Mark Clark hielt am 5. Juni seinen Einzug in Rom, nachdem die vordersten Teile der neuen 88th Division das Zentrum der Stadt am Abend des 4. Juni erreicht hatten. Zu der um ihn gescharten Weltpresse und den Italienern sagte der General: »Dies ist ein großer Tag für die Fifth Army und für die französischen, britischen und amerikanischen Truppen, welche diesen Sieg ermöglicht haben.«

Für die Eighth Army, welche nördlich der Stadt vorbeistieß, fand sich weder öffentliches Interesse noch Anerkennung. Doch die Freude und der Jubel über die Besetzung von Rom sollte bald durch ein Ereignis von weit größerer Tragweite in den Schatten gestellt werden: »Overlord«, die Invasion Frankreichs, hatte am Morgen des 6. Juni begonnen.

Das erste Kapitel des italienischen Feldzugs war beendet und hatte zu einem Sieg geführt. War es aber ein vollkommener Sieg? Hätte die 10. Armee der Vernichtung entgehen und den Kampf fortsetzen dürfen? Denn der nun folgende Weg der Alliierten von Rom

nach Österreich war keineswegs leicht. Den Deutschen gelang es durch geschickte hinhaltende Kampfführung, die britisch-amerikanischen Vorhuten immer wieder aufzuhalten und deren Vorgehen bis zum Sommer 1944 zu verzögern. Aber noch schwerwiegender war, daß das strategische Gesamtkonzept für den italienischen Feldzug von den Vereinigten Stabschefs erneut eingeengt wurde. Churchill hatte sich dafür eingesetzt, daß der Italienfeldzug seine Krönung durch den Einmarsch auf dem Balkan finden sollte. Alexander bemühte sich, seine Divisionen alle in der Hand zu behalten, indem er darauf hinwies, daß der Abzug und anderweitiger Einsatz erfahrener Kommandeure und Truppen die Gelegenheit eines entscheidenden Sieges für immer verschenken hieße. Die britischen Einwände nutzten jedoch nichts: »Anvil« und »Overlord« beherrschten die Vorstellungen der amerikanischen Berater, und Italien wurde zu einem zweitrangigen Kriegsschauplatz. Auf der Höhe des Erfolges mußte die Fifth Army sieben ihrer besten Divisionen für die Landung in Südfrankreich abgeben. Der Fall von Cassino, die Einnahme von Rom und die schweren Kämpfe bei Salerno und Anzio traten in ihrer Bedeutung zurück, als die Amerikaner sich an »Anvil« festbissen. Wieder einmal fiel Alexander die undankbare Aufgabe zu, einen Feldzug in schwierigem Gelände und ohne merkliche Infanterieüberlegenheit führen zu müssen. Die Früchte des Sieges in dem Kampf südlich Rom wurden verschleudert, und an einen Einmarsch nach Österreich vor dem nächsten Frühjahr war nicht mehr zu denken.
Die Rolle, welche Alexander und seine erschöpften Truppen im Anschluß an die Besetzung von Rom spielten, geht über den Rahmen eines Buches hinaus, das sich im wesentlichen mit den Kämpfen um Cassino beschäftigt.
Vor den alliierten Soldaten lag als weitere Barriere die Gotenlinie, um die vom Ende August bis zum Frühjahr 1945 gerungen werden sollte. Der Weg von Cassino bis zu den Alpen erwies sich für die alliierten Armeen als lang und kostspielig. Andererseits zeigte die Entwicklung, daß »Anvil« zum Sieg über Deutschland nicht wesentlich beitrug. Hätten Alexanders Armeen in ihrer Gesamtstärke in Italien weiter kämpfen dürfen, wäre der Anteil am Gesamtsieg gewiß größer gewesen. Was sich hingegen einer Beurteilung entzieht, ist die Frage, in welchem Umfang ein Abblasen des Anvil-Unternehmens den italienischen Feldzug selber beeinflußt haben

würde. Es ist durchaus denkbar, daß ein politischer Erfolg daraus entstanden wäre, hätten doch die anglo-amerikanischen Armeen den Balkan erreicht, bevor noch ein kommunistischer Vorstoß in das durch die deutsche Niederlage dort entstandene Vakuum erfolgt wäre. Unseligerweise wurde Churchills Balkanplan von seinen amerikanischen Kollegen genauso mit Mißtrauen betrachtet wie von Stalin.

Der Italienfeldzug ging weiter und kostete bis Kriegsende noch viel Blut. Die offizielle Geschichtsschreibung streitet sich noch heute über seinen Wert. Auf die Frage »Warum Italien?« gibt es zwar viele Argumente, aber keine schlüssige Antwort.

19.

Bilanz

Cassino von heute, ein Vierteljahrhundert nach Kriegsende, ist eine blühende Stadt. Der größte Teil des Rom-Neapel-Verkehrs wird auf der neu gebauten Autobahn an ihr vorbeigeführt. Die kahlen Berge sind geblieben, und auf dem Monte Cassino ist das alte Kloster in neuer Pracht wiedererstanden, welches man dem 1944 zerstörten genau nachgebaut hat. Lediglich das Kastell auf dem Rocca Janula hat man als Mahnmal in seinem zerschossenen Zustand belassen.

Oberhalb der geschäftigen Stadt erhebt sich ein Denkmal, dem man bereits die vergangene Zeit ansieht. Es ist eine hohe Säule, errichtet auf schon verwitterten Marmorblöcken und von einer eisernen Kette umgeben, die auf der Spitze einer Anhöhe steht, welche die Alliierten »Punkt 593« und die Deutschen »Kalvarienberg« nannten. Ringsum gibt es nur Gestrüpp und moosbedeckte Felsbrocken. Die Einfachheit dieses Denkmals und die tragische Ironie seiner Inschrift greifen ans Herz:

»Wir polnischen Soldaten
haben für unsere und eure Freiheit
unsere Seelen Gott gegeben,
unsere Leiber der Erde Italiens
und unsere Herzen Polen.«

Weit mehr als 1100 Polen ruhen zwischen den Felsen und in einem öden Feld, unweit der Hänge, an denen sie fielen. Ihr Opfer aber war vergebens, die polnische Resistance wurde von den Deutschen vernichtet, bevor die Russen eindrangen und ein kommunistisches Regime errichteten.

Von der Höhe 593 aus betrachtet, hat sich die Landschaft nicht wesentlich verändert. Auf den Trümmern der vernichteten Bauernhäuser, welche in jenem bitteren Winter 1944 bei Tag und Nacht den Soldaten als kümmerliche Deckung dienten, sind neue Gehöfte gebaut worden. Die Zeit hat auch nicht vermocht, das gesamte Bild der zu Füßen liegenden Landschaft zu beeinträchtigen, durch die Amerikaner, Briten, Inder und Polen stets von neuem gegen die entschlossenen deutschen Verteidiger anstürmten.

Obwohl die Konturen des Geländes im Lauf der Jahre weicher geworden sind und stattliche Höfe überall dort winken, wo einstmals Tod und Vernichtung herrschten, bleibt dennoch der Eindruck bestehen, daß sich die italienische Kriegsschule kein besseres Beispiel für eine unbezwingbare natürliche Festung hätte aussuchen können als eben diesen Cassino. Es ist auch leicht einzusehen, warum und wie die deutschen Verteidiger den Angreifern hier standzuhalten vermochten, und weshalb es nicht gelang, Cassino trotz stärkster Luft- und Artillerieunterstützung zu nehmen. Über die deutsche Geländeauswahl und Anlage der Stellung läßt sich nichts Kritisches sagen, auch nicht über die Art, wie sie anschließend den Kampf führten. Sie hatten einen genauen Plan, noch bevor die Alliierten zum ersten Angriff überhaupt antraten, und ihre Artillerie und Nebelwerfer konnten aus vorzüglichen Stellungen praktisch jedes Ziel im Vorfeld erfassen und wurden von hervorragenden Beobachtungsstellen wirkungsvoll und genau geleitet. Die Deutschen entwickelten und vervollkommneten ein System rascher Gegenstöße gegen Schlüsselstellungen, die ihrer Auffassung nach unverzüglich wiedergenommen werden mußten, bevor der Gegner Zeit fand, sich dort festzusetzen. Mit dieser Taktik hatten sie immer wieder Erfolg, insbesondere bei dem Ringen um die Höhe 593. Amerikaner, Inder, Briten, Gurkhas und Polen erreichten zwar den Gipfel, vermochten sich aber nicht zu halten.

Es gibt kaum jemanden, der an der deutschen Taktik bei Cassino oder Kampfführung irgend etwas auszusetzen hätte. Die Mehrzahl der alliierten Soldaten, die bei Cassino im Einsatz standen und diesen überlebten, hegten eine uneingeschränkte Bewunderung für ihre Gegner und – damit auch dies nicht in Vergessenheit gerät –

für ihre »anständige« Kampfweise. Der Krieg ist eine zu brutale und zu menschenunwürdige Angelegenheit, als daß man im Zusammenhang mit ihm von einer »sportlichen« Haltung sprechen könnte. Aber wenn sich je eine Truppe eines solchen Prädikats würdig erwiesen hat, dann waren es die Fallschirmjäger. So viel für die deutsche Seite. Die eigentlichen Probleme tauchen aber erst auf, wenn man Cassino im Licht der anglo-amerikanischen Strategie betrachtet.

Warum wurden diese Schlachten überhaupt geschlagen? Waren sie notwendig? Hätten die Allierten sie durch eine Umgehung von Cassino vermeiden können?

Warum sie geführt wurden? Zur Begründung der ersten Schlacht genügt die simple Feststellung, daß man die deutsche 10. Armee binden mußte, um mit dem VI Corps einen Landekopf bei Anzio errichten zu können. Hätte Anzio die Deutschen tatsächlich im Rücken bedroht, wie Churchill es sich vorstellte, dann würde sich die Frage nach dem Sinn der ersten Schlacht nie gestellt haben. Anzio zwang die Deutschen aber nicht auf die Knie; vielmehr wurden aus den Angreifern Verteidiger, die sich schon nach wenigen Tagen mit dem Rücken zum Meer verzweifelt ihrer Haut wehren mußten und Hilfe von ihren Kameraden an der Hauptfront benötigten.

Die erste Schlacht war also sowohl notwendig als auch unvermeidlich; doch mußte frontal angegriffen werden? Zwei Alternativbewegungen wurden unternommen, um Cassino zu überflügeln: einmal durch das British X Corps und zum anderen durch das Französische Korps unter Juin. Der Gebirgscharakter, dem sich das X Corps bei seinem Stoß über den Garigliano und in das Tal der Ausente gegenübersah, gab während der Wintermonate zu Optimismus kaum Anlaß. Eine Barriere von rund 15 Kilometer Tiefe mußte bis zum Lirital überwunden werden. So erfolgversprechend die Anfangserfolge des X Corps auch waren, so waren drei Divisionen doch nicht genug, um an der Ausente weiter vordringen zu können.

General von Senger und Etterlin kritisieren mit Recht den Plan der Fifth Army, mit drei Korps nebeneinander auf breiter Front anzugreifen und somit auf Reserven zu verzichten, die einen eventuellen Durchbruch durch die Gustavlinie hätten ausweiten können. Selbst wenn es Gründe für eine derartige Strategie gegeben haben sollte, bestand keine zwingende Notwendigkeit, bis zum bitteren Ende an diesem Plan festzuhalten. Bei dem überraschenden Erfolg des X Corps gegen den rechten Flügel von General von Vietinghoffs 10. Armee standen keine Reserven zur Verfügung. Dieser Mangel an Reserven gestattete es Kesselring, das Loch zu stopfen, bevor noch die Gustavlinie umfaßt werden konnte.

Wir können daher nur die Frage stellen, was passiert wäre, wenn die Fifth Army noch einen weiteren zusammengefaßten Angriff über den Garigliano vorgetragen hätte. Wäre es mit den vorhandenen Kräften des US XI Corps möglich gewesen, aus dem Brückenkopf des British X Corps zu einem Durchbruch anzutreten? General von Senger weist darauf hin, daß er keinerlei Reserven zum Auffangen eines solchen Stoßes gehabt hätte. Das Rapido-Fiasko wäre mithin vermieden worden, und die nachfolgenden Cassinokämpfe hätten einen anderen Verlauf genommen. Natürlich handelt es sich hierbei nur um Vermutungen, bei denen man nicht die natürliche Stärke der Enge von Ausonia sowie die Schwierigkeiten des besonders harten Winters von 1944 außer acht lassen sollte.

Kein Fragezeichen erhebt sich hingegen in bezug auf das Desaster am Rapido. Die Auswertung der vorhandenen Unterlagen – alliierte sowie deutsche – sowie die persönliche Kenntnis des vorhandenen Geländes läßt doch beträchtliche Zweifel hinsichtlich Majdalanys Version aufkommen, welche sich stark an General Mark Clarks Entschuldigungsgründe anlehnt, die dieser vor dem Untersuchungsausschuß des Kongresses vorbrachte, von dem er schließlich auch seine »Entlastung« empfing. Der Angriff einer einzigen Division über den Rapido hinweg auf San Angelo, ohne auch nur den Versuch nachhaltiger Ablenkungsmanöver – schwerlich haben Soldaten ja auf so verlorenem Posten gestanden, wie die der amerikanischen 36th Division. Hierbei tut es nichts zur Sache, wenn immer wieder auf die mangelnde Kampferfahrung von Truppe und Divisionsstab hingewiesen wird. Sie hatten ganz einfach nicht die geringste Chance. Auch war das Risiko insofern keineswegs gerechtfertigt, als die deutschen Reserven ja bereits von Anzio aus dem X Corps entgegengeworfen worden waren, nachdem dieses den Garigliano überschritten hatte.

Zur Verteidigung des von General Keyes' XI Corps geführten Frontalangriffs während der ersten Schlacht kann angeführt werden, daß der 34th Division bereits ein spektakulärer Einbruch in die Bergstellungen nördlich Cassino gelungen war, und sie fast schon die Straße Nr. 6 und den Eingang zum Lirital erreicht hatte. Der Sieg lag so sehr in Reichweite, daß einem gemeinsamen Vorgehen mit der 36th Division ein durchschlagender Erfolg hätte beschieden sein können, wäre nicht die letztere am Rapido hängengeblieben. Aber auch hier handelt es sich um Mußmaßungen. Trotzdem darf man wohl annehmen, daß einer der Hauptgründe für den zweiten direkten Angriff frischer Truppen gegen den Monte Cassino darin zu suchen ist, daß der kühne Vorstoß der 34th Division zum Optimismus verleitet hatte, nachdem es deren müden und abgekämpften Verbänden fast alleine gelungen war, Anfang Februar die Deutschen zu werfen.

Ungeachtet der Taten der 34th Division wird vielfach die Auffassung vertreten, daß die Generale Alexander und Clark General Juins Vorschlag bezüglich eines Stoßes durch das Gebirge in die Ebene von Atina hätten annehmen sollen. Juin unterbreitete diesen Plan bereits im Januar 1944, d. h. nicht rückblickend, wie es den klugen Geschichtsschreibern ja immer möglich ist. Er wurde von einem anderen gewiegten Taktiker unterstützt, General Tuker, der vor Beginn der zweiten Schlacht ebenfalls eine schriftliche Lagebeurteilung verfaßte, in der er zum Ausdruck brachte, daß Gebirgstruppen mit einer gesicherten Nachschubverbindung in der Lage seien, Cassino zu umgehen. Juin wies später darauf hin, daß das Gelände zwar schwierig, aber nicht so unzugänglich gewesen sei wie die Aruncischen Berge, welche sein Korps dann im Mai in kühnem Schwung überwand. Für Juin und die Vertreter seiner Auffassung läßt sich zumindest eines festhalten: es gab einen Weg über das Gebirge, und dessen Benutzung hätte möglich sein können; aber in der zweiten Februarhälfte, als drei Wochen lang arktische Verhältnisse vorherrschten, hätten sich die logistischen Probleme wahrscheinlich als unüberwindbar erwiesen, und größere Angriffshandlungen wären nicht mehr durchführbar gewesen.

Warum wurde die zweite Schlacht geführt? Primär, um Anzio zu retten und außerdem, weil das Beispiel der 34th Division gezeigt hatte, daß ein Durchbruch möglich schien, sofern zusätzliche Infanterie im entscheidenden Augenblick bereitstand.

Folglich holte man zur Ablösung der angeschlagenen amerikanischen Division zwei neue nach vorne. Und die andere große Verführung, den schnellsten und kürzesten Weg über den Klosterberg

doch noch einmal zu versuchen, war der große Luftangriff.
Die Erfahrung, daß erstklassige Truppen nicht aus wohlvorbereiteten Stellungen durch einige hundert Bomben oder Granaten vertrieben werden können, d. h. durch das bloße Schleudern von Metall, ist keineswegs neu. Das wußte man schon vor Cassino. Trotzdem besteht kein Zweifel, daß man vor Beginn der Dritten Schlacht der Wirkung des Luftangriffs eine viel zu große Bedeutung beigemessen hat. Bombenangriffe waren schon früher geflogen worden, was Cassino jedoch zu einem völlig neuartigen Experimentierfeld machte, war die Zahl der eingesetzten Flugzeuge und das Gewicht der auf engstem Raum abgeworfenen Bomben. Man kann die alliierten Befehlshaber daher kaum tadeln, wenn sie den Versicherungen der Air Force Glauben schenkten, Cassino würde »wie ein alter Zahn ausgerissen werden«. Ohne eine derartige Überbewertung der Luftwaffe hätte die Dritte Schlacht kaum stattgefunden. Anstatt erneut gegen den Klosterberg frontal anzurennen, würde man vermutlich Juins und Tukers Ratschlägen gefolgt sein und hätte über die Berge hinweg den Stoß nordostwärts Cassino geführt. Daraus kann man getrost folgern, daß die überwältigende Luftwaffenunterstützung das Urteilsvermögen der verantwortlichen alliierten Generale Alexander, Clark und Freyberg getrübt hatte. Wären sie nicht von der Vorstellung der Zerstörungskraft der Bomben und Granaten völlig hypnotisiert gewesen, wären sie gewiß nie auf den Gedanken gekommen, die Gustavlinie noch einmal an ihrer stärksten Stelle anzugreifen. Die gewaltige Feuerkraft allein schaffte es nun aber nicht, insbesondere nicht bei einem Gegner, den das Gelände begünstigte und der entschlossen war, bis zum letzten Atemzug zu kämpfen.
Wenn jetzt die Abtei noch einmal erwähnt wird, so nicht, um die Argumente für und wider die Bombardierung noch einmal aufzuwärmen. Die politischen und ethischen Motive, welche für das Einhalten einer neutralen Zone sprachen – allerdings dicht neben ungemein stark ausgebauten Stellungen –, konnten aus militärischen und praktischen Gründen nicht respektiert werden.
General Alexander konnte wegen der Stimmung seiner Truppe nicht anders entscheiden. Das Unglück war nur, daß die Fifth Army und das New Zealand Corps versäumten, den Luftangriff mit den Erdkämpfen zu koordinieren und sich auch nicht bemühten, den ersteren so lange hinauszuzögern, bis die Fourth Indian

Division fertig zum Angriff auf den Punkt 593 und das Kloster war. Die Vorteile, welche aus dem Bombardement hätten erwachsen können, wurden somit nicht wahrgenommen, weshalb sich auch der Entschluß, das Kloster zu zerstören, letzten Endes als sinnlos erwies. Den anschließenden Angriffen seitens des Neuseeländischen Korps mangelte zwar nicht der Schneid, doch die Erfolgschance, vor allem, nachdem die 1. Fallschirmjägerdivision unter ihrem tüchtigen Kommandeur, General Heidrich, den Cassino-Abschnitt übernommen hatte.
Wenn man nach den Motiven für die Dritte Schlacht sucht, ist es nicht ganz einfach, wirklich überzeugende Gründe zu finden. Warum wurde sie geführt? Die ganze Planung wurde über das Knie gebrochen, weil man dem bedrängten Anzio-Landekopf helfen wollte. Eine dann einsetzende dreiwöchtige Schlechtwetterperiode machte aber jene Angriffsabsicht zunichte. Während dieser erzwungenen Ruhepause wurden die deutschen Versuche, den Landekopf einzudrücken, erfolgreich abgewehrt und die unmittelbare Bedrohung beseitigt. Unabhängig davon hatten Alexander und sein Stab inzwischen mit den Vorbereitungen für die »Operation Diadem« begonnen, welche mit dem Frühlingswetter starten, die Straße nach Rom öffnen und die deutsche 10. Armee vernichten sollte. Lag denn überhaupt ein militärischer Grund vor, die Dritte Schlacht am 15. März zu beginnen? Es gab politische Gründe, welche einen weiteren Druck auf die Deutschen wünschenswert erscheinen ließen, und Alexander vertrat die Auffassung – ob nun zu Recht oder nicht –, daß man aufgrund des schlechten Wetters lediglich bei Cassino die Offensive in Gang halten könnte. Von Anfang an war er der Meinung, daß der Schlüssel für Rom im Lirital läge und alle übrigen Straßen von nur zweitrangiger Bedeutung wären. Meiner Meinung nach war die Dritte Schlacht nicht notwendig, und eine taktische oder strategische Bedeutung war ebenfalls so gut wie nicht vorhanden.
Die beiden frischen Divisionen des Neuseeländischen Korps verloren je tausend Mann, ohne daß beim Abbruch des Angriffs ein Geländegewinn zu verzeichnen gewesen war. Freybergs Führung ist umstritten, besonders wenn man sich sein Widerstreben vor Augen führt, mehr Infanterie einzusetzen, als die Fallschirmjäger noch unter der lähmenden Wirkung des Bombenangriffs standen. Alles in allem kann gesagt werden, daß sich für diese Schlacht

keine plausiblen Gründe finden lassen und sie der alliierten Sache in Italien nur wenig diente. Sie brachte infanteristische Nahkämpfe mit sich, wie kaum woanders im Zweiten Weltkrieg; aber dieser zähe und verbissene Einsatz der Infanterie wäre gewiß nicht erforderlich gewesen, hätte sich Alexander nicht von dem Gedanken an die ungeheure Wirkung der Luftangriffe leiten lassen, für die man die Flugzeuge aus ganz Italien heranzog und gegen Cassino einsetzte.

Und damit zum Schlußakt des Dramas, der Vierten Cassinoschlacht. Sie nahm im Rahmen der Operation Diadem einen wichtigen Platz ein, sollte das Kloster ausschalten und das Lirital für das Vorrücken der Eighth Army auf Rom öffnen. Die gesamte Anlage der Offensive war das Produkt wochenlanger Vorbereitungen und das Ergebnis durchaus dazu angetan, Alexanders Ruf als Heerführer zu mehren. Bei Cassino, wo andere sich den Schädel eingerannt hatten, triumphierte zu guter Letzt General Anders mit seinem Polnischen Korps. Aber ohne dessen Mut, Zähigkeit und Entschlossenheit auch nur im geringsten in Frage stellen zu wollen, muß doch festgehalten werden, daß die Polen ihr Angriffsziel erst in dem Augenblick erreichten, als die Gustavlinie unter dem Ansturm der Fifth Army geborsten war und das XIII Corps bereits im Rücken von Cassino stand. Es erneut sich daher auch die Frage, ob denn der zweite Großangriff der Polen am 17. Mai überhaupt noch notwendig war, nachdem die Fallschirmjägerdivision die Cassino-Stellung sowieso nicht mehr halten konnte. Böhmler geht sogar noch weiter und vertritt die Auffassung, daß bereits der polnische Angriff vom 12. Mai nur unnütze Verluste gekostet hätte, da die anderweitige Entwicklung der Schlacht die weitere Verteidigung des Monte Cassino zwecklos erscheinen ließ. Diese Behauptung kann man mit zwei Argumenten widerlegen: keiner der alliierten Generale, ausgenommen Juin, hatte vor dem X-Tag, d. h. dem 12. Mai, damit gerechnet, daß die Franzosen so rasch und schwungvoll in die Flanke der Gustavlinie vorstoßen würden, und niemand außer Juin hatte einen so zähen Widerstand vor der Front der Eighth Army erwartet. Wollte man aber das Lirital öffnen, mußte das XIII Corps bereits in der Anfangsphase von »Diadem« den Rapido überschreiten. Es ist daher durchaus nicht abwegig, wenn General Leese Anders versicherte, daß ohne den schneidigen Vorstoß der Polen auf die Höhe 593 der Brückenkopf nicht zustande gekommen wäre. Die Aufmersamkeit der

Deutschen sowie die Wirkung ihrer Artillerie wurden dadurch von den Vorgängen bei San Angelo und im Tal weiter unterhalb abgelenkt.

Vielleicht sollte man daher fairerweise sagen, daß der Angriff vom 12. Mai gerechtfertigt war, wohingegen es später genügt hätte, die Fallschirmjärger durch gewaltsame Aufklärung und Störungsfeuer in Atem zu halten, anstatt am 17. Mai noch einmal voll anzugreifen. Nach dem 12. Mai war die Fallschirmjägerdivision derartig dezimiert und erschöpft, daß Spähtrupptätigkeit zur Fesselung ausgereicht hätten. Wenngleich es sich auch nur um eine Vermutung handelt, so scheint es den alliierten Generalen doch sehr am Herzen gelegen zu haben, das Kloster zu erobern, anstatt es nur kampflos zu besetzen! Aber schließlich fand eine Erstürmung nicht statt. Das Finale war in gewissem Sinne eine Ernüchterung und verlief gänzlich ohne die Dramatik jener vorangegangenen fünfmonatigen Kämpfe.

Der Fall von Cassino, die Vereinigung der Fifth Army mit dem VI Corps aus Anzio, der Fall von Rom – all das waren Ereignisse, welche den anglo-amerikanischen Streitkräften in Italien zu Kopf stiegen. Hinter ihnen lag ein enttäuschender und blutiger Winter und vor ihnen ein Frühling, welcher den endgültigen Sieg in Italien verhieß.

Aber leider entschieden sich die Vereinten Stabschefs dafür, der geplanten Landung in Südfrankreich (»Anvil«, später »Dragoon«) den Vorrang gegenüber dem italienischen Feldzug zu geben, wodurch die Fifth Army einige ihrer »schärfsten Zähne« verlor. Der Krieg in Italien wurde zu einer zweitrangigen Angelegenheiten und blieb es für die Amerikaner bis Kriegsende.

Dennoch ist es nicht ohne Reiz, sich die Frage vorzulegen, was aus dem Krieg in Italien geworden wäre, hätte Alexander Juins Rat befolgt und am Milfi entlang den Stoß in die Atina-Ebene geführt, anstatt sich am Lirital und dem wütend verteidigten Cassino festzubeißen, oder wenn Mark Clark Alexanders Weisungen befolgt und die Enge bei Valmontone vor den beiden deutschen Armeen geschlossen hätte. Ein derartiger Feldzug wird immer ein Streitobjekt bleiben, weshalb man gut daran tut, sich vor Augen zu halten, daß sich jedem Alternativplan auch unerwartete Hindernisse entgegenstellen, die keine noch so perfekte Vorbereitung im voraus übersehen kann. Für jeden Kritiker ist es daher ratsam, sich Theodore Roosevelts Worte noch einmal in Erinnerung zu rufen, welche diesem Buch vorangesetzt sind, vor allem diese: »Nicht auf den Kritiker kommt es an, auch nicht auf jenen, der nur auf das Fallen eines starken Mannes aufmerksam macht oder da glaubt, es hätte besser machen zu können.«

Kehren wir daher nach Cassino zurück und beenden wir diese Geschichte mit den Worten von N. C. Phillips: »Ruinen werden abgetragen und neue Gebäude entstehen anstelle der alten. Die Menschen erinnern sich noch, doch das Gedächtnis weist bereits Lücken auf und stirbt mit ihnen. Und an die tapferen Leistungen und Entbehrungen werden bald nur noch die mangelhaften Unterlagen gemahnen.« Darum dieses Buch. Möge es die Erinnerung wachhalten!

Quellennachweis

Ich erkläre bereitwillig, daß ich den nachfolgend erwähnten Quellen sehr viel verdanke, von denen ich einige sogar ganz schamlos angezapft habe. Derartige Zitate sind aber mit Anführungsstrichen gekennzeichnet.

The Alexander Memoirs, von Feldmarschall The Viscount Alexander of Tunis

The Allied Armies in Italy from 3 September 1943 – 12 December 1944, von Feldmarschall The Viscount Alexander of Tunis

History of the Second World War, Band V, von Winston S. Churchill

Calculated Risks, von General M. W. Clark

Command Missions, von Lt. Gen. L. K. Truscott

The General's Journal, von Maj. Gen. Fred. L. Walker

Infantery Brigadier, von Sir H. Kippenberger

General Lord Freyberg VC, von B. Singleton Gates

The Campaign in Italy, von Eric Linklater

An Army in Exile, von General W. Anders

Report of the Supreme Allied Commander Mediterranean to the Combined Chiefs of Staff on the Italian Campaign

Neither Fear nor Hope, von General F. von Senger und Etterlin

Monte Cassino, von Charles Connell

Monte Cassino, von R. Böhmler

Cassino – Portrait of a Battle, von F. Majdalany

The Monastery, von F. Majdalany

Return to Cassino, von Harold L. Bond

Memoirs of/von Feldmarschall Kesselring
Battle for Rome, von General W. G. H. Jackson
Campaign in Italy, von General W. G. H. Jackson
Anzio – The Gamble that Failed, von M. Blumenson
Anzio – An Epic of Bravery, von F. Sheehen
Salerno to the Alps, von C. G. Starr
The Sangro to Cassino, von N. C. Philipps (Band 1 der Official History of New Zealand *in Second World War, Italian Campaign*)
The Road to Rome, von Christopher Buckley
Fourth Indian Division, von Lt. Col. G. R. Stevens
The Tiger Triumphs, von Lt. Col. G. R. Stevens
The Italian Campaign (1943 bis 1945), von Shepperd
The Battles of Cassino (HQ Scotland, 1971 Battle tour), von Col. J. H. Green

Sehr viel Hilfe und Rat wurde mir durch die folgenden Regimentsgeschichten zuteil:
The Essex Regt (1929–1950)
The Royal Sussex Regt (1701–1955)
The Second Gurkha Rifles (Band III)
The Ninth Gurkha Rifles
The Rajputana Rifles

Die einzige Zeit, in der ich als Erwachsener ein Tagebuch geführt habe, war bei Cassino. Die flüchtig hingeworfenen Eintragungen waren bei der Zusammenstellung dieses Buchs ungeheuer wichtig für mich. Sicher erübrigt sich, hinzuzufügen, daß aus diesem braunen Büchlein auch jene Zitate stammen, wo es »ein junger britischer Offizier« heißt. Ich hoffe, hierbei die gebotene Zurückhaltung gewahrt zu haben.

Zeitgeschichte
in ungekürzten Sonderausgaben

Werner Niehaus
1945 – Entscheidung zwischen Rhein und Weser
Die dokumentarische Schilderung über die erbitterten Kämpfe und über das Kriegsende im Westen und Nordwesten Deutschlands im Jahr 1945. Bisher zumeist unveröffentlichte Fotos vermitteln zusätzlich neue Eindrücke über das Geschehen.
240 Seiten, 263 sw-Abb., 3 Zeichn., 22 Karten, geb.
DM/sFr 29,80 / öS 233,–
Bestell-Nr. 10862

Helmuth Euler
Die Entscheidung an Rhein und Ruhr 1945
Die alliierten Invasionsarmeen stehen im März 1945 am Rhein. Remagen, Wesel, Siegen und Lippstadt sind die letzten Bastionen der »Ruhrfestung«. Von den Entscheidungsschlachten in diesem Raum berichtet dieses Buch. Ein zeitgeschichtliches Dokument ersten Ranges!
276 Seiten, 260 Abb., geb.
DM/sFr 29,80 / öS 233,–
Bestell-Nr. 10728

Wilhelm Tieke
Das Ende zwischen Oder und Elbe – Der Kampf um Berlin 1945
Der Autor schildert hier minutiös und aufgrund deutscher und sowjetischer Dokumente den Verlauf der dramatischen Kampfhandlungen im April '45.
516 Seiten, 34 sw-Abbildungen, 16 Karten, gebunden
DM/sFr 29,80 / öS 233,–
Bestell-Nr. 10734

Alfred Price
Luftschlacht über Deutschland
Angriff und Verteidigung 1939 bis 1945: Der englische Luftfahrt-Historiker informiert über Tatsachen und Hintergründe der alliierten Bomberoffensive und die Abwehrmaßnahmen von deutscher Seite. Der unerbittliche Luftkrieg und seine Auswirkungen auf die Zivilbevölkerung werden hier in aller Deutlichkeit geschildert und umfassend dargestellt.
216 Seiten, 187 Abb., geb.
DM/sFr 29,80 / öS 233,–
Bestell-Nr. 10354

Heinz Schön
Flucht über die Ostsee 1944/45 im Bild
Über 2,5 Millionen Zivilisten, Kinder, Mütter, Greise und verwundete Soldaten, wurden 1944/45 von 1081 Handels-, Fracht-, Passagier- und Kriegsschiffen aus Ostpreußen evakuiert. Die über 700 Fotos dieses Bildreports vermitteln einen realistischen Eindruck von den dramatischen Umständen dieser Flucht über die Ostsee.
228 Seiten, 700 Abb., geb.
DM/sFr 24,80 / öS 184,–
Bestell-Nr. 01061

Motor buch Verlag

DER VERLAG FÜR ZEITGESCHICHTE

Postfach 10 37 43 · 70032 Stuttgart
Telefon (0711) 2108065
Telefax (0711) 2108070

Stand Februar 1996 – Änderungen in Preis und Lieferfähigkeit vorbehalten